역사 e 4

역사 e 4

세상을 깨우는 시대의 기록

SEASON 4

EBS 〈역사채널ⓔ〉 지음

북하우스

prologue

역사를 모르고서 우리의 미래를 말할 수 있는가

정병설 서울대학교 국어국문학과 교수

포드자동차의 설립자 헨리 포드는 "역사는 더도 덜도 말고 모두 허튼소리일 뿐이다(History is more or less bunk)"라고 말했다. 알고 싶은 것이 있으면 교수를 고용하면 그만이라고도 했다. 컨베이어 벨트라는 새로운 생산 설비를 도입하여 자동차 제조의 신세계를 만든 사람에게, 지난 역사는 한갓 쓸데없는 옛날이야기에 지나지 않았을 것이다. 그러나 그런 그도 포드자동차의 본사와 공장이 있는 미국 디트로이트 근처에 자동차를 비롯해 미국의 근현대사를 훑어볼 수 있는 자료들을 전시한 생활사 박물관을 설립했다. 그러면서 그는 자신이 '허튼소리'라고 일컬은 역사는 정치가와 전쟁 영웅에 초점이 맞춰진 역사를 뜻한다고 해명했다.

인간은 역사적 동물이다. 동물 중에 유일하게 인간만이 역사를 찾는다. 모든 사람이 역사가들처럼 역사에 대한 거창한 이론을 만들어내지는 않더라도, 어떤 형태로든 역사를 되짚어본다. 인간이 역사를 벗어나서 살 수 없는 것은 지나간 시간을 통하지 않고서는 현재 자기 삶의 의미를 찾을 수 없기 때문이다. 한국인에게 한국사는 이미 지나간 과거가 아니라 자기를 형성해온 과정이며 동시에 자신의 미래를 비추어볼 수 있는 거울이다.

그런데 역사를 찾아가는 과정은 간단하지 않다. 단순하게 생각한다면 과거는 현재에서 거슬러 올라가면 만날 수 있는 시간이다. 그러나 그 길은 오랜 시간 속에 바닥이 파이고 끊기기도 했으며, 때로는 가시덤불로 황폐해진 길일 수도 있다. 어떤 경우에는 길이 여러 갈래로 나뉘어 있기도 할 것이며, 어떤 길은 다른 길과 합쳐졌거나 아예 사라졌을 수도 있다. 한국처럼 역사적 굴곡이 많은 나라는 불과 수십 년, 수백 년 전의 일이라고 할지라도 그 짧은 사이에 너무 큰 변화들이 있어서, '이런 일이 과연 있었을까' 싶을 정도로 낯설고 이해하기 어려운 사실도 적지 않다.

현재와의 격차가 클수록 과거는 이해하기 어렵지만, 다른 만큼 낯선 사실을 알게 되면서 깨닫는 즐거움과 보람 역시 크다. 벌써 네번째 시즌을 맞이하는 『역사ⓔ』는 '잊을 망忘', '지킬 수守', '기록할 기記'라는 세 개의 키워드를 통해 벌써 잊은, 그러나 잊어서는 안 될, 지키고 기록해야 할, 한국사 속의 인물이나 대상을 풍부한 이미지 자료를 곁들여 설명하고 있다. 〈역사채널ⓔ〉는 5분 분량의 방송 프로그램인 터라 많은 내용을 담는 대신 핵심 장면들을 인상적으로 제시하는 구성상의 특징이 있다. 〈역사채널ⓔ〉의 내용을 책으로 엮은 『역사ⓔ』는 방송의 장점을 살리는 동시에 해당 주제에 대해 보충하여 설명함으로써 간결하면서도 빠짐없이 내용을 전달하고 있다. 이렇게 두 마리 토끼를 잡음으로써 앞서 출간된 세 권의 시리즈는 이미 독자들의 열렬한 호평을 얻은 바 있다.

이번에 출간된 네번째 책의 내용을 더듬어보면, 지난 2008년 불탄 국보 제1호 숭례문을 중심으로 국보 지정의 유래를 살폈고, 일제 강점기로 넘어가는 망국의 아픔 속에 남의 땅이 되어버린 녹둔도를 소개했으며, 강제징용 한국인의 아픔을 보여주는 하시마 섬의 비극적인 이야기를 통해 일제가 자행한 강제 노역의 실상을 비판했다. 또한 조선시대 양반의 특권 의식을 현대의 '갑질' 문화와 연관을 지어 비판적으로 그려내기도 했고, 경복궁을 통해 조선왕조의 흥망성쇠를 설명했으며, 청계천 준설과 청백리 제도, 만인소로 조선 사회의 깨어 있던 의식과 역동성을 보여주었다. 진관사에서 발굴된 태극기 이야기, 몽골 땅에서 인술을 편 독립지사 이태준, 그리고 어린이에게서 한국의 미래를 찾은 방정환을 통해서는 근대로 나아가는 한국의 모습을 읽을 수 있었다. 이밖에 조선의 관보이자 신문인 조보, 고종 시대에 제작된 채색 지방지도, 태교의 가르침을 보여주는『태교신기』, 왕실 기록의 총화인『승정원일기』등에 대한 설명으로 선조들이 남긴 기록문화의 우수성을 새삼 깨우치고, 이를 통해 당대의 생활상을 생생하게 그려볼 수 있었다.

조선시대를 중심으로 일제 강점기에 이르기까지, 왕실에서 하층의 광대까지,『승정원일기』라는 조정의 공식 기록에서부터『음식디미방』과 같은 반가의 조리서에 이르기까지『역사ⓒ』가 다루고 있는 우리 역사의 스펙트럼은 실로 다양하고 깊다. 이 책은 지금까지 남아 전해지고 있는 사료들과 이를 바탕으로 한 최신의 연구들을 통해 우리 역사의 구석구석을 깊이 살피고 세밀하게 보여주는 새로운 형식의 역사교양서로서 역사 공부의 바른 이정표가 되어줄 것이다. 한 사람의 지나온 역사가 바로 그 사람이며, 한 나라의 지나온 역사가 바로 그 나라이다. 역사를 모르고는 그 사람, 그 나라를 알 수 없으며 그 미래도 말할 수 없다. 이 책의 내용이라면 헨리 포드라도 감히 역사가 '허튼소리'라고 비판하지 못할 것이다.

contents

어린이

오늘이 어린이날 희망의 새 명절 어린이날

2부 지켜내다

3부 기록하다

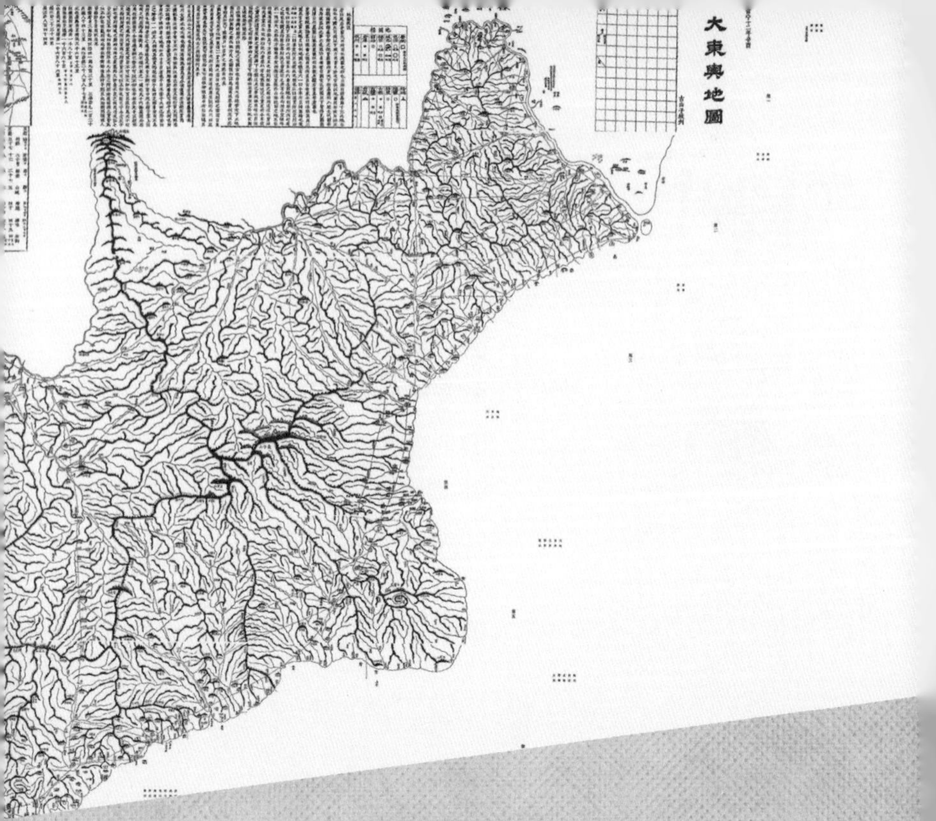
大東輿地圖

1부

잊혀지다

01 나라의 보물

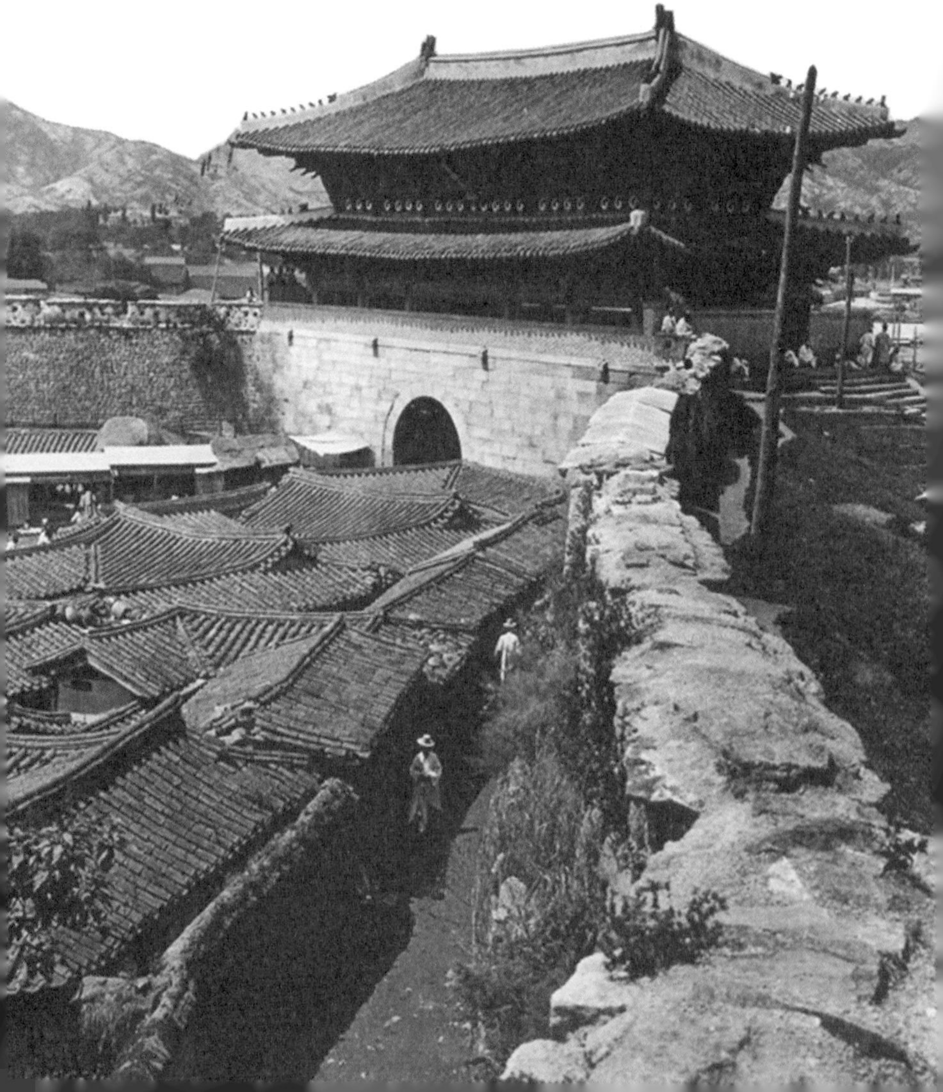

역사적, 학술적, 예술적 가치

제작 연대와 기술

형태, 품질, 용도

그리고
누가 만들었는가

이 모든 조건을 갖춰야 비로소 성립되는 것

1992년 8월
한산도 앞바다

세상을 떠들썩하게 한
놀라운 무기의 발굴

귀함별황자총통 龜艦別黃字銃筒

거북선에 장착했던 것으로 추정되는 중화기

거북선의 실체 파악이 가능하다는 평가를 받으며
국보와 보물을 심의하는 문화재위원회의 만장일치로
인양된 지 17일 만에 국보 제274호 지정

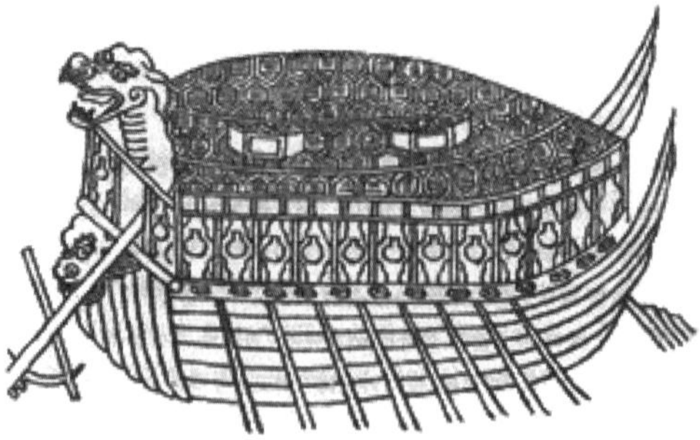

그러나

4년 후

귀함별황자총통 국보 지위 '해제'

이는 해군 충무공해전유물발굴단장이
골동품상과 짜고 만들어낸
'가짜 총통'이었다

「거북선총통」 사기극

92년 시중서 구입 바다에 빠뜨린뒤 인양

해군 발굴단장등 2명 구속

업자1명수배 국보지정 경위 조사

또다른 총통 가짜알고도 인수 해사박물관 보관

【순천=金權기자】 지난 92년 8월 해군 충무공해전유물발굴단에 의해 한산도 앞바다에서 발굴, 국보 제274호로 지정된 귀함별황자총통(龜艦別黃字銃筒)의 발굴과정이 조작된 것으로 드러났다. 〈2·3면에 관련기사〉

國寶 대접

국보 제1호 숭례문

보물 제1호 흥인지문

같은 사대문이지만

구분되는 국보와 보물

보물 寶物

유형문화재 중에서 중요한 것

국보 國寶

보물 중에서 그 가치가 매우 높고 유례가 드문 것

국보 제1호 숭례문

보물 제1호 흥인지문

국보의 조건

역사적 학술적 예술적 가치가 크거나
제작 연대가 오래되고

국보 제3호
서울 북한산 신라 진흥왕 순수비

그 시대를 대표하는 제작 기술이 우수하거나
형태 품질 용도가 특이하고

국보 제2호
서울 원각사지 십층석탑

저명한 인물과 관련이 깊거나
그가 제작한 것

국보 제7호
천안 봉선홍경사 갈기비

국보 제1호 숭례문은

1398년(태조 7년) 건립

1448년(세종 30년) 개축

현존하는 도성 건축물 중 가장 오래된 것으로

1869년(고종 6년) 새로 지어진 흥인지문보다

400여 년을 앞서고

다포多包식 공포기법을 사용

고려에서 조선으로 넘어가는 시기
전통 목조건축의 변화가 잘 반영된 건물로 평가

국보의 조건에 부합한다

하지만

1933년 조선 총독부

'조선보물고적명승 천연기념물 보존령' 공포

"주권을 상실한 조선은 국가가 아니므로
조선의 문화재는 국보가 아닌 보물로 칭하며
일본 문화재에만 국보의 명칭을 적용한다."

경성 남대문(숭례문)은 보물 제1호가 된다

寶物·古蹟·天然記念物
새로 百一種指定發表
今日 保存會第四回總會에서

朝鮮寶物古蹟名勝
記念物保存令發表
五日 총독부서 제령五十四조로
歷史와學術研究提供

해방 후 1955년

정부의 문화재 재평가로
국보로 변경된 기존의 문화재
(북한에 있는 것 제외)

1962년 문화재보호법 제정

국보와 보물을 구분한다

현재 우리나라의

국보 수 총 319호

보물 수 총 1880호

(2015년 11월 기준)

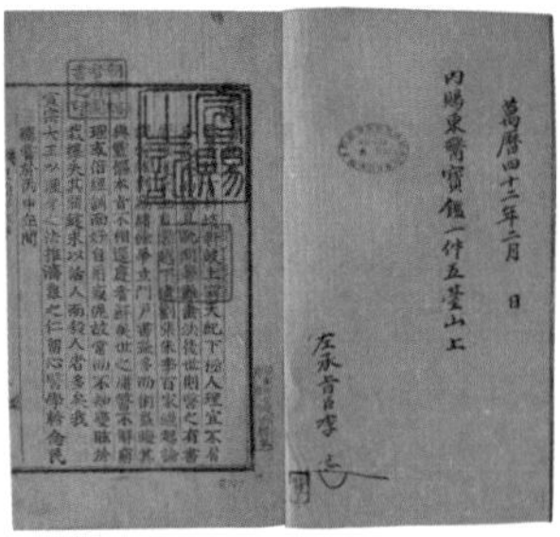

국보 제319호

동의보감

보물 제1880호

단산오옥명 고려 먹

그러나 이는

가치에 따른 순번이 아닌

유물관리상의 번호

모조품으로 밝혀져 국보에서 해제된

귀함별황자총통(제274호)

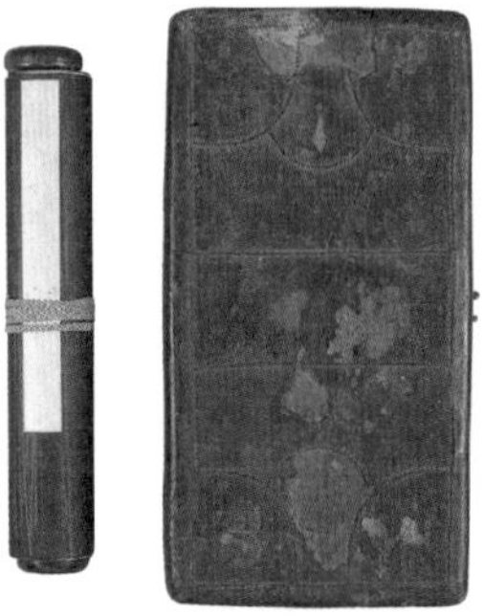

유물의 형평성을 재검토해

국보에서 보물로 강등된

이형 좌명원종공신녹권 및 함(제278호)

영구 결번이 된 두 가지를 제외한

317건이 국보로 지정되었다

해외로 유출된 우리 문화재
156000여 점
(개인 소장 포함 30만여 점)

그중 일본이 가져간 우리 문화재
67700여 점

조선 막사발(일본 국보 제26호)
연지사동종(일본 국보 제78호)
몽유도원도(일본 중요문화재 제1152호) 등

우리 문화재는
일본의 국보 및 중요문화재가 되었으며
고향을 잃은 수많은 문화재가
국보의 자리를 기다리고 있다

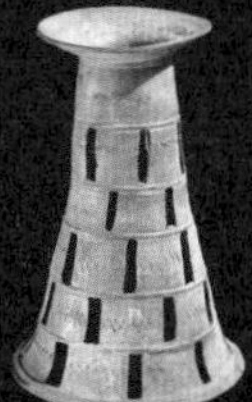

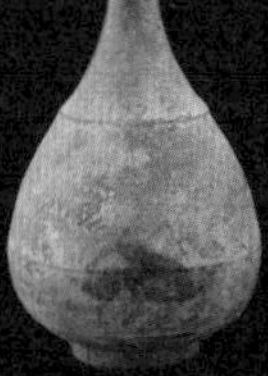

포격으로 파괴될 위기에 처할 뻔한 숭례문

1905년 일제는 을사늑약을 강제로 체결한 직후, 수도 한양에 대한 대대적인 도시 개조 계획을 세웠다. 이 계획안에는 40~50만 명을 수용할 용산 신도시 건설 계획이 포함되어 있었는데, 서대문에서 광희문(수구문)까지 이르는 길을 직선으로 뚫고 종로를 대십자로로 만들며, 남산의 북쪽 산비탈을 공원으로 조성한다는 내용이었다.

이에 따라 숭례문(남대문), 흥인지문(동대문), 돈의문(서대문) 등 한양 도성의 상징적인 건축물들은 모두 파괴될 처지에 놓이게 되었다. 이러한 움직임은 1910년 경술국치로 국권이 피탈된 이후 더욱 구체화됐다.

특히 조선 총독부 건물에서 용산으로 건너갈 때에 반드시 거쳐야 했던 숭례문을 비롯해 숭례문과 연결된 일부 성곽은 일제의 도시 개조 계획의 큰 걸림돌이었다.

"조선인을 일본인으로 만들기 위해서는 역사적으로 일본을 배척하는 기념물을 제거해야 한다. 그러한 기념물을 조선인들이 매일 접하게 되면 일본인으로 동화되는 것이 불가능하다. 하루빨리 일본 배척의 흔적이 있는 기념물들을 없애버리자."

– 일본 중의원 아다치 겐조우의 조선 총독부 기관지 〈조선〉 기고 글

"낡아빠진 남대문은 빨리 파괴해야 한다. 대포로 박살내어버리자."

– 조선군 사령관 하세가와 요시미치

일제는 선동적인 말도 서슴없이 내뱉으며 숭례문을 없애야 한다는 여론을 조성했고, 이것이 점차 확산되어가면서 숭례문은 곧 포격을 맞아 파괴될 것처럼 보였다. 그러나 뜻밖의 주장이 나오면서 상황은 반전되었다. 당시 일본인 거류민 단장이자 〈한성신보〉 사장이었던 나카이 기타로가 생각지도 못했던 이유를 들어 숭례문 파괴를 적극적으로 반대한 것이다.

"남대문은 지난 1592년 조선출병(임진왜란) 당시 가토 기요마사가 한양에 입성할 때 통과했던 문입니다. 그후 400여 년이 흘러 오늘날 당시의 건축물은 남대문 이외에는 2, 3개밖에 남아 있지 않습니다. 그러한 기념물을 파괴하는 것이 아깝지 않습니까? 파괴하지 말고 두고두고 보는 것이 낫지 않겠습니까?"

이와 같은 나카이 기타로의 집요한 설득에 하세가와 요시미치 등의 숭례문 파괴론자 진영도 뜻을 굽히고 말았다. 흥인지문도 같은 맥락에서 파괴를 면할 수 있었다. 임진왜란 당시 일본인 장수 고니시 유키나가가 입성한 문이라는 이유였다. 실제로 일제 강점기 서울을 여행하는 일본인을 위한 관광 가이드북에는 숭례문에 대해 다음과 같은 안내 글이 적혀 있어 숭례문 보존론자들의 주장을 확인할 수 있다.

"도요토미 히데요시의 명에 따라 이루어진 조선 정벌 당시 가토 기요마사가 남대문을, 고니시 유키나가가 동대문을 통해 서울에 입성했습니다. 일본군의 서울 입성의 상징인 남대문이 바로 여러분이 보고 있는 성문입니다."

우리에게 숭례문과 흥인지문은 문화적, 미술사적인 가치가 있는 자랑스러운 문화재이지만, 당시 일제의 입장에서 숭례문과 흥인지문은 프랑스의 개선문과도 같은 전승기념물이었던 것이다. 아이러니하게도 일제의 지배논리를 강화하기 위해서라는 이유로 숭례문과 흥인지문은 그 자리를 지킬 수 있었다. 이와 같은 주장은 2002년 서울대 국사학과에서 일제 강점기 조선 총독부의 조선 성곽 정책을 연구하여 석사학위를 받은 일본인 오타 히데하루가 서울대 국사학과 기관지인 『한국사론』 49집에 발표한 논문 「근대 한일 양국의 성곽 인식과 일본의 조선 식민 지배 정책」에서 제기됐다.

일제가 지정한 보물, 대한민국의 국보가 되다

1933년 12월 5일, 일제는 우리나라의 보물을 효율적으로 관리한다는 명목으로 '조선보물고적명승 천연기념물 보존령'이라는 법령을 공포한다. 더불어 현재의 문화재위원회와 같은 '조선보물고적명승 천연기념물 보존회'를 만들어 우리나라의 문화재를 보물, 고적, 명승, 천연기념물로 나누어 지정하기 시작했다. 첫번째 지정은 1934년 8월 27일, 조선 총독부 기관지인 〈관보〉를 통해 발표되었는데 보물

153건, 고적 13건, 천연기념물 3건이 지정됐다. 〈관보〉의 내용에 따르면 조선 총독부는 일련번호를 부여하여 문화재의 명칭, 소재지, 소재 지역, 토지 소유자 순으로 분류했다. 이를테면 '보물1호 경성(일제가 부른 서울의 이름) 남대문, 보물2호 경성 동대문 (…) 고적1호 경주 포석정지, 천연기념물1호 달성 측백나무 숲' 등으로 정리하는 식이었다.

당시 일제가 발표한 〈관보〉 어디를 보더라도 '국보'라는 용어는 없다. 국권을 상실하고 일제의 식민지가 된 조선은 국가가 아니며, 따라서 조선의 국보는 있을 수 없다는 것이 그 이유였다. 일본의 국보가 곧 식민지 조선의 국보라는 일제의 논리에 따라 숭례문은 국보가 아닌 보물로 지정됐다.

일제는 문화재를 명명하는 과정에서도 우리 문화재의 격을 손상시켰다. '예를 숭상한다'는 의미를 지닌 숭례문, '온 나라의 기운이 태양처럼 일어난다'는 뜻의 흥인지문 등 유교와 풍수사상을 기반으로 하여 우리 선조들이 의미를 새겨 만든 명칭으로 부르지 않고, 방향을 나타내는 식의 명칭(남대문, 동대문)으로 불러 문화재의 의미를 축소시켰다. 일제에 의해 문화재로서의 가치가 왜곡되고 폄하된 숭례문과 흥인지문은 60여 년이 지난 1997년에 들어서야 비로소 본래의 제 이름을 되찾았다.

그렇다면 일제는 어떤 기준으로 보물을 정한 것일까? 문화재청장을 지낸 유홍준 교수의 『나의 문화유산 답사기』 일본편에 따르면 일제는 각각의 문화재에 대한 가치를 평가하여 보물을 지정하고 번호를 매긴 것이 아니었다. 한꺼번에 많은 수의 보물을 지정하면서 생기는 혼동을 피하기 위해 행정적인 편의상 임의로 정한 일련번호를 매긴 것에 불과하다는 것이다. 건축, 조각, 회화, 공예 등의 양식과 조선 총독부가 있는 서울을 시작으로 경기도, 강원도 등의 지역에 따라 순서를 매겨 일련번호를 부여했을 뿐이라는 말이다. 실제로 당시 일제가 정한 보물들의 명칭을 살펴보면 유홍준 교수의 설명이 더욱 분명해진다. 이를테면 보물1, 2호는 남대문과 동대문이며, 4, 5호는 원각사 다층석탑과 원각사비, 6, 7호는 중초사지 당간지주와 중초사지 삼층석탑인 식이다. 이후에도 조선 총독부의 정치적인 목적하에 일제에 의해 추가로 지정된 문화재들은 속출했다.

"국가(일제)가 관리해야 할 범위는 다음과 같다. 중국의 문화를 수입해서 이것을 일본에 전한 조선사의 변천, 고대 일중日中 관계를 알려주는 유적 등 (…) 학술상 연구 자료로서 중요한 것은 앞으로 국가 관리하에 영구히 보존할 것이다."

– 〈동아일보〉, 1933년 8월 11일

조선 고유의 독창적인 문화를 나타내는 문화재보다 중국의 문화를 수입해서 일본에 전한, 이른바 '일중 관계를 알려주는 것'을 더욱 가치 있고 소중히 보존할 문화재로 평가하고 있는 것이다. 이러한 정치적 의도는 다음 기사를 통해 더 명확히 엿볼 수 있다.

"이번 4회 총회에서 101종을 보물로 새로 지정하였다. 이번에 새로 지정하는 것은 내선일체內鮮一體의 관념을 더욱 뚜렷히 알려주는 것이어서 주목을 끌고 있다."

– 〈동아일보〉, 1933년 11월 26일

일제는 우리의 민족정신을 말살시키고자 내지(일본)와 조선이 하나라는 내선일체의 정신을 강조할 목적을 담아 보물이나 고적을 지정했고 그 과정에서 왜곡된 식민사관을 퍼뜨리고자 했다. 당시 일제가 고적으로 지정한 곳들은 창녕 화왕산성, 창녕 목마산성, 김해 분산성, 김해 김수로왕릉, 김해 산산리 고분, 고령 지산동 고분, 창녕 고분 등이었는데, 이들을 고적으로 등록한 사유를 '임나任那 관계 고적'이라고 기재했다. 창녕, 김해, 고령 지역은 4세기 중엽부터 6세기 중엽에 이르기까지 약 200여 년간 일본이 임나 지역에 '임나일본부'라는 통치기관을 두어 한반도 남부를 식민지로 경영했다는 왜곡된 학설인 임나일본부설과 관련이 있는 옛 가야 지역의 유적지다. 경상남도 양산시 물금에 위치한 증산성도 임진왜란 때 일본 장수 다데마사무네가 쌓은 성이라는 이유로 고적에 등재됐다.

일제가 식민통치 기간 동안 지정한 보물, 고적 등 지정문화재는 광복 이후에도 그대로 계승됐다. 1955년 정부는 명칭마저도 일제의 것과 비슷한 '국보 고적명승 천연기념물 보존회(이하 보존회)'를 발족했고, 그해 보존회는 일제가 지정한 보물 가운데 북한에 있는 것을 제외한 나머지를 국보로 전환시켰다. 그 과정에서 일제가 문화재 번호를 지정한 기준이 무엇인지에 대한 정확한 논의가 이루어지지 않았다. 당시 국보는 367건, 고적 및 명승은 3건, 천연기념물은 116건 지정됐다. 국보 제1호는 서울 남대문, 국보 제2호는 서울 동대문, 국보 제3호는 서울 보신각종이었다.

그로부터 7년 뒤인 1962년에는 '문화재보호법'이 제정되어 1955년 지정한 국보를 다시 국보와 보물로 재분류했다. 이때의 재분류로 국보 제2호였던 동대문이 보물 제1호로 변경됐다. 그러나 일제가 지정했던 문화재에 대한 별도의 재검토가 없었기 때문에 식민통치 시절의 문화재 지정과 크게 달라지지 못했다.

일제가 지정한 문화재를 그대로 수용한 것을 두고 이후 간헐적인 논란이 이어졌으나, 본격적인 비판이 제기되고 논의가 활발해진 것은 1995년 광복 50주년을 맞이하면서부터다. 당시 문화재관리국(현재의 문화재청)은 1년 동안 문화재 재평가 작업을 실시하고, 전문가

국보 제53호 합천 해인사 장경판전

와 일반 국민의 의견을 수렴했다. 그 결과 문화재관리국은 1997년, 국보와 보물 가운데에 일부 문화재의 명칭을 원래대로 복원했고, 등급을 재조정하는 조치를 취했다. 이때 국보 제1호인 남대문은 숭례문으로, 보물 제1호인 동대문은 흥인지문으로 그 명칭이 복원됐다. 팔만대장경을 보관하고 있는 건물인 국보 제53호 합천 해인사 장경판고藏經板庫는 해인사 장경판전藏經板殿으로 명칭을 복원했다. '고庫'는 '물건을 보관하는 창고'를 의미하고, '전殿'은 '임금이 생활하거나 부처를 모시는 건물'을 뜻한다. 명칭의 복원을 통해 국보의 가치를 격상시킨 대표적인 사례다. 일제가 그 가치를 낮게 평가했던 익산 왕궁리 오층석탑과 양산 통도사 대웅전 등 보물 여섯 건도 국보로 승격됐다.

국보의 의미와 지정 및 관리 시스템

국보인 숭례문과 보물인 흥인지문은 둘 다 조선시대 도성의 성문이며, 외형적으로 보았을 때 그 모양이 크게 다르지 않다. 국보와 보물을 나누는 차이는 무엇일까?

문화재는 일차적으로 눈에 보이는 유형문화재와 눈에 보이지 않는 무형문화재로 구분된다. 국보와 보물은 이들 가운데 유형문화재에 한해 지정된다. 현행 문화재보호법 제23조는 다음과 같이 국보와 보물에 대해 정의하고 있다.

제23조 (보물 및 국보의 지정)

① 문화재청장은 문화재위원회의 심의를 거쳐 유형문화재 중 중요한 것을 보물로 지정할 수 있다.

② 문화재청장은 제1항의 보물에 해당하는 문화재 중 인류문화의 관점에서 볼 때 그 가치가 크고 유례가 드문 것을 문화재위원회의 심의를 거쳐 국보로 지정할 수 있다.

문화재보호법에 따르면 국보는 보물보다 한 등급 높은 문화재이다. 국보는 보물의 가치가 있는 것 중에서 역사적, 학술적, 예술적, 기술적 가치가 가장 으뜸인 것으로 ① 제작연대가 오래되고 시대를 대표하거나 ② 우수한 형태와 품질, 용도를 지닌 ③ 역사적 인물과 관련이 있는 문화재를 일컫는다. 국보처럼 시대를 대표하거나 특이한 것이 아니고, 역사적 인물과 관련이 없더라도, 일반적인 지정의 수준에 이르면 보물의 조건을 갖추었다고 할 수 있다. 그렇기 때문에 보물의 수는 국보에 비해 월등히 많고, 형태상으로도 같은 것들이 많다.

문화재보호법에 명시된 바에 따르면 국보를 지정하는 일반적인 과정은 먼저 보물을 정해놓고 그중에서 국보를 선정하는 절차를 밟는 것처럼 여겨진다. 그렇지만 논의 단계에서 보물보다 국보가 될 가능성이 높아 보일 경우 애초부터 국보 후보로 상정하기도 한다. 개인이 소장한 문화재의 경우에는 소유자가 국보 지정 신청을 할 수 있으며, 발굴을 통해 발견된 문화재의 경우에는 문화재청이 직권으로 국보 지정 신청을 할 수 있다.

국보 지정 신청이 들어오면 문화재청은 해당 분야의 전문가인 문화재 전문위원들에게 1차로 실물 또는 현장 조사를 의뢰한다. 문화재 전문위원은 문화재청의 위촉을 받은 전문가들로 문화재위원회에 소속되어 있는데 2015년 4월 현재 189명이 활동중이다. 문화재 전문위원들은 분야별로 건축문화재, 동산문화재, 사적, 무형문화재, 천연기념물, 매장문화재, 근대문화재, 민속문화재, 세계유산 분과로 나뉘어 활동하고 있다.

문화재 전문위원들은 조사에 착수하여 국보로서의 자격을 갖추고 있는지, 진짜인지 가짜인지, 보존 상태는 양호한지 등을 면밀히 살펴본다. 1차 조사 결과, 국보로 지정될 가치가 있다고 판단되면 문화재청은 최종적으로 문화재위원회에 국보 지정 심의를 의뢰한다. 여기에 소속된 문화재 위원은 문화재 전문위원보다 한 등급 높은 지위를 지니고 있는데, 대상 유물이 해당되는 분과의 문화재 위원들의 심의 과정을 거쳐 국보로 지정할 만한 가치가 있다고 판단되면 최종적으로 문화재위원회가 열리고 이 자리에서 공식적으로 국보 지정을 의결한다.

1990년대 중반 이후 새롭게 국보로 지정된 것 이외에 보물로 지정된 것들 가운데에서 역사적, 학술적 가치가 높다는 사실이 뒤늦게 밝혀진 문화재들이 국보로 승격되는 사례가 늘었다. 예를 들어 부산 동아대박물관이 소장하고 있던 〈동궐도〉는 1995년 보물에서 국보로 승격됐고, 익산 왕궁리 오층석탑도 1997년 보물에서 국보로 승격 지정됐다. 반대로 국보로서의 가치를 상실한 문화재는 심의를 거쳐 국보 지정이 해제될 수도 있다. 문화재가 훼손되었거나 도난품으로 밝혀졌을 때, 또는 가짜로 판명이 난 경우 등이 이에 해당한다.

1962년 문화재보호법이 제정된 이후, 국보 지위 해제 조치가 내려진 경우는 단 두 차례였다. 첫번째 사례는 1996년 당시 국보 제274호였던 '귀함별황자총통'이 국보에서 해제된 사건이다. 1992년 해군의 충무공해전유물발굴단은 경남 통영시 한산도 앞바다에서 귀함별황자총통을 발굴했고, 발견된 총통은 3일 만에 국보 지정을 결의하였고, 인양된 지 17일 만에 국보로 지정됐다. 그로부터 4년 뒤 총통은 가짜인 것으로 판명되었고, 당시 발굴단장이었던 해군대령이 실적에 눈이 멀어 벌인 사기극으로 밝혀졌다.

두번째 사례는 2010년에 국보 제278호 이형 좌명원종공신녹권 및 함이 보물로 격하된 것이다. 귀함별황자총통처럼 가짜 유물로 판명된 탓은 아니고, 해당 유물의 가치에 대한 재평가가 이루어지면서 지위가 격하된 사례다. 국보 제232호 이화 개국공신녹권과 국보250호 이원길 개국원종공신녹권처럼 이미 국보로 지정된 조선시대 개국공신녹권이 있을뿐더러 그 역사적 가치도 이들보다 떨어진다고 판단됐기 때문이다.

국보 제1호 재지정 논란

2008년 2월 화재가 발생한 국보1호 숭례문도 화재 이후 국보 해제가 논의되기도 했다. 숭례문은 크게 석축과 누각으로 구성되어 있는데, 화재 당시 2층짜리 목조 누각 중 2층은 불에 전소됐고, 1층도 절반 정도 불에 타버렸기 때문이다. 숭례문을 다시 복원한다고 해도 과연 이것이 조선 초기의 것이라고 할 수 있는지에 대한 문제가 제기됐다.

화재 발생 다음날, 긴급 문화재위원회가 열렸다. 문화재위원회에서는 비록 목조 누각이 상당 부분 불탔지만 석축이 그대로 남아 있는데다가 원형 복원도 가능하기 때문에 문화재로서의 가치를 여전히 지니고 있다고 판단하여 숭례문의 국보로서의 지위를 인정했다.

그러나 문제 제기는 여기에서 그치지 않았다. 숭례문이 역사적, 미학적, 건축사적인 측면에서 국보로 지정되기에는 충분하지만, 국보 제1호라고 보기에는 어렵다는 주장이 제기됐다. 국보 제1호를 숭례문이 아니라 다른 국보 가운데에서 찾자고 주장하는 사람들은 국보 제1호라는 상징성을 고려하여 훈민정음이나 석굴암처럼 세계 어디에 내놓아도 손색이 없는 문화재로 대체하자고 제안했다. 반면 국보 제1호의 재지정을 반대하는 사람들은 국보의 일련번호가 좋고 나쁨의 순서가 아니라 단순한 순번에 불과하기 때문에 큰 의미를 두지 말아야 한다고 주장했다. 더불어 국보 제1호를 새로 지정할 경우, 국내외 각종 자료와 기록을 모두 고쳐야 하는 등 시간과 비용이 너무 많이 들기 때문에 이미 지정한 번호를 그대로 유지하자고 반론을 펼쳤다.

각각의 의견은 팽팽히 맞섰고 논란은 계속됐다. 숭례문 국보 제1호 지정에 대한 논란은 1990년대에도 있었다. 당시 문화재관리국은 이에 대한 여론을 수렴하고자 1996년 10월부터 11월까지 문화재 전문가 144명과 일반 국민 1000명을 대상으로 설문조사를 실시했다. 문화재 전문가 중 설문에 응답한 135명 가운데 80명(59.2퍼센트)이 국보 제1호 재지정을 반대했고, 52명(38.5퍼센트)이 국보 제1호 재지정을 찬성했다. 일반 국민 여론조사도 비슷한 수준의 응답을 보였다. 1000명 가운데 676명(67.6퍼센트)이 재지정을 반대, 324명(32.4퍼센트)이 재지정을 찬성했다. 당시 문화재관리국은 설문조사 결과를 반영하여 숭례문을 국보 제1호로 유지하기로 결정했다.

이후 2005년 감사원이 '일제 잔재 청산'이라는 명분을 내걸고 국보 제1호 교체 문제를 제기함으로써 국보 제1호 재지정 논란이 다시 점화되었으나, 문화재위원회는 고심 끝에 숭례문의 국보 제1호를 유지하기로 결론지었다.

冊

『한국의 국보』 이광표, 컬처북스, 2014.

「전후 한일 문화재 반환 교섭에 관한 재평가」 김지현, 국민대학교 대학원 석사학위논문, 2012.

「국제법상 불법반출 문화재에 대한 연구」 장윤호, 고려대학교 대학원 석사학위논문, 2012.

02 잃어버린 땅

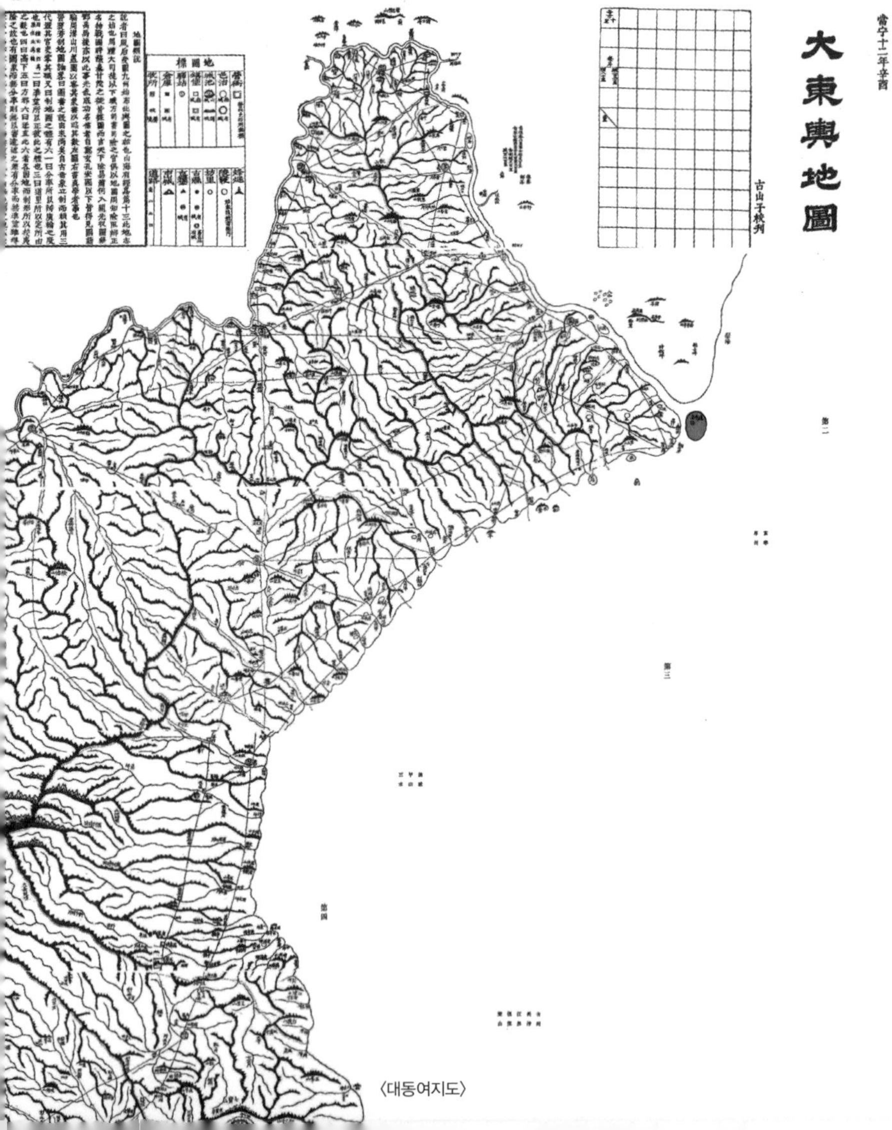

〈대동여지도〉

1587년(선조 20년)
임진왜란 발발 5년 전

함경북도 경흥 부근
두만강 하구의 작은 섬

목숨을 걸고 지켜야만 했던
국경지대의 전략적 요충지

평소 충돌이 잦았던 여진족에게
수많은 병사와 백성을 잃은 이순신 장군

치열하게 펼쳐진 두번째 전투에서
패배의 치욕을 씻고 대승을 거둔다

목숨을 걸고 지켜야만 했던
국경지대의 전략적 요충지

조선왕조 500년 동안
우리 영토로 지켜왔던 곳

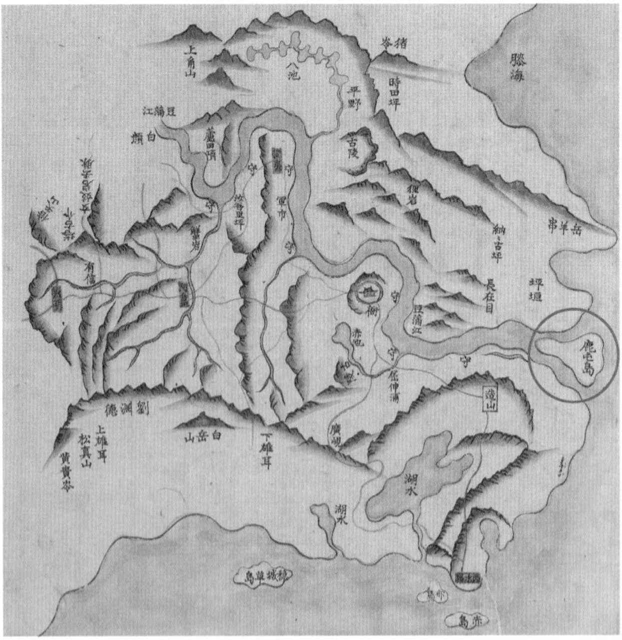

함경북도 경흥
두만강 하류의 하천 퇴적지형

여의도 면적의 두 배 크기(추정)
둘레 8킬로미터 남짓의 작은 섬

조선 초기 세종의 북방 개척 이후
500여 년간 우리 영토로 기록된

녹둔도鹿屯島

농사를 짓고 풍부한 해산물을 거두는
함경도 주민들의 생활터전이자

국경지대에 인접한 전략적 요충지
외적의 침입을 막아내는 최전방 요새

"오랑캐들이 들어와 약탈을 벌일까 염려되니,
방어를 더욱 엄밀히 하라."

–『세조실록』, 1457년(세조 2년) 8월 10일

鹿屯島

1889년(고종 26년)
열강의 틈바구니에서
힘을 잃어가던 조선

어느 날
함경도의 관리가 급히 보내온 전갈

"러시아 군사들이 우리 영토에 들어와
건물을 짓고 다닙니다."

우리 영토가 러시아 땅이 되어 있다?

30여 년 전
베이징조약(1860년)

남쪽으로 영토를 넓혀가기 위해
부동항을 얻고자 한 러시아와
러시아의 비위를 맞추려는 청나라 사이에 이루어진 거래

뒤늦게 사실을 인지한 조정에서는
녹둔도에 관리를 파견해 조사를 벌인다

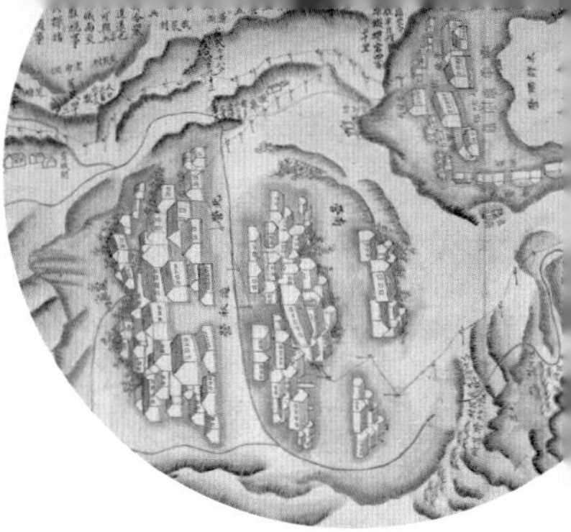

민가 113호
인구 822명
모두 한인

녹둔도와 연해주 일대를 조사한
『아국여지도』(1885~1905년 제작 연도 추정)

"녹둔도는 본래 우리땅입니다.
섬에 살고 있는 사람들은 모두 우리 백성이고
다른 나라 사람은 한 사람도 없었습니다."

– 어윤중이 고종에게 올린 보고서

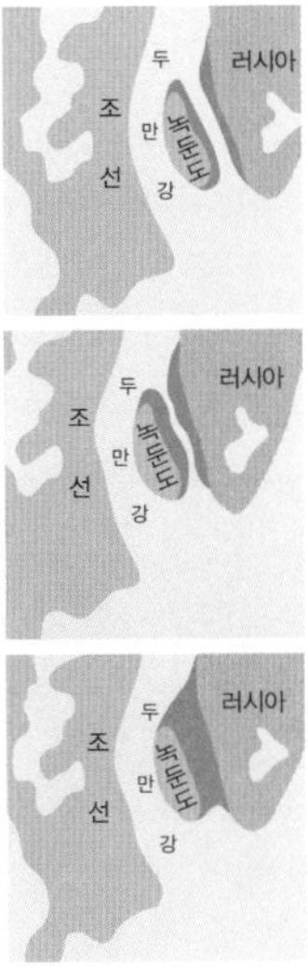

녹둔도가 우리 영토임을 증명하는
수많은 자료와 기록들

그러나 10여 차례에 걸친
조선의 녹둔도 반환 요청은
번번이 묵살당하고 만다

점차 두만강의 흐름이 바뀌며
연해주 땅과 연륙되어 간 녹둔도

결국 반환되지 못한 채
'크라스노예 셀로'라는 이름의 한인 정착촌이 된다

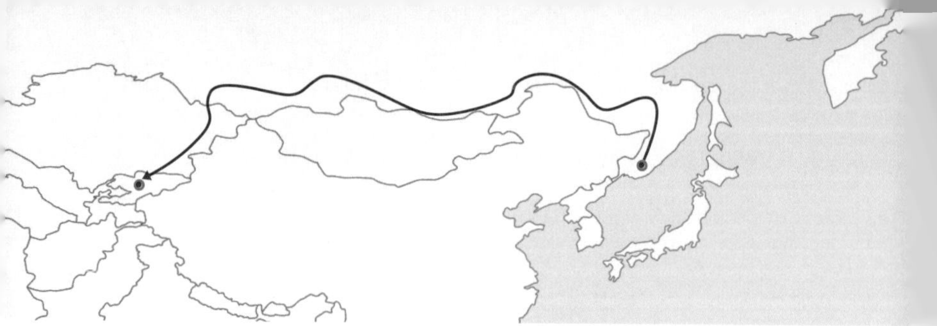

그리고

1937년

스탈린의 강제이주 정책

녹둔도에 거주했던 한인들은
중앙아시아로 강제이주를 당했고
녹둔도 마을은 폐쇄된다

일제 강점기, 남북분단…
기억 속에서 사라져간 땅

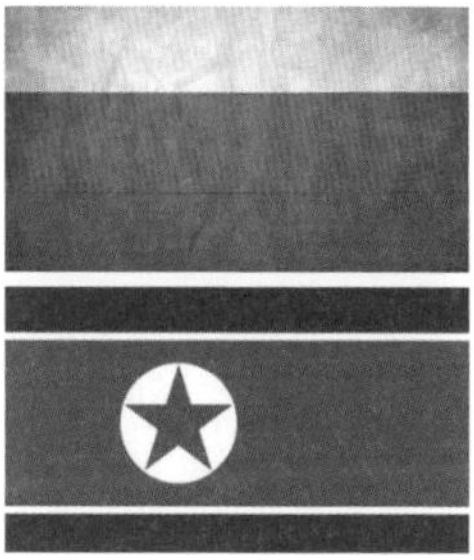

1984년 11월

북한 러시아 간 국경회의

녹둔도 문제 '미해결'

1990년 대한민국

서울주재 러시아 대사관에

녹둔도 반환 제의

'거부'

국경지대의 우리 영해를 넓히는
군사적 요충지인 녹둔도는
현재 러시아의 군사기지 건설로
접근이 금지되어 있으며

간도와 더불어
장차 통일 한국이 되찾아야 할
미수복 영토이다

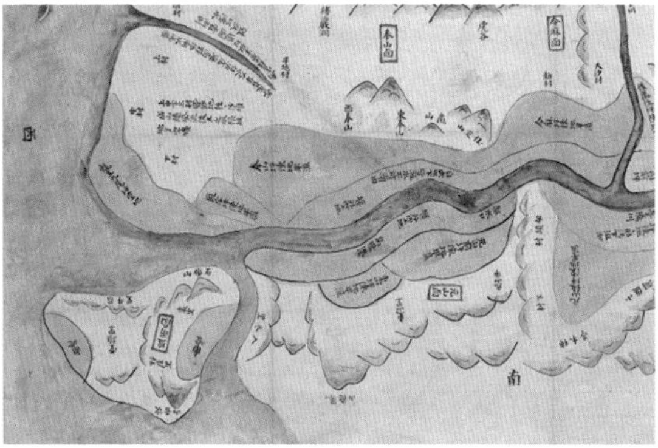

사슴이 뛰어 노닐던 땅

백두산 천지에서 시작된 두만강이 1300리의 물길을 굽이굽이 흘러 동해와 만나는 지점에 섬 하나가 있었다. 이 작은 섬은 두만강이 바다로 가는 과정에서 실어 나른 무수한 흙더미가 오랜 세월 쌓이고 쌓여서 만들어진 것이었다. 이 섬은 수없이 많은 노루 떼를 볼 수 있어서 '사차마도沙次麻島'로 불렸다. 두만강 연안 지방의 방언으로 '사슴'이라는 뜻을 가진 '사아삼沙兒參'에서 연유된 섬의 이름은 이후 조선의 영토가 되면서 '사슴이 모인 곳'이라는 뜻의 '녹둔도鹿屯島'로 불리게 되었다.

녹둔도는 세종이 적극적으로 북방 지역을 개척하여 두만강 하류 부근에 6진을 설치하는 과정에서 조선의 땅이 됐다. 조선이 개국할 당시, 이미 국경은 두만강 하류에까지 이르렀지만 여진족의 습격으로 일진일퇴를 거듭하는 혼란스러운 상황이었다. 세종은 "선조들이 지키시던 곳은 비록 한 뼘의 땅이라도 버릴 수 없다"며 종성, 온성, 회령, 경원, 경흥, 부령에 차례로 군사 진지를 설치하고 남도의 백성들을 이주시켜 두만강 이남을 모두 조선의 영토로 삼았다. 이 무렵 녹둔도는 경흥부 조산보에 소속되어 조산보의 만호(종사품의 무관직)가 관할하는 지역이 되었으며 두만강 건너편의 여진족을 방어하는 조선의 최북방 군사 요충지로 성장해나갔다.

녹둔도의 비옥한 농토는 변방 백성들의 삶에 축복이자 저주였다.

봄이 되면 조산보의 만호는 조산보를 비워둔 채 백성들을 이끌고 녹둔도에 들어가서 토성을 쌓고 경작지를 일구다가 가을에 추수를 마무리하면 다시 조산보로 돌아왔다. 녹둔도는 여름 장마철이 되면 두만강의 범람으로 섬 전체가 물에 잠기게 되는 등 거주환경이 좋지 못했다. 철마다 번번이 가재도구를 이고 지고 녹둔도를 왕래해야 했던 백성들은 일정한 거처 없이 떠돌아다니는 유랑민이나 마찬가지였다. 비옥한 토지 덕분에 소출이 풍성했지만 이는 물자가 부족한 여진족이 녹둔도의 백성들을 약탈하는 이유가 되기도 했고, 이로 인해 백성들은 항상 불안에 떨어야만 했다.

1587년(선조 20년) 9월, 여느 때와 다름없이 경흥부사 이경록과 조산보 만호 이순신은 백성들을 이끌고 녹둔도에 들어가 둔전에서 곡식을 수확하고 있었는데 갑자기 시전時錢에 사는 콜간 우디캐 족의 대추장 하오랑아가 자신의 부족을 이끌고 녹둔도를 습격했다. 예기치 못한 침입이었기에 조선의 피해는 막대했다. 군사 10여 명이 처참하게 살해됐고, 160여 명의 백성이 여진족에게 붙잡혀갔다. 이경록과 이순신은 곧바로 추격하여 포로들을 되찾아 돌아오지만 책임을 피하지 못하고 백의종군한다. 4개월이 지난 1588년(선조 21년) 1월 조선군은 대대적인 반격에 나섰다. 두만강을 건너 여진족의 본거지를 습격하여 아군의 피해 없이 부락 200여 채를 불태우고 380여 명의 적군을 죽이는 전과를 올렸다. 이경록과 이순신도 이 전투의 선봉에 서서 공을 세우며 백의종군의 치욕을 떨칠 수 있었다. 『선조실록』

조선 전기 함경도 지역을 침략하던 여진족 시전부락을 정벌하는 모습을 그린 〈장양공 정토 시전 부호도〉

에는 전투가 일어날 당시 녹둔도에 대한 조선 조정의 생각이 잘 나타나 있다.

"녹둔도는 오랑캐의 지역과 너무 가까워 오랑캐들이 침입하는 것은 일반적인 일로서 처음부터 이 같은 일이 생기리라는 것을 우려하지 않은 것이 아니었다. 녹둔도는 예부터 우리의 농장이었는데, 경(정언신)이 군량이 어려운 형편에 놓인 것을 목도하고 백성들을 들여보내 농사를 짓도록 한 것인데 이것이 어찌 잘못인가."

–『선조실록』, 1587년(선조 20년) 10월 4일

그러나 계속되는 전란으로 나라 전체가 뿌리부터 흔들리면서 녹둔도는 조정의 관심에서 멀어져갔다. 17세기 들어와 후금의 건국으로 여진족이 하나로 통일되면서 녹둔도를 늘상 침략해오던 집단이 사라진 것도 녹둔도의 위상이 바뀌는 데에 한몫했다. 결국 시간이 흐르며 한때 군사적 요충지였던 녹둔도는 황무지이자 군사시설로도 사용되지 않는 무인도로 바뀌어갔다. 두만강의 지속적인 범람과 더불어 영조 대에 북쪽 국경 지역의 개발이 적극 장려되면서 농토를 일구고 땔감을 구하기 위해 나무를 함부로 베어내는 일이 잦아지면서 하천 연안 끝의 땅이 깎여나가며 토사 유출이 가속화됐다. 그 결과 두만강 하류로 밀려온 토사가 녹둔도와 연해주 사이의 물길에 쌓였고 녹둔도는 점차 육지로 변해갔다.

러시아의 영토가 된 녹둔도

기억 속에서 잊혔던 녹둔도가 다시 관심을 받게 된 것은 1860년(철종 11년) 청나라와 러시아가 베이징조약을 체결하면서부터다. 청나라는 당시 태평천국 운동(1851~1864)과 제2차 아편전쟁(1856~1860)으로 위기에 처해 있었다. 영국과 프랑스 연합군에 의해 수도 베이징이 함락되고 청나라 함풍제는 러허의 피서산장으로 피난을 떠나는 수모까지 겪는다. 러시아의 중재로 간신히 위기에서 벗어난 청나라는 그 대가로 베이징조약을 맺어 1858년 아이훈조약 이래 러시아와 청나라의 공동 관할 아래에 있던 연해주를 러시아에 할양하게 됐다.

당시 청나라와 러시아는 베이징조약의 내용이 조선의 이익과 직결됨에도 불구하고 조선 조정에 아무런 통보도 하지 않았다. 조선 조정 역시 베이징조약의 내용에 따라 두만강을 경계로 러시아와 국경을 마주하게 됐지만 이에 무관심한 태도를 보였다. 베이징의 혼란한 상황을 파악하기 위해 철종이 정확하고 신속한 정보 보고를 당부하며 함풍제의 몽진蒙塵(임금이 난리를 피하여 안전한 곳으로 떠남)을 위문한다는 명목으로 문안사를 파견했지만, 문안사의 귀국 보고에서는 청나라의 혼란한 상황이 수습되고 있다는 보고만 있었을 뿐 정작 베이징조약에 대해서는 언급이 없었다.

조선이 베이징조약의 내용을 알게 된 것은 청나라와 러시아 관리들이 두만강 연안에 국경 경계비를 세우는 장면을 목격하면서였다. 청나라와 러시아는 싱카이호부터 두만강까지의 국경선을 확정하기 위해 베이징조약의 추가 조치로 1861년 흥개호계약을 체결하여 우수리 강어귀에서부터 두만강까지 여덟 개의 목패를 세우기로 했다. 경흥부사 이석영은 그해 8월 두만강 건너에서 목패를 세우는 장면을 목격하고 현장에 있던 청나라 관리가 보여준 국경 획정에 관한 문서를 그대로 본떠서 상부에 보고했다. 하지만 조선 조정은 아무런 대응을 하지 않았다. 이석영조차도 "저 땅에 저들이 왕래하는 것은 혹 괴이할 것도 없어 일이 첩보하기에 적당하지 않다"고 말한 것을 보면 당시 조선 조정이 무사안일에 빠져 있었음이 적나라하게 드러난다. 조선 조정이 행한 대책은 그저 굶주린 백성들이 국경을 넘어가는 것을 방지하기 위해 국경 경비를 강화하는 수준에 머물렀다. 당시 조정은 빠르게 변화하는 국제 정세에 어두웠을 뿐만 아니라 근대적 외교관계를 맺어야 한다는 개념 자체가 없었다. 러시아와 국경을 마주하게 된 조선은 사대교린事大交隣의 전통적 외교관행에 따라 중앙정부가 아닌 지방관인 경흥부사를 러시아와의 교섭 창구로 삼았다. 동래부사가 일본과의 업무를 전적으로 책임지던 방식의 연장이었다.

1882년(고종 19년) 5월 주청 러시아 특명전권공사(외교사절) 뷧조는 청나라 서리직예총독 장수성에게 조선과 러시아가 통상과 국경 문제를 논의할 수 있도록 주선해달라고 부탁하였다. 장수성은 영의정 이최응에게 서한을 보내 뷧조의 제안을 알렸고 이최응은 이를 고종에게 보고했다. 고종은 뷧조의 제안을 일단 거절하고 같은 해 9월 연해주로 김광훈과 신선욱을 파견하여 정보를 수집하도록 명했다. 이듬해 1월 고종은 조선과 청나라의 감계회담勘界會談에 참석하기 위해 출발하는 서북경략사 어윤중에게 녹둔도를 반환받도록 지시했다.

고종의 명을 받은 어윤중은 청나라 관리와 만나 녹둔도의 반환 가능성을 타진해보지만 청나라 관리들은 이미 녹둔도가 러시아의 땅이 되었다는 이유로 개입을 거절했다. 이에 어윤중은 직접 경흥으로 가서 녹둔도를 조사하고 경흥부사를 통해 러시아 국경행정관에게 녹둔도의 반환을 요구했다. 그러나 녹둔도를 자국의 명백한 영토로 생각하던 러시아는 아무런 회답도 하지 않았다. 아무런 소득을 얻지 못했지만 귀환한 어윤중은 고종에게 다음과 같이 보고했다.

"이곳은 본래 우리나라 땅입니다. 신이 조산造山에 도착하여 지형을 살펴보니 섬 동쪽이 유사流砂에 막혀 저쪽 지역과 연결되었습니다. 그렇지만 섬 속에 사는 백성들은 모두 우리나라 백성이고 다른 종족은 없습니다."

1884년(고종 21년) 조선과 러시아 사이에 수호통상조약이 체결되고 러시아는 육로통상의 문제를 조선에 제기해왔다. 조선 조정은 통상 문제를 녹둔도를 포함한 국경 문제와 연계하여 처리하고자 청나라와 러시아의 감계회담에 참여하려 했다. 세월이 지남에 따라 청나라와 러시아 양국의 경계가 훼손되고 부정확해지자 다시 감계회담을 열기로 했기 때문이다. 1886년 청나라와 러시아 사이에 감계회담이 열렸지만 조선은 회담장의 문턱을 넘지 못했다. 청나라는 조선과 간도 귀속 문제로 승강이를 벌이고 있던 터라 간도 회담에서 유리한 고지를 선점하려는 의도에서 조선의 회담 참여를 달가워하지 않았고, 러시아는 녹둔도를 계속해서 강점하기 위해 조선의 회담 참여를 봉쇄했던 것이다. 조선 조정의 무지와 미숙한 대응으로 청나라와 러시아로부터 철저하게 소외되는 사이 녹둔도는 점차 러시아의 영토로 굳어져갔다.

아름다운 한인 마을, 크라스노예 셀로

조선 후기 조정은 녹둔도가 청나라와 인접한 국경 지역에 있다는 이유로 개간을 하거나 백성들이 상주하는 것을 금했지만, 1869년 함경북도 지방에 불어닥친 전대미문의 대흉년과 기근으로 절박한 처지에 있던 백성들은 먹을거리와 땔감을 구하러 두만강을 건넜다. 농토가 절대적으로 부족한 국경 지역의 백성들에게 강 건너 보이는 비옥한 녹둔도는 충분한 대안으로 여겨졌다. 베이징조약으로 녹둔도를 새로이 영유하게 된 러시아도 러시아인들의 연해주 이주가 어려운 상황에서 두만강을 건너오는 조선 백성들을 정착시켜 국경 일대를 안정화하고자 했기 때문에 녹둔도에 한인 마을이 형성되는 것을 일부러 막지 않았다. 녹둔도 지역의 한인 정착촌이 형성된 시기에 대해 러시아왕립지리학회 보고서에는 1875년 조선에서 이주해온 사람들에 의해 마을이 형성되었고, 11개의 작은 마을들로 이루어져 있다고 기록되어 있다. 러시아 정부는 녹둔도 지역을 '아름다운 마을'이라는 뜻의 '크라스노예 셀로'라 불렀지만 녹둔도에 정착한 한인들은 여전히 녹둔도촌 또는 녹둔, 녹평이라 불렀으며 11개의 마을 이름도 달보목, 와룡평, 학수평, 두가리미, 세가리미, 앞가리미 등 순수 한국식 명칭으로 지었다.

1882년에 이어 1885년 다시 두만강과 연해주 일대를 방문한 김광훈과 신선욱은 『강좌여지기』와 『아국여지도』에서 녹둔도를 농사와 어업의 수확량이 아주 많아 조선의 백성들이 암암리에 거주하고 싶어 하는 곳으로 묘사하며 "부역을 내지 않으며 단지 아이들을 양육하며 본국의 풍교風敎를 높이 받든다. 러시아인들의 풍속과 관습을 따르지 않아 대개 열성조가 수백 년 동안 함육涵育한 은택을 잊지 않고 있다"고 평했다. 조선의 농민들에 비해 부유한 생활이 가능했던 한인 정착촌 크라스노예 셀로는 1880년대 중반 113가호로 연해주

연추면에서 세번째로 큰 규모의 마을로 성장했고 1929년에 이르면 322농가 1883명의 대촌大村으로 성장했다.

1929년 중국의 만주 군벌과 소련 적군 사이에 동중철도를 둘러싸고 무력충돌이 발생하면서 한인 정착촌은 위기를 맞는다. 만주 일대를 지배하던 군벌 장쉐량은 공동관리 아래에 있던 동중철도를 독점하고자 했으나, 소련은 군대를 만주에 파병하여 장쉐량 군대를 제압했다. 동중철도를 둘러싼 중국과 소련의 충돌 여파로 소련이 중소 국경지역의 한인 마을들을 폐쇄하면서 녹둔도의 한인 정착촌 열세 개 가운데 일곱 개가 사라지고 전체 주민의 60퍼센트가 넘는 한인들이 새롭게 개척한 땅을 등지고 유랑에 나서야 했다.

소련 스탈린 정권은 1937년 국경에 거주하는 한인들이 일본의 스파이가 될 수 있다는 명목하에 극동지역에 거주하던 한인들을 중앙아시아의 카자흐스탄과 우즈베키스탄으로 강제이주시켰다. 연해주에서 마을을 건설하며 삶을 이어나가던 수많은 한인들은 한순간에 터전을 잃고 화물차와 가축차량에 실려 중앙아시아의 낯선 땅으로 흩어지게 된다. 그 과정에서 연해주의 한인 정착촌들은 폐허가 되었고 크라스노예 셀로, 아름다운 한인 마을들도 역사 속에서 사라지고 말았다.

녹둔도를 반환받을 수 있을까

대한제국이 수립된 이후에도 조정은 러시아에 녹둔도의 반환을 줄기차게 요구했지만 국권피탈과 일제 강점기를 거치면서 녹둔도 반환 문제는 방치되었다. 광복 이후에는 남북이 분단되면서 녹둔도는 쉽게 볼 수조차 없는 미지의 섬이 되었다.

녹둔도를 포함한 러시아와의 국경 협상은 러시아와 국경을 맞대고 있는 북한이 주도해나갔다. 북한과 러시아는 1985년 국경협정과 1990년 국경설정의정서를 체결하면서 두만강 주수로의 중간선을 양국 사이의 국경으로 규정했고, 그 결과 연해주와 연륙되어버린 녹둔도는 러시아 영토의 일부가 됐다. 러시아는 녹둔도 일대를 군사통제 지역으로 묶어 사람들의 출입을 제한하고 있으며 2005년부터는 녹둔도를 포함한 러시아 쪽 강변에 제방을 쌓아 실효적 지배를 강화하고 있다.

녹둔도 반환 문제를 두고 학자들 사이에서는 다양한 의견이 존재한다. 우선 당사국인 조선의 참여와 동의 없이 베이징조약에 의해 일방적으로 녹둔도가 러시아 영토로 편입된 것은 국제법상 무효이기 때문에 남북통일 이후에 러시아와 재협상을 하여 녹둔도를 반환받을 수 있다는 주장이 있다. 반면에 1985년 북한이 러시아와 체결한 국경조약은 통일 한국이 국제법상 국가승계의 원칙에 따라 그대로 승계하게 되므로 녹둔도의 러시아 영유를 인정할 수밖에 없고, 1985년 협정 자체를 무효라고 하더라도 150여 년간 녹둔도에 대한 러시아의 실효적 지배를 부정하기 어렵다는 주장도 있다.

최근 녹둔도 반환 문제와 관련하여 의미 있는 일이 있었다. 러시아가 중국과 영유권 분쟁을 겪고 있던 헤이룽 강의 헤이사쯔 섬의 절반과 인룽 섬을 중국에 반환한 사건이다. 1929년 장쉐량 군대와 소련 적군의 무력분쟁 과정에서 이 섬들이 소련의 영토가 된 이후 40년 동안 섬의 국경선 획정을 둘러싸고 러시아와 중국은 협상을 계속해왔다. 그리고 소련군이 무력으로 점령한 지 79년 만인 2008년, 마침내 러시아는 섬의 반환에 합의했다.

150여 년 전, 얼지 않는 항구를 갖기 위해 두만강 하구를 자국의 영토로 삼고자 했던 러시아와 두만강 하구를 통해 태평양으로 진출을 꾀했던 청나라 사이에 조선의 녹둔도가 존재했다. 백성들의 피와

땀으로 개척하고 지켜냈던 녹둔도는 조정이 변화하는 국제 정세를 파악하지 못하고 헤매던 사이에 주인을 잃고 말았다. 지금도 녹둔도에는 무성한 잡초 사이로 가마솥, 놋그릇, 항아리 파편들과 버려진 연자방아가 곳곳에 널려 있다. 이 땅의 주인이 누구였는지를 분명하게 보여주는 흔적들이다.

冊

『**19세기 동북아 4개국의 도서분쟁과 해양경계**』 이근우 외, 동북아역사재단, 2008.

『**두만강 하구 녹둔도 연구**』 이기석 외, 서울대학교출판문화원, 2012.

「**러시아 연해주 두만강 하구의 한인마을 크라스노예 셀로의 형성과 변화**」 반병률, 『한국근현대사연구』 제54집, 2010.

「**조선시대 녹둔도의 역사와 영역 변화**」 이왕무, 『정신문화연구』 제34권, 2011.

「**통일 후 한러 국경의 획정**」 정인섭, 『서울국제법연구』 제14권, 2007.

03 지워지지 않는 상처

©Raul Hudson1986

2012년

CNN에 소개된

세계에서 가장 으스스한 장소 6위

1938년 일제 강점기
조선 농촌에서 시작된
이상한 취업 알선

일본 본토의 기업이
총독부에 할당 인원을 신청하면
지역별로 해당 인원을 차출해가는

지역할당 모집형
강제동원

"임금도 두둑하게 쳐주고
대우도 잘 해주니 겁내지 마라!"

극심한 가뭄과 일제의 수탈
징용에 불응하면
식량 배급을 끊겠다는 협박

조선의 농민들은
전시 동원 노무자가 되어
일본 각지의 탄광과 군수시설로 배치된다

그중
미쓰비시 중공업 소유의 하시마 섬은
6.3헥타르의 면적 전체가 탄광촌으로 개발

최신식 아파트와 오락시설이 들어선
작지만 화려한 도시로 각광받고 있었다

1959년 하시마 섬의 모습 ©totoro times

그러나
화려한 도시의 불빛 아래
깊은 해저탄광에서 벌어지는 참상

"허리를 펼 수 없는 비좁은 갱도.
옆으로 누워 석탄을 캐는 열두 시간.

할당량을 채우지 못하면
나올 수 없는 갱도의 끝, 막장

해저 1000미터에 이르는 갱도는
평균 45도 이상의 고온으로 펄펄 끓었고
들이치는 바닷물에 피부가 짓물러 썩거나
메탄가스가 폭발하고 천장이 붕괴되어
죽거나 다치는 일이 흔히 일어났다.

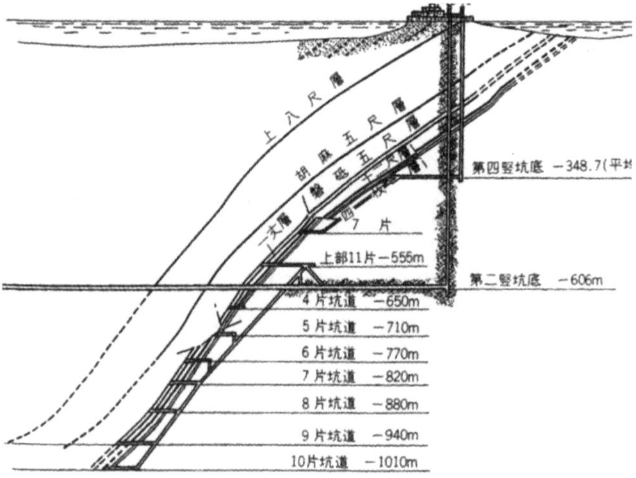

약속한 월급 50~70엔

식사비와 숙소비
속옷 구입비
세금과 건강보험료
작업도구 대여비를
공제하고 나면
실제로 받는 월급은 5엔

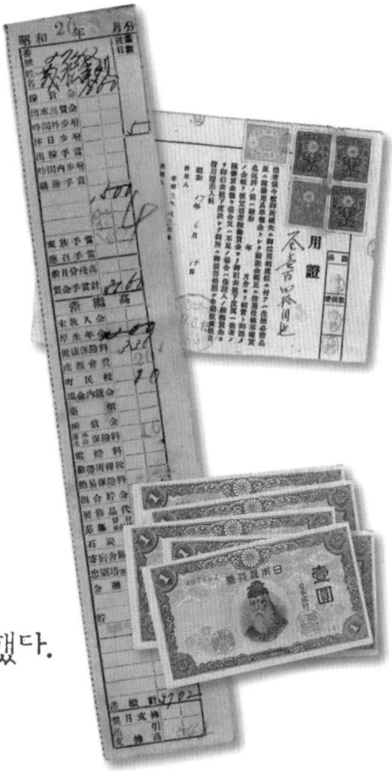

그마저도 남은 몇 푼으로
일본 정부는 채권을 구입하라고 했다.

돈을 벌어 돌아가거나
가족들에게 생활비를 보내는 일은 불가능했다."

간혹 용기를 내어 탈출을 시도한 이들의
충격적인 증언들

"고무로 만든 와이어를 기계에서 벗겨내
매를 만들어서 후려치니까
피가 묻어나고 살점이 떨어지고 세상에…
우리한테 그것을 다 보여주면서…
차라리 자살하는 게 낫지.
우리 나이 다 열다섯 열여섯 그랬는디…"

– 최장섭(85세), 하시마 섬 강제동원 피해자

기록과 증언을 토대로 재구성한
하시마 섬의 강제동원 피해자는
약 800여 명

이들 중 1925년부터 1945년까지
하시마 섬에서 사망한 이들은
공식 집계 134명

누락되거나 은폐된 사망자 수는
이보다 훨씬 많은 것으로 추정된다

하지만 섬의 소유자인 미쓰비시 중공업이
강제동원 사망자들의 유해봉환 및
피해보상을 외면하는 가운데

2014년 초 일본 정부는
강제동원이 이루어진
하시마 섬과 나가사키 조선소를
일본 근대화에 공헌한 산업유산으로
유네스코 세계문화유산에 등재를 신청한다

그리고 2015년 7월 5일 하시마 섬은
유네스코 세계문화유산으로 등재되었다

하시마 섬을 찾다

일본 규슈 나가사키 항에서 18킬로미터 떨어진 곳에 위치한 하시마端島 섬은 멀리서 보면 군함을 닮았다고 해서 군함도라고도 불린다. 길이 480여 미터, 폭 160미터, 6.3헥타르 면적의 축구장 두어 개가 들어갈 정도로 작은 이 섬은 한때 5천 명이 넘는 주민이 거주하며 일본 최고의 인구밀도를 자랑하던 곳이다. 하시마 섬에 사람들이 몰려들었던 이유는 이 섬에 발열량 높은 양질의 석탄을 채굴할 수 있는 해저탄광이 있었기 때문이다. 하시마 섬은 메이지 시대부터 1960년대까지 일본의 근대화를 상징하는 탄광도시였으며, 하시마 섬에는 '없는 것이 없다'는 이야기가 나돌 정도로 여러 시설을 갖추고 있었다. 섬 내에는 1916년 지어진 일본 최초의 철근콘크리트 아파트, 학교, 상점, 영화관과 병원, 목욕탕까지 들어서 있었다.

1960년대 이후 석탄 채굴이 사양길에 접어들면서 쇠퇴하기 시작한 이곳은 1974년 폐광되면서 주민들이 모두 섬을 떠났고 폐허가 된 콘크리트 건물들만이 남은 채 으스스한 곳으로 변했다. 2000년대 들어 일본 내 매체에 소개되며 조금씩 알려지던 하시마 섬이 다시 붐비기 시작한 것은 2012년 미국 방송사 CNN이 '세계에서 가장 으스스한 장소' 가운데 하나로 이곳을 선정하면서부터다.

그리고 2015년, 일본이 하시마 섬을 유네스코 세계문화유산으로 등재하려는 움직임을 보이면서 본격적으로 한국인들 사이에서도 하

시마 섬이 주목받기 시작했다. 일본 정부는 하시마 탄광을 비롯한 일본 각지 8개 현縣 23개 시설을 묶어 '메이지 산업혁명 유산'으로 유네스코 세계문화유산 등재를 신청했고 2015년 7월 5일 세계유산 위원회 회의에서 최종 확정되었다. 세계문화유산으로 등재된 스물세 곳 중 하시마 탄광을 비롯하여 인근 다카시마 탄광, 미쓰비시 나가사키 조선소 유적, 미쓰이 기업이 운영한 미이케 탄광 및 미이케 항, 신일본제철의 야하타 제철소 등은 일제 강점기에 한국인 약 5만 7900여 명이 강제동원된 곳이다. 때문에 일본 근대화의 상징이라는 역사적 가치뿐 아니라 전쟁범죄를 저지른 일본의 과거사가 고스란히 담겨 있다. 그러나 일본 정부는 자신들의 잘못에 관한 설명을 뺀 채 등재 신청을 추진했다. 이에 한국 정부는 이 시설들을 아우슈비츠 수용소와 같이 부정적 문화유산으로 등재하라는 요구를 하게 되었고, 결국 '수많은 한국인과 여타 국민이 강제로 노역했다(forced to work)'는 문구가 결정문 주석에 반영되는 형태로 등재가 결정됐다. 그러나 곧바로 일본 정부가 '강제징용'이 아니었다는 입장을 표명하여 논란이 일어났다.

현재 하시마 섬을 향하는 관광선에는 세계문화유산 등재를 축하하는 포스터가 곳곳에 붙어 있고, 관광객을 위한 해설에는 한국인 강제징용에 관한 내용은 한 마디도 언급되지 않은 채 일본 산업화의 상징성만 부각되고 있다.

감옥섬 하시마에서의 악몽

하시마 섬은 군함도 이외에도 '지옥도'라는 별칭을 갖고 있었다. 수많은 한국인들이 징용되어 끌려와 학대받고 희생된 장소로 '들어가면 살아 돌아올 수 없는 지옥' 같은 섬이었다고 해서 붙여진 이름이다.

일본으로 끌려간 한국인들은 일본인 노동자보다 위험한 작업장에 집중적으로 배치되어 휴일에도 제대로 쉬지 못한 채 강제노동에 시달렸다. 홋카이도 탄광에서는 1년 365일 중 311일을 노동했다. 하시마 섬의 경우에도 한국인 노동자 대부분은 갱내 노동자로서 위험한 채탄현장에 투입됐다. 더구나 하시마 탄광은 인근 다카시마 탄광과 함께 해저탄광의 형태를 띠고 있어서 육지탄광에 비해 채굴 조건이 좋지 못했다. 채굴 초창기에는 죄수를 갱내 노동자로 사용할 만큼 열악한 곳이었다. 해저에서 채탄을 하면 갱내로 "바닷물이 새어 나왔는데, 바닷물에 살이 헐고 짓물렀다"(하시마 탄광 강제동원 피해자 최씨 할아버지 구술). 더구나 해저 깊은 곳의 채굴 현장은 갱구坑口에서 1킬로미터 이상 거리가 떨어져 있기도 했고, 깊이 내려갈수록 경사가 더욱 급해져 보통 40~45도에서 심한 경우 60도에 이르렀다. 경사가 심한 곳은 생산량이 떨어지고 사고 위험이 높아서 한인과 중국인이 주로 투입됐다. 탄갱 내부는 다량의 가스가 일시에 분출하여 가스폭발 사고가 일어나기 쉬운 환경이었고, 갱도는 허리를 펼 수 없이 비좁았으며 갱내 온도는 45도를 넘었다. 당시 하시마 섬으로 강제동원을 당한 김씨 할아버지는 "떨어지는 돌 때문에 모자 속에 고무줄을 넣어서 썼다. 가끔 위에서 굴러떨어진 돌에 맞아 죽는 사람도 있었다"라고 회고했다.

전쟁이 치열해지고 장기화되면서 석탄 증산에 대한 요구도 강해졌다. 하시마 섬 갱부들의 노동시간도 3교대 근무에서 2교대 근무로 바뀌어 하루 12시간을 노동해야 했고 생활환경도 점차 나빠졌다.

한국인 노동자들은 햇빛이 거의 비치지 않고 습도도 높은 건물의 최하층에 거주했다. 하시마 섬의 한국인들은 섬 밖으로 나갈 수도 없었다. 형무소의 징역과도 같았다는 의미에서 '지옥섬'라는 이름 외에 '감옥섬'이라는 별명도 있었다.

"모기는 모기대로 덤비고 도저히 살 수가 없고, 그냥 밤에는 영양실조로 다리에 쥐가 나고, 그냥 사느니 죽는 것만 같지 못하다는 형색이었지요. 그것이 1년만 지속되었으면 다 자살하든지 어떻게 해버리려고 각오를 가졌던 거예요."

– 최장섭(하시마 섬 강제동원 피해자)

'사느니 죽는 것만 같이 못해' 자살하고 싶은 상황에서 탈출을 시도하는 이들이 많았다. 죽음을 무릅쓰며 탈출하다가 바다에 빠져 죽기도 하고, 다시 잡혀 고문을 당하기도 했다.

탈주자가 급증한 이유는 처음 약속과 달리 임금이 너무 적거나 강제저축 등으로 임금을 받지 못했던 때문이기도 했다. 일본광산협회가 펴낸 『반도인 노무자에 관한 조사보고』(1940년)에 따르면, 한인 노동자의 월수입 평균 70.67엔 중 저금 등의 명목으로 32.09엔이 공제됐고, 38.58엔 중 5엔만 지급된 채 나머지는 회사의 친목단체 회비로 나가거나 예금하여 각 사업장 노무계에서 보관했다고 한다. 이 상황에서 돈을 벌어 돌아가거나 가족들에게 생활비를 보내는 일은 불가능했다.

하시마 섬으로 동원된 한국인 다수는 원자폭탄 피해까지 겪었다. 나가사키에 원자폭탄이 투하되자 복구 작업에 투입돼 시체를 치우고 청소를 하는 과정에서 잔류 방사능에 노출되기도 했다. 해방 이후까지 하시마에 있었던 한국인 노동자들의 귀국도 쉽지 않았다. 국무총리실 소속 대일항쟁기 강제동원피해조사 및 국외 강제동원희생자 등 지원위원회(이하 강제동원위원회)에서 신고받은 생존자 43명 중 탄광에서 귀국 조치를 해주었다고 진술한 이는 2~3명뿐이었다. 나머지는 개인적으로 배를 구하거나 차비를 들여 귀국했다. 강제동원위원회의 집계에 따르면 1925년부터 1945년까지 지옥섬 하시마에서 사망한 이들은 122명에 달한다. 누락되거나 은폐된 사망자 수를 합하면 이보다 훨씬 많을 것으로 여겨진다.

강제동원이 이뤄진 과정

강제동원은 병력 및 비병력 동원이 일어나는 과정과 그 실태를 포함하는 개념이다. 학자들은 동원 방식에 따라서 강제동원을 모집과 관의 알선, 징용 형태의 노동력 동원, 지원병과 징병, 학도병 등의 병력 동원, 군속이나 일본군 위안부 등 군 관련 동원 등으로 분류하고 있다. 동원된 곳은 한반도와 일본, 만주, 사할린, 중국, 동남아시아 등 일제가 전쟁을 벌인 모든 지역에 걸쳐 있다. 한국과 일본이 공동으로 조사한 결과 1939년부터 1945년까지 대략 700만 명 이상이 동원된 것으로 밝혀졌다. 한반도 내에서 동원된 노동자는 600만 명 이상으로 보고 있으며, 일본과 전쟁터로 동원된 노동자 130만 명 이상, 군인이나 군속으로 동원된 노동자는 30만 명 이상, 일본군 위안부는 10만여 명에 이를 것으로 추정된다.

1937년 7월 중일전쟁을 일으킨 일본은 12월에 난징南京을 점령하고 이듬해 6월 한커우漢口, 12월 우한武漢을 점령하면서 승승장구하는 듯 보였다. 그러나 중국의 반격이 거세지면서 전선은 고착됐다. 장기전을 치르기에 당시 일본은 군비와 물자, 인력 등 모든 면에서 불충분했다. 이 상황에서 일본 군부는 전쟁 수행을 위한 총동원을 총괄할 행정기관의 필요성을 제기했다. 군의 요청을 받아들인 일본 정부는 전쟁 수행을 뒷받침하는 중추기관으로서 기획원을 설립했고, 총력전을 뒷받침하기 위해 1938년 4월 1일 '국가총동원법'을 제정했다. "정부는 전시에 국가총동원상 필요할 때에는 칙령이 정하는 바에 따라 제국신민을 징용하여 총동원 업무에 종사할 수 있다"라고 규정한 제4조는 일본제국 내 강제동원이 실시되는 근거가 됐다.

국가총동원법 제4조에 따라 인력동원을 뒷받침하기 위해 1939년 7월 7일 제정된 법령이 '국민징용령'이었다. 한반도와 대만 등 식민지에서 같은 해 10월 1일부터 시행된 국민징용령은 이후 총 네 차례에 걸쳐 개정되면서 점차 징용 범위가 넓어졌고 국가의 통제성도 강해졌다. 그러나 국민징용령이 본격화하기 이전부터도 이미 강제동원은 광범위하게 이뤄지고 있었다. 노무동원은 '모집'과 '관 알선', 그리고 '징용령에 의한 국민징용' 등 크게 세 방향으로 수행되고 있었다.

모집은 한국인을 고용하려는 고용주가 일본 후생성에 모집 신청을 하면, 후생성이 고용 허가를 하고, 총독부가 모집 지역과 인원을 할당하여 노동자를 일본으로 보내는 과정을 거쳤다. 기업의 노무 담당자는 그 대가로 1인당 일정액을 총독부 당국에 지불하고 모집 과정에서 개입한 경찰을 비롯해 관리 및 지역 유력자들에게 뇌물과 향응을 베풀었다. 인원을 모집해 부산까지 수송하고 일본으로 도항시키는 전 과정은 총독부와 지방관청 등 식민권력이 전담했다. 모집 대상지역은 가뭄과 홍수 등 자연재해를 입은 지역이 우선시됐다. 관청과 기업 담당자는 재해와 경제난에 허덕이는 한국인들에게 '임금도 두둑이 주고 대우도 좋다'며 돈을 벌 수 있다는 거짓 선전을 했다. 때로는 '따르지 않으면 처벌을 받는다'고 위압적으로 권유하거나 강요하여 한국인을 모집했다.

모집보다 총독부의 개입이 한층 더 강해진 것이 '관 알선'의 방식이었다. 1941년 12월 태평양전쟁이 일어난 뒤 일제의 노동력 수급 문제가 더욱 심각해지자 관 알선은 '한국인 노무자 내지 이입 알선 요강'

을 토대로 1942년 2월부터 실시되었다. 관 알선은 군과 면 등 지방관청이 알선 과정에서 필요한 경비 관리는 물론, 직접 할당 인원을 모아 사업주에게 인도하는 방식이었다. 모집된 인원의 수송은 총독부의 외곽단체인 조선노무협회가 담당했으며, 경찰과 면사무소 직원이 한국인을 납치하다시피 끌고 가는 경우가 많아졌다.

'국민징용'은 국민징용령 4차개정 이후에 본격적으로 이뤄졌는데, 총독부 차원의 행정처분으로 징용 영장을 발부하는 방식이었다. 모집 및 관 알선보다 시간과 비용을 줄인 방식으로 기업들 입장에서는 노동력 징용이 한층 수월해졌다. 국민징용령에 의한 강제 징용은 이를 거부할 경우 처벌이 명시되어 있었다. 모집과 관 알선은 관청의 개입이 있었지만 기본적으로는 사업주와 노동자가 고용계약을 취한 점에 비해, 징용은 일본 정부, 즉 식민권력과 노무자가 계약을 맺는 방식이었다. 이와 같은 세 가지 방법은 1945년 일제가 패전하기 전까지 서로 혼용되었다.

전범기업의 부활

한국인 강제동원은 일본 국가권력이 법령 입안과 시행을 주도하고 일본 기업이 국가와 유착하여 전쟁을 자본 축적의 기회로 이용한 범죄행위였다. 2012년 강제동원위원회 조사 결과 1493개의 일본 전범기업 중 현존하는 기업이 299개에 이르는 것으로 밝혀졌다. 일본 기업 가운데 3대 재벌로 불리던 미쓰이와 미쓰비시, 스미토모는 강제동원에 개입한 전범기업의 대표주자들이었다.

미쓰이는 미쓰이 다카토시가 1673년 에도(현재의 도쿄)에 에치고야越後屋라는 포목점을 연 이래 1945년 이전까지 일본의 최대 재벌그룹이었다. 1937년 중일전쟁이 발발하면서 병기와 함정, 석탄 등 군용

물자 공급을 주도하면서 침략전쟁을 지원한 미쓰이는 1938년 국가총동원법이 발포되자 미쓰비시 등과 함께 군수산업에 대규모 투자를 단행했고, 전쟁에 적극 호응했다. 미쓰이는 강제동원에도 앞장섰는데, 일본 석탄통제회 통계에 따르면 1944년 10월 당시 미쓰이 계열 탄광에만 3만 3천여 명 이상의 한국인 노동자가 동원되었다. 이 밖에 조선소와 제강회사 등 미쓰이의 다른 회사에도 수많은 한국인이 끌려갔을 것으로 추정된다.

1870년 이와사키 야타로가 해상무역을 하면서 시작된 미쓰비시는 메이지유신으로 정권을 잡은 정치가들과 긴밀한 관계를 유지하며 기업을 키워갔다. 창업주 이와사키 야타로는 1874~1884년 후쿠시마와 아오모리, 오카야마 지역의 광산을 개발했으며, 1887년에는 정부 소유의 나가사키 조선소를 불하받고 미쓰비시조선, 미쓰비시제지, 미쓰비시상사, 미쓰비시광업, 미쓰비시은행 등을 설립하며 재벌로 성장했다. 나가사키 조선소를 기반으로 1934년 탄생한 미쓰비시중공업은 각종 전함과 전투기를 만들어 일본 군국주의를 뒷받침했다.

스미토모 그룹의 창업주는 승려 출신의 스미토모 마사토모다. 1630년대 교토에서 책과 약을 파는 상점 후지야富士屋를 세운 스미토모 가문은 2대 때 오사카로 상점을 옮겨 동 제련 사업의 결과물로 나온 은을 끌어모아 막대한 자본을 축적해갔다. 스미토모 역시 일본의 침략전쟁에 적극 가담했으며, 한국인들은 홋카이도 지역 아카비라 탄전 등 스미토모석탄광업 소속의 탄광에 강제로 노역했다.

1945년 8월 15일 일본의 무조건 항복 이후 일본에 주둔했던 연합군총사령부는 전쟁에 적극 가담한 재벌들의 책임을 물어 재벌그룹에 대한 전면 해체를 단행했다. 그 결과 미쓰이와 미쓰비시, 스미토모 등의 전범재벌은 각각 수백 개의 작은 회사로 분할됐다. 1947년 4월과 12월에는 '독점금지법'과 '과도경제력 집중배제법'이 각각 공포되면서 재벌 해체를 확고히 하였다.

그러나 중국의 공산화가 진행되면서 연합군총사령부를 주도하던 미국은 일본에 대한 정책을 전면적으로 수정했다. 소련과 중국의 공산주의가 아시아로 확대되는 것을 막기 위해 일본을 아시아 지역 자본주의의 축으로 삼고자 했던 것이다. 이 과정에서 재벌들은 전쟁에 적극적으로 협력한 장본인들이었음에도 불구하고 극동국제군사재판(일명 도쿄재판)에서 기소되지 않았고 전후 일본의 경제부흥을 이끌 내적 기반이자 자민당을 중심으로 한 보수 정치세력의 배후로 성장했다. 이와 더불어 1950년 6·25 전쟁 특수는 일본 전범재벌들이 부활하는 결정적 계기로 작용했다.

미쓰이는 현재 미쓰이상사와 미쓰이부동산 등 50여 개의 대기업을 거느리고 있으며 미쓰비시와 더불어 일본 재벌그룹의 양대 산맥으로 손꼽힌다. 미쓰비시는 단계적으로 재결합했으며, 미쓰비시중공업의 경우 1964년 재통합했다. 미쓰비시중공업은 역사왜곡 파장을 일으킨 '새로운역사교과서를만드는모임' 측에 막대한 자금을 지원하는 등 일본 내 대표적인 우익기업이다. 이들 전범기업은 오늘날 일본을 대표하는 기업집단으로 군림하고 있다.

"피땀 흘려 노력한 내 월급을 내놔라"

일제는 전쟁 중 기업의 비용 지출과 전비 충당금 확보를 위해 각종 수당과 연금, 저금, 채권, 보험 등의 명목으로 한국인 노동자의 임금을 공제하고 강제로 적립시켰다. 일본 전범기업들은 한국인 강제동원 노동자들에 대한 임금을 제대로 지급하지 않았을뿐더러 심지어 한 푼도 주지 않은 경우도 있었다.

1945년 10월, 일본에 거주하던 한국인들은 귀국 문제와 실업 문제, 거주동포의 생명과 재산 보호를 위해 재일본조선인연맹(이하 조련)을 설립했다. 조련은 일본 정부와 각 기업을 상대로 강제동원된 한국인에 관한 정보 제공과 위자료 지급, 미불임금의 조련 위탁 등을 요구했다. 그러나 일본 정부와 기업은 조련이 자치단체에 불과하다는 이유로 정보 제공 이외의 요구사항을 거부했다.

일본 후생성은 1946년 3월 각 지방 행정부서에 조련의 교섭 요구를 거부해도 된다는 지시를 내렸다. 더불어 10월에는 '한국인 노무자 등에 대한 미불금 기타에 관한 건'을 각 지방에 하달해 한국인 노동자에게 지불해야 할 임금과 퇴직금, 적립금 및 저금, 유가증권 등을 공탁하도록 했다. 이로써 각 기업의 미불임금 공탁이 시작됐다. 1949년 당시 일본 대장성이 조사한 지급되지 않은 임금은 총액 2억 4135만 엔에 달했다. 이 금액은 현재 환율 등을 고려하면 3~4조 원 이상에 이른다.

1950년 2월에는 일본 정부가 '국외거주 외국인 등에 대한 채무변제를 위한 공탁 특례에 관한 정령'을 공포하고 채무자가 조속히 공탁을 완료하도록 명령했다. 그러나 개별 회사가 자진신고한 미지급 임금만 집계된 방식이라 누락된 부분이 많아 미지급 임금 총액은 대장성 조사 금액을 훨씬 웃돌 것으로 보인다.

아소 다로 전 총리의 증조부가 창업한 대표적인 우익기업 아소탄광의 경우 아소탄광 산하 사가현 구바라 광업소는 임금 7415엔(100명), 보조금 2370엔(133명), 원호금 475엔(2명) 등 1만 엔이 넘는 돈을 공탁했다. 그러나 121명분의 저금인 3359엔은 공탁하지 않았다.

2004년 한국 정부는 한일 정상회담에서 노무동원자 유골 수습과 봉환을 강력히 요청했고 이어서 군인·군속 및 노무동원자 공탁금 명부의 제공도 요구했다. '강제동원 진상규명 네트워크' 등 일본 시민단체의 노력과 한국 정부의 압력에 일본 정부는 2010년 3월 26일 한국인 노무동원자 공탁금 명부 사본 17만 5000명 분(총 공탁금액 2억 7800만 엔)을 한국 정부에 제공했다. 실제 강제동원 인원에 비해

지나치게 적은 수치이고, 명부의 내용이 부실하다는 한계가 있지만 강제동원 피해자들에 대한 미불임금 지급과 위로금, 의료지원금 등을 지급할 수 있는 근거를 제공해준다는 점에서 의의가 있다.

1990년대 이후 강제동원 피해자 본인과 유족들이 여러 차례 일본 정부와 기업을 상대로 손해배상 소송을 제기했으나 일본 정부는 1951년 체결된 샌프란시스코 강화조약과 1965년에 맺어진 한일기본조약에 따라 국가배상이 이미 종결되었다는 입장이다. 한일기본조약 당시 5억 달러의 경제협력을 통해 재산 및 청구권 문제가 해결되었다는 것이다. 일본 사법부 역시 이에 따라 개인들의 배상 요구 소송을 대부분 기각하고 있다. 한일기본조약에 부속된 4개 협정 중 하나인 '재산 및 청구권에 관한 문제의 해결과 경제협력에 관한 협정'(이하 청구권협정) 제2조의 골자는 "양국과 그 국민의 재산·권리 및 이익과 청구권에 관한 문제가 완전히 그리고 최종적으로 해결된 것을 확인한다"라는 내용이다. 이 조항은 미국이 주변국들의 일본에 대한 배상 요구를 무마시킨 샌프란시스코 강화조약에 의거하고 있다.

새로운 기류는 2011년 8월 30일 대한민국 헌법재판소(이하 헌재)의 판결로 시작되었다. 헌재는 일본군 위안부 피해자 청구권 분쟁과 관련해 정부가 대책을 세우지 않은 것은 부작위不作爲에 해당해 위헌이라는 결정을 내렸다. 당시 일본군 위안부 피해자들은 일본 법원에 배상을 요구하는 소송을 여러 차례 제기했고, 일본 법원은 그때마다 1965년 체결된 청구권협정에 따라 청구권이 소멸됐다며 패소 판결을 내려왔다. 이에 헌재는 "협정의 해석 및 실시에 관한 분쟁은 외교경로를 통해 해결한다"는 청구권협정 3조 1항을 들어 정부가 이 항에 따른 조치를 취하지 않은 것은 명백한 잘못이라고 판결했다.

또한 2012년 5월 대법원은 강제동원 자체가 불법이고, 피해자의 개인배상권이 민사 차원에서 유효하다고 판결을 내렸다. 2013년에는 고등법원이 대법원 판결에 따라 미쓰비시 등 피소된 일본 기업이 강제동원 피해자들에게 일정 금액을 배상하라는 판결을 내렸다. 하지만 일본 정부는 공탁금 문제에 대해 미온적이며 피해배상에 대해서는 이미 국가 차원에서는 종결됐다는 입장이 확고하다.

"나는 그랬어. 우리가 거지도 아니고 억지로 달라는 것도 아니고 내가 정당히 피땀 흘려서 노력한 내 월급을 내놔라."

— 양금덕(미쓰비시 군수공장 강제노역에 동원됨)

2010년 6월 23일 미쓰비시 도쿄 본사에서 임금을 되돌려달라는 시위에 참석한 후 미쓰비시 사와 면담을 나눈 강제동원 피해자 양금덕 씨의 발언이다. 50년 전 한일협상 당시 양국은 청구권에 대한 정의를 명확하게 내리지 않았다. 한국 정부와 일본 정부는 개인청구권 문제를 피해자들이 납득할 만큼 충분히 해결하지 못했다. 그 사이에 일본군 위안부, 사할린 억류 한인, 원폭 피해자, 사망·행방불명자, 희생자들의 유해 봉환, 국내 강제동원 피해자 등의 문제가 오랫동안 세간의 관심에서 잊혀졌다. 이러한 과거사의 부채는 현재까지도 희생자들과 그 유족들, 나아가 한일관계에 먹구름을 드리우고 있다.

冊

『문답으로 읽는 20세기 한국경제사』 정태헌, 역사비평사, 2010.
『일본 제국과 조선인 노무자 공출–조선인 강제연행 강제노동 연구 2』 정혜경, 선인, 2011.
『일제 강제동원, 그 알려지지 않은 역사』 김호경 외, 돌베개, 2010.
『조선인 강제연행 강제노동 1: 일본편』 정혜경, 선인, 2006.
『주제와 쟁점으로 읽는 20세기 한일관계사』 정재정, 역사비평사, 2014.
『징용 공출 강제연행 강제동원』 정혜경, 선인, 2013.
『파도가 지키는 감옥섬』 윤지현, 선인, 2013.

04 귀한 과일

《탐라순력도》 중 〈감귤봉진〉

1448년 봄
창덕궁 희우정喜雨亭을 방문한
임금 세종과 집현전 문인들

신하들에게 하사한
한 접시의 진귀한 과일이 모두 없어지자
왕세자 이향(문종)의 짧은 시가 드러난다

"향나무는 코에만 향긋하고
기름진 고기는 입에만 맛있네.
동정귤洞庭橘을 가장 사랑하나니
코에도 향긋하고 입에도 달기 때문이지."

원산지

인도 북동부 아삼 지방, 중국 남부 운남 지방

국내 유입

삼국시대 초기로 추정

"탐라에서 매년 진상하는 귤의 수량을
1백 포로 늘리도록 고쳐 정한다."

– 『고려사』, 1052년(문종 6년) 3월

고려 이전부터 해마다 나라에 바치던
제주의 특산물, 감귤

"감귤은 종묘에 제사를 지내고…
빈객을 접대하므로 그 쓰임이 매우 중요하다."

– 『세조실록』, 1455년(세조 1년) 12월 25일

"귤 껍질은 횡격막에 뭉친 기를 치료하고,
가래침을 삭히며, 구역질을 멎게 하고,
대소변을 잘 통하게 한다."

– 『동의보감』

제주에서만 생산되고 그 쓸모가 귀해
왕족이나 관리들만 먹을 수 있었던 감귤

감귤의 재배는
조정에서 엄격히 관리했다

《탐라순력도》 중 감귤나무 과원의 모습이 담긴 〈고원방고〉

"제주 목사 이수동이 1526년
귤의 도난을 막고 재배를 권장하기 위해
다섯 방호소에 과원을 설치하고
군사로 하여금 지키게 했다."
–『탐라지』

"제주의 감귤나무는 매년 심고 접붙이며…
해마다 그 수를 조사하여 보고하도록 한다."
–『경국대전』

그리고 매년 감귤이 진상되는 시기

성균관과 사학 유생을 대상으로 열린 특별한 과거시험, 황감제黃柑製

단 한 차례의 시험
단 한 명에게만 관직이 주어지는 특급 이벤트
참여한 유생들에게 귤을 나누어주며
귀한 과일의 진상을 축하했다

그러나
조정에서 귀하게 여길수록
더욱 극심한 고통에 시달린 제주 농민들

1653년 제주 과원의 진상 총 물량
생과용 귤 86053여 개
약재용 귤껍질 116근 10량
–『탐라지』

공물로 바쳐야 할 감귤의 수량은
국가에서 운영하는 과원만으로 충당하기 어려웠고

관리들은 일반 민가의 귤나무에까지
횡포를 부리기 시작한다

"해마다 7, 8월이면 목사는 민가를 순찰하며
귤의 열매를 하나씩 표시하여 장부에 적어두었다가
귤이 익을 때면 장부의 수대로 바치게 하고
그 수량을 채우지 못하면 백성에게 배상하도록 했다."
–『남사록』, 김상헌

"백성들은 나무 심기를 즐겨하지 않았고,
심지어는 나무를 뽑아버리기까지 했다."
–『세조실록』, 1455년(세조 1년) 12월 25일

계속되는 횡포에서 벗어나기 위해
농민들은 나무에 끓는 물을 부어
죽이는 방법까지 고안하게 된다

생계 수단인 귤나무를
고통의 나무라 부른 농민들

조정에는 '기쁨'이었으나
백성에게는 '독약'과도 같았던
감귤 진상 제도

1894년(고종 31년) 갑오개혁으로
공물제도가 폐지되면서
감귤 진상도 사라지고

1960년 초부터 재배지가 확장,
1970년대에 들어 비로소
감귤의 대량소비 시대로 접어들게 된다

선비의 체면도 잊게 만든 과일

일 년 중 밤이 가장 길고, 낮이 가장 짧은 동지 무렵이 되면 성균관 유생들은 매서운 추위에도 불구하고 들뜬 마음을 감출 수 없었다. 매년 그맘때마다 열리는 특별한 과거시험 때문이었다. 이 시험에서 장원을 차지한 유생은 3단계로 치러지는 과거시험 중에 초시初試와 복시覆試를 뛰어넘어 임금이 참관하는 최종시험인 전시殿試에 바로 응시할 수 있는 직부전시直赴殿試의 특혜를 받을 수 있었다. 전시는 복시에서 선발된 응시자들을 대상으로 합격과 불합격이 아닌 석차만을 정하는 시험이었기에 직부전시는 사실상 과거에 최종 합격한 것이나 마찬가지였다. 하지만 성균관 유생들을 흥분하게 만든 것은 이와 같은 엄청난 혜택 때문만은 아니었다. 평생 한 번 맛볼 수 있을까 말까 한 '귀한 과일'을 먹을 수 있는 기회이기도 했기 때문이다. 직부전시는 장원을 차지한 유생 한 사람에게만 주어지는 것이었지만, 특별 과거시험에 참여하는 모든 유생들에게는 임금의 하사품으로 귤이 내려졌다. 이 특별한 과거시험은 하사품인 귤에서 이름을 따와서 '황감제'라고 불렸다.

오늘날 귤은 저렴한 가격에 쉽게 구할 수 있는 흔하디흔한 과일 중 하나지만 조선시대에 귤은 임금에게만 진상되던 귀한 과일이었다. 제주도에서 수확된 귤이 도성으로 진상되면 왕은 먼저 선왕의 영혼을 모신 종묘에 올린 뒤에 신하들에게 하사했고, 유생들의 사기를 북돋우기 위해서 성균관으로 보내 황감제에 참여하는 유생들에게 나눠줬다.

황감제가 열리면 유생들이 한 조각이라도 더 귤을 맛보려고 아귀다툼을 벌여 임금이 진노하는 일이 벌어지기도 했다. 1699년(숙종 25년) 숙종은 "귤을 나눠줄 때 유생들이 앞을 다투어 탈취하기 때문에 분란이 일고 있고, 최근에는 더 극심해지고 있다"며 "명색이 선비로서 임금의 하사품이 귀중한 줄을 모르니 한심한 일"이라고 크게 노하면서 분란을 일으킨 유생들을 엄벌하라고 지시했다. 그러나 귀한 과일인 귤을 하나라도 더 차지하려는 유생들의 다툼은 그 이후에도 빈번하게 발생했다. 1776년(정조 즉위년) 정조는 귤을 나누어줄 때 다투어 뺏어가는 난잡한 일이 생기면 그 유생은 일정 기간 동안 과거에 응시하지 못하게 정거停擧하고 단속하지 못한 대사성에게 책임을 묻겠다고 명을 내리기까지 했다. 귤은 선비의 체면도 잊게 할 만큼 매혹적인 과일이었던 것이다.

감귤 진상의 역사와 백성들의 고통

인도 아삼과 중국 남부 지방 일대에서 유래한 귤이 언제부터 이 땅에서 재배되었는지는 분명하지 않다. 『고려사』에 따르면 476년 제주도의 옛 지명인 탐라에서 공물을 바친 기록이 있는데 정황상 헌상

된 공물이 귤이 아니었을까 하는 추정이 있으나 지금까지 확인되는 가장 오래된 기록은 1052년(문종 6년) 고려 문종이 국가의 재정을 담당하던 삼사三司의 주청으로 매년 탐라에서 진상하는 귤의 양을 100포로 영구히 정했다는 내용이다. 11세기 상당한 양의 귤을 생산하여 중앙 정부에 진상할 수준에 이른 것으로 보아 고려시대 이전부터 제주도에서 귤을 재배해왔음은 분명해 보인다. 또한 1526년(중종 21년) 임금에게 진상했던 감귤을 재배한 금물과원이라는 국가과원을 처음으로 설치하여 이후 400년간 존속되었다.

왕실이나 힘 있는 재력가가 아닌 이상 맛보기 힘든 귀한 과일이었던 만큼 귤은 뇌물로도 종종 사용됐다. 고려 충렬왕 때 백성을 가혹하게 수탈했던 전라도 안렴사(지금의 도지사) 임청기는 왕의 환심을 사고자 감귤나무 두 그루를 개경의 궁궐까지 운반했는데 도성에 도착했을 때에 가지와 잎이 이미 모두 말라버린 상태였다. 그도 운반하는 과정에서 감귤나무가 말라 죽을 것을 모르지는 않았다. 다만 어떻게든지 왕에게 귀한 감귤나무를 보여 환심을 얻고자 했다.

최씨 무신집권기 최고 권력자였던 최우의 총애를 한 몸에 받은 이규보의 추천으로 벼슬길에 나아갈 수 있었던 최자 또한 제주태수로 부임하게 되자 해마다 이규보에게 귤을 보내왔고, 이규보는 이를 고마워하는 시를 남겼다. 이규보가 귤을 선물 받은 후에 최자의 거처에 특별히 신경 썼는지 여부는 명확하지 않으나 시를 써준 그해 최자는 지방 외직에서 중앙 관직으로 승차하여 도성으로 돌아왔다.

탐라가 아니면 보기조차 어려운 것	除却耽羅見尚難
더구나 머나먼 바닷길로 보내왔음에	遠來何況水程艱
귀인의 집에서도 얻기 어려운 것	貴人門閥猶稀得
해마다 늙은 사람 생각해줌이 고맙네	最感年年及老殘

–『동국이상국집』

조선시대에도 귤은 제주도에서만 생산되는 특산물로 꾸준히 진상됐다. 세조가 직접 제주 도안무사에게 "귤은 종묘에 천신薦新하고 빈객을 대접하므로 그 쓰임이 매우 절실하다"라고 특별히 당부할 정도로 귤은 약용, 생과용, 제사용으로 다양하게 사용되어 조정에서 재배에 큰 관심을 기울였다. 궁중의 꽃과 과실나무를 관리하는 상림원上林園 별감을 제주도까지 내려보내 감귤나무 수백 그루를 순천 등지의 전라도 해안에 옮겨 심어 귤이 생산되는 재배지를 확대하려 했으며, 관에서 직접 과수원을 설치하여 귤을 안정적으로 확보하고자 했다. 관영과원의 숫자는 점차 늘어나 19세기 중반에 이르면 54개소의 과수원이 제주도에서 운영되었다. 한편 주민들의 감귤나무 재배를 장려하기 위해 감귤나무 46그루를 심으면 가구마다 부과하던 잡역을 면제해주고, 감귤나무 40그루를 심으면 면포 30필을 주도록 법으로 정해 시행하기도 했다.

1702년(숙종 28년) 제주목사 이형상이 제주도 각 고을을 순시하며 거행했던 행사 장면을 기록한 40폭의 채색 화첩 『탐라순력도』에는 감귤을 진상하기 위해 준비하는 광경이 담겨 있다. 조선시대 제주도의 행정중심지였던 제주목 관아 망경루 앞뜰에 차일을 높게 치고 제주목사가 지켜보는 가운데 아낙들이 과원에서 수확해온 귤을 선별하여 볏단에 하나씩 싸매 나무상자에 포장한다. 나무상자에 담긴 귤은 20여 차례에 걸쳐 조운선에 실려 한양으로 보내졌다. 귤이 익는 시기에 따라 9월에 제일 먼저 유자가 진상됐고, 10월에 금귤과 감자를 시작으로 유감·동정귤·산귤이 잇따라 진상되었으며, 청귤은 겨울에 맛이 시어 달지 않다고 해서 해를 넘겨 2월에 올려졌다. 이와 별도로 전의감과 혜민서에서 약재로 사용할 청귤과 산귤 등의 껍질은 따로 말려 진상했다. 17세기 중반 무렵 제주도에서 약 8만 개의 귤이 진상되었는데 일 년에 바치는 수량으로는 막대한 양이었다.

귤을 확보하려는 관의 노력이 무색하게 관영과원의 수확량만으로는 막대한 진상 수량을 감당하기 어려웠다. 본래 민가에서 재배하는 귤은 공납의 대상이 아니었으나 조선 초기부터 관리들은 물량을 충족하기 위해 민가의 귤을 강압적인 방법으로 가져가는 일이 비일비재했다. 성군이라 칭송을 받던 세종 때에도 감귤 진상으로 인한 백성들의 고충은 심각했다.

"민가에서 과일을 거두지 못하게 금하는 것은 이미 분명한 법령이 있는데, 지방관이 민가의 감귤로서 진상한다고 칭탁하고 나무를 세어 장부에 기록하고, 열매가 겨우 맺을 만하면 열매 수를 세어 감독해서 봉하여 두고, 혹시 그 집 주인이 따는 일이 있으면 절도죄로 몰아대고 전부 관에서 가져가므로, 백성은 이익을 보지 못하여 서로가 원망하고 한탄합니다."

–『세종실록』, 1427년(세종 9년) 6월 10일

백성들은 관리들의 등쌀에 자신이 정성껏 키운 감귤나무를 손도 대보지 못했다. 까마귀나 참새가 쪼아 먹거나 해충의 피해를 입어도 감귤나무 주인이 그 개수를 책임지고 대납해야 했다. 게다가 관리들은 개인적인 치부置簿나 중앙의 권력자에게 뇌물로 보내려 공식적인 진상 액수의 4~5배를 징수하기 일쑤였다. 운반 과정에서 귤이 썩거나 상하는 경우도 많았는데 부족한 양을 다시 채워 진상해야 했기에 백성들의 부담은 적지 않았고, 귤을 실은 배가 풍랑을 만나 표류하여 목숨을 잃기도 했다. 견디다 못한 백성들은 관의 횡포에서 벗어나고자 감귤나무를 살라 내거나 심지어 끓는 물을 부어 죽여버렸다. 19세기 초 정약용은『목민심서』에서 이 같은 폐단이 없어지지 않는다면 몇 십 년 가지 않아 조선에서 귤이 없어지고 말 것이라고 개탄했다.

"매년 중추가 되면 저졸邸卒이 이서의 대장을 가지고 나와 그 과일의 개수를 세고 나무둥치에 표시를 해두고 갔다가 그것이 누렇게 익으면 비로소 와서 따가는데, 혹 바람에 몇 개 떨어진 것이 있으면 곧 추궁하여 보충하게 하고 그렇게 하지 못할 것 같으면 그 값을 징수한다. 광주리째 가지고 가면서 돈 한 푼 주지 않는다. (…) 이에 몰래 그 나무에 구멍을 뚫고 호초胡椒를 집어넣어 나무가 저절로 말라죽으면 대장에서 빠지게 된다. 그루터기에서 움이 돋으면 잘라버리고 씨가 떨어져 싹이 나면 보이는 대로 뽑아버리니, 이것이 귤과 유자가 없어지는 까닭이다. 근래에 듣기로는 제주 또한 이 폐단이 있다 하니, 이같이 해서 그치지 않는다면 몇 십 년 안 가서 우리나라에 귤과 유자가 없어질 것이다."

—『목민심서』〈공전〉'산림'

조선 후기, 각 지방에서 생산되는 토산물을 현물로 바치는 공납이 백성들에 대한 무절제한 착취로 이어지면서 그 폐해를 고치기 위해 공물을 쌀로 대신해 바치는 대동법이 시행되었다. 경기도를 시작으로 백여 년 만에 전국으로 대동법의 시행이 확대되었으나 제주도는 예외였다. 대동법이 시행된 후에도 제주도에서는 변함없이 귤이 현물로 진상되었다. 지리적 특성상 화산섬인 제주도에서는 논농사가 어려워 대동미를 거두는 것이 힘들었고, 진상이라는 제도 자체가 납세의 의무에서 비롯되었다기보다는 토산물을 '예물'로 임금에게 바친다는 의미를 가졌기 때문에 본질적인 변화를 기대할 수 없었다. 1894년(고종 31년) 갑오개혁의 일환으로 조세의 금납화가 이루어진 뒤에야 제주도 백성들은 귤을 진상하는 고통에서 벗어날 수 있었다. 하지만 더이상 귤을 진상하지 않아도 된다는 안도감과 감귤로 인한 고통은 재배수를 줄이는 계기가 되었고, 결국 조선말기 제주도의 과수원은 황폐화되었다.

제주 감귤 100년

현재 제주도에서 널리 재배되고 있는 온주밀감은 조선시대 임금에게 진상되던 품종이 아니다. 중국 저장성 온주가 원산지인 온주밀감은 일본에서 개량된 것으로 1911년 프랑스 출신 타케 신부가 제주도에서 자생하는 왕벚나무를 선물한 보답으로 일본인 친구로부터 온주밀감 15그루를 받아와 서귀포에 심은 것이 온주밀감이 제주도에 뿌리를 내리게 된 시초다.

제주도에 대규모 감귤농장이 등장한 것은 일제 강점기 때이다. 1913년 서귀포에 살고 있던 일본인 미네峯가 제주도에서 온주밀감의 재배가 가능한 것을 보고 일본에서 묘목을 들여와 농장을 조성했다. 그러나 고도의 기술과 상당한 자본 조달이 필요한 농장을 조성하는 것은 한국인들에게 쉬운 일이 아니었다. 또한 품질이 좋은 온주밀감이 본격적으로 도입되기 시작했지만 일본에서 생산된 많은 양의 귤이 국내에 공급되면서 제주도에서 재배되는 귤은 제값을 받기가 어려웠다. 이로 인해 재배면적이 늘지는 못했다. 광복 이후에는 제주 4·3사건과 6·25 전쟁 등으로 농민들이 생활 터전을 잃게 되어 귤을 재배하는 데 신경 쓸 여유가 없었다.

1955년 외국산 감귤에 대한 수입이 금지되자 농민들은 다시금 감귤 재배에 관심을 갖게 된다. 1964년 제주도를 방문한 박정희 대통령이 수익성이 높은 감귤 생산을 적극적으로 장려하라는 지시를 내렸고, 이듬해 정부는 감귤주산지조성 5개년 계획을 확정했다. 정부 주도로 감귤 증식사업이 적극적으로 추진되며 제주도의 감귤산업은 초고속으로 성장했다. 수익성이 보장되면서 너도나도 감귤을 재배하기 시작한 것이다. 1970년대 4842헥타르였던 재배면적은 20여 년 만인 1998년 2만 5860헥타르까지 늘어나 감귤은 우리나라 제1과수가 되었다. 1970년대까지 제주도에서는 감귤나무를 '대학나무'라고 불렀다. 감귤나무 한 그루만 있어도 대학교 학비를 충당할 수 있을 만큼 수익이 났기 때문이다.

제주도 농민들의 주요 수입원이었던 감귤산업은 1990년대 말부터 과잉생산으로 가격이 폭락하여 다시 한번 농민들의 애증의 대상이 되어 가고 있다. 엎친 데 덮친 격으로 자유무역협정에 따른 시장개방에 의해 값싼 외국산 감귤이 대량으로 수입되면서 제주 감귤의 입지가 더욱 좁아지고 있는 실정이다. 이에 최근 들어 한라봉, 레드향, 천혜향(천리향), 황금향 등 감귤의 품종 개량을 통해서 시장을 다각화하고 있으며, 감귤 초콜릿을 비롯하여 디퓨저 및 향수 등 감귤을 활용한 제품군도 다양해지고 있다. 제주 농민의 삶의 애환과 숨결이 고스란히 묻어 있는 제주 감귤산업이 새로운 도전에 직면하여 찾아낸 돌파구다.

『**역사스페셜 3**』 KBS 역사스페셜 제작팀, 효형출판, 2001.

「**동양에서의 감귤생장과 재배유래**」 오상훈, 『지역과 역사』 제26호, 2010.

「**조선후기 제주도 진상에 관한 연구**」 장윤희, 제주대학교 대학원 석사학위논문, 2008.

「**조선시대 제주과원 설치와 감귤진상에 관한 연구**」 정미정, 제주대학교 대학원 석사학위논문, 2007.

「**18세기 과시의 유형**」 최광만, 『교육사학연구』 제25집, 2015.

05 우리의 소리

"죽기 전에 소리 한번 하게 해주십시오."

양반가에서 태어났지만
글공부보다 소리 배우기에 전념했던
한 소년

소년을 가문의 수치라 여긴 친척들은
그를 멍석에 말아 죽이려 한다

그러나
삶의 마지막 순간
두툼한 짚 사이에서 흘러나온
소리 가락

"전라좌도 남원 남문 밖 울매 딸 춘향이가
불쌍하고 가련하다. 하나 맞고 하는 말이
일편단심一片丹心 춘향이가
일종지심一從之心 먹은 마음
일부종사一夫從事 하겠더니
일각일시一刻一時 낙미지액落眉之厄에
일일칠형一日七刑 무삼 일고."

– 〈춘향가〉 중 '십장가'

심금을 울리는 절절한 소리에
소년은 가까스로 목숨을 부지한다

소년이 정조로부터 하사받은 이름
권삼득權三得(1772~1841)

그는 조선 판소리 8대 명창이자
최초의 양반 소리꾼이었다

노래하는 소리꾼
북으로 장단을 맞추는 고수
그리고 이를 지켜보는 구경꾼

이 셋이 한자리에 모여야 이루어지는
우리의 음악, 판소리

이야기가 어우러진 무속 의식인
전라도 서사무가에서 유래한 판소리는
주로 서민들의 고단한 삶을 주제로 삼아
노래와 사설을 엮어 공연됐다

판소리의 가장 오래된 기록

1754년(영조 30년)
유진한이 판소리를 직접 듣고 기록한 한시
「만화본춘향가晩華本春香歌」

「만화집」

「만화본춘향가」

19세기에 이르러 본격적으로 발전
자식이 과거에 급제하면
소리꾼들을 불러들여 노래를 구경했다

"금년 봄 우리 아이가 급제하고도
집이 가난하여 놀이를 베풀지 못하니
대신 이 시를 짓는다."

–「관우희」, 송만재(1810년)

판소리에 대한 관심이 양반층에 확산되면서
이동백은 고종으로부터
명창 중 최고인 정3품의 벼슬을 하사받는다

높은 계층에게도 관심이 확대되며 찾아온 판소리의 변화

19세기 중반
중인 출신 신재효의
판소리 여섯 마당 정리

열두 마당 중에서
유교적 입장에 맞는
〈수궁가〉〈심청가〉〈춘향가〉
〈흥부가〉〈적벽가〉〈변강쇠가〉만을 남긴다

『토별가』

『심청가』

『열녀춘향수절가』

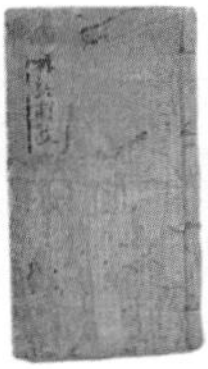
『박흥보가』

『적벽가』

『변강쇠가』

그리고

여창女唱의 등장

욕설이나 음란한 내용 대신
세련된 실내악적 분위기로 변화하여
기교가 발달하고
한문 어구의 사용 또한 증가한다

"보고지고, 보고지고, 우리 낭군 보고지고…
연이신혼• 금슬우지•• 나를 잊고 그러한지…"

– 〈춘향가〉 중 '쑥대머리'

•연이신혼 : 다른 여인과 새로 결혼하다
••금슬우지 : 금슬 좋게 지내다

이화중선 김소희

애절하면서 거친 가락
솔직하고 해학적인 내용으로
모두에게 사랑받았던 우리의 소리

그러나
일제 강점기

소리꾼 한 사람의 음악적 기량에 따라
불리던 형태에서 벗어나
여럿이 역할을 나누어 노래하는
일본의 '창극' 형태로 변화

이후 1960년대부터
옛 형태의 판소리로 복원되어
오늘에 이르고 있으며

2003년 판소리는
유네스코 세계무형문화유산으로 등재되었다

웃고 울리는 우리의 소리, 판소리

이리 오너라, 업고 놀자 / 이리 오너라, 업고 놀자 / 사랑 사랑 사랑, 내 사랑이야 / 사랑이로구나 내 사랑이야 / 이히 내 사랑이로다, 아매도 내 사랑아

한국인이라면 한 번쯤은 들어보고 또 한 번쯤은 불러봤을 판소리 〈춘향가〉의 사랑가 한 대목. 관객은 귀에 감기는 선율과 춘향과 이도령이 사랑을 속삭이는 달콤한 가사에 빠져들어 '잘한다' '얼씨구' 등의 추임새를 넣기도 하고 추임새에 신이 난 소리꾼의 능청스러운 연기에 관객들은 배꼽을 잡기도 한다. 그러다가 춘향이 변사또에게 잡혀 들어가는 대목으로 접어들면 소리는 애절해진다. 박장대소하던 관객들은 금세 눈시울을 붉힌다. 이것이 바로 웃음보를 자극하다가도 이내 심금을 울리는 맛이 있는 한 판 걸진 판소리의 힘이다.

판소리는 소리꾼 한 사람이 북 치는 사람의 장단에 맞추어 노래와 사설을 펼치는 음악극이다. 서민의 삶과 사랑 등을 내용에 담았지만 노래극이라는 형식 자체에 이미 고도의 예술성이 스며 있다. 드라마적 요소가 살아 있는 극적 구성과, 슬픔을 진정 슬프게 만들고 우스운 상황을 더 웃기게 만드는 능청스런 창법이 있기 때문이다.

판소리의 소리꾼인 광대는 사회의 하층 계급이었다. 판소리의 기원이 굿에 가까우므로 오래전에는 무당 출신 소리꾼도 많았을 것이

다. 사회적으로 천대와 설움을 받던 그들은 민중이 겪는 삶의 고단함을 과장해서 표현했고, 구경꾼들은 그들이 표현해낸 설움을 통해 자신의 삶을 위로받았다. 솔직하고도 해학적인 인간관과 미의식이 담긴 판소리의 수용층은 서서히 서민에서 중인, 양반으로 그 영역을 넓혀갔다. 이후 판소리 광대를 후원하는 양반들이 나타났고, 나중에는 양반가에서 소리꾼이 나올 정도에 이르렀다.

수용층이 확대되자 소리꾼들은 양반들의 취향에 맞추기 위해 어려운 고사성어도 섞어 부르고, 서민의 편에 선 양심적인 지배층의 캐릭터도 창작해냈다. 판소리는 수백 년 동안 우리 조상의 삶과 애환을 담아온 공연양식으로서 점차 그 기교와 형식이 발전해왔다.

소리꾼, 고수, 구경꾼이 한데 어울려 만들어내는 소리

판소리란 말의 뜻은 여러 가지로 풀이된다. 첫째는 '판'과 '소리'의 복합명사로 보는 경우다. 이때 '판'은 많은 사람이 모인 곳을 일컫는 말이므로 판소리를 많은 사람이 모인 곳에서 부르는 소리로 풀이할 수 있다. 한편 '판'을 여러 가지 놀이가 이루어지는 놀이판이라고 해석할 경우, 판소리는 판놀음을 벌이고 부르는 소리로 풀이할 수도 있다. '판'의 의미를 '판에 박히다'로 해석하면 판소리는 판에 박힌 듯이 정해놓고 부르는 소리로도 볼 수 있다. 판소리를 마디소리나 토막소리와 반대되는 개념으로 보아 한바탕 전체를 부르는 소리로 해석하기도 한다. 이외에 판소리는 '창악唱樂', '창극唱劇' 등의 용어로 치환해 사용되기도 한다. 판소리라는 장르에 대한 다양한 해석이 있지만, 모든 해석은 이야기를 소리로 엮어 벌이는 판이라는 공통적인 뜻을 갖고 있다.

판소리의 가장 큰 특징은 즉흥성에 있다. 그렇다고 정말 준비 없이 나서는 것은 아니고, 여러 상황을 예상하고 있다가 그때그때 적절히 대처하는 식이다. 가령 공연 시간이 한 시간이었다고 하더라도 청중의 반응이 좋으면 공연 시간은 두 시간으로 늘어날 수도 있다. 청중의 반응은 추임새로 알 수 있고, 멋진 추임새는 공연자인 소리꾼에게 힘을 실어준다. 이러한 판의 분위기를 생생하게 전해주는 한 편의 시가 있다.

때때로 터지는 환호 소리
넓은 마당엔 구경꾼이 인산인해
이 밤 횃불 걱정이랑 하지 마오
반달이 구름 끝에 걸려 있네

– 〈관극절구觀劇絕句〉, 신위

판소리는 사실 소리꾼 혼자서 하는 공연이 아니다. 노래하는 소리꾼과 장단을 맞추는 고수, 그리고 구경꾼이 함께 어우러져야 한다. 고수는 북으로 장단을 맞추어줄 뿐만 아니라 추임새를 넣으며 소리의 틈을 메워준다. '일고수 이명창'이라는 말처럼 아무리 훌륭한 명창도 고수가 뒷받침해주지 않으면 소리가 제대로 풀리지 못해 기량을 한껏 발휘하지 못한다.

구경꾼은 소리를 들으며 얻은 감동을 추임새로 표현한다. 청중의 추임새는 기본적으로 칭찬의 의미가 크지만, 소리꾼의 소리가 잘 되지 않을 때에는 격려의 의미가 담기기도 한다. 추임새를 함으로써 구경꾼은 소리판의 적극적인 주체가 된다. 판소리는 소리꾼, 고수, 구경꾼이 한데 어울려 벌이는 수준 높은 놀이판이다.

판소리의 가장 도드라지는 특징은 독특한 발성법이다. 명창들의 득음과정에 관한 일화 가운데에는 '목에서 피를 세 동이나 토했다'라든지 '폭포 아래에서 소리공부를 했다'라는 말들이 있는데 이는 득음의 과정이 쉽지 않음을 알려준다.

명창들의 발성은 천부적으로 타고난 목의 차이이기도 하지만, 출신 지역의 특성에 기인하는 경우도 많다. 판소리의 발성은 제制에 따라 약간씩 다르게 나타난다. 흔히 '동편은 소리 끝을 들고 가고, 서편은 숙여간다' '동편은 엄성(위엄 있고 무겁게 내는 소리)을 많이 쓰고, 서편은 애원성을 많이 쓴다' '동편은 우조(가곡이나 정악에 쓰임)를, 서편은 계면조를 주장한다'는 등의 표현으로 서로의 다름이 설명된다. 판소리에서 동편과 서편의 지역 개념은 20세기 이후 교통의 발달로 교류가 활발해지고 소리와 기교에 대한 기준이 혼용되면서 무너진다. 전승 계보보다 명창 개인의 기교가 더 중요하게 되자, 소리꾼들은 한 스승 밑에서 수련하지 않고 여러 스승에게서 여러 바탕의 소리와 기교를 배웠다. 이렇게 됨으로써 여러 유파의 소리가 서로 뒤섞이게 되었다. 또한 20세기 들어 계면조의 음악 기법이 득세하면서 기교적이고 낭만적인 서편제가 인기를 끌었고, 담백하고 꿋꿋한 동편제는 인기가 시들어 현재는 부르는 사람이 많지 않다.

살아남은 다섯 마당

판소리는 원래 열두 마당이었다. 이 열두 마당 가운데 〈변강쇠타령〉,

〈배비장타령〉, 〈옹고집타령〉, 〈강릉매화전〉, 〈장끼타령〉은 사설만 전해지고 〈왈자타령〉, 〈가짜신선타령〉은 사설조차 전해지지 않고 있다. 열두 마당 가운데 오늘날까지 소리와 함께 전승되고 있는 것은 〈춘향가〉, 〈심청가〉, 〈흥보가〉, 〈수궁가〉, 〈적벽가〉다.

1969년 박동진 명창이 장장 여덟 시간 동안 〈춘향가〉를 완창하면서 사람들의 감탄을 자아냈다. 사실 〈춘향가〉가 처음부터 이렇게 길게 만들어진 것은 아니었다. 오랜 세월 전승되고 불리는 과정에서 내로라하는 명창들이 개인적인 창법이나 성량, 기호에 따라 가락이나 사설을 새롭게 짜서 덧붙이기도 하고 잘라내기도 하면서 오늘날의 〈춘향가〉로 이어지게 된 것이다. 절개와 지조 있는 사랑을 표면적인 주제로 하는 〈춘향가〉는 주제에 걸맞게 화평하고 정대한 평조를 주된 창조로 한다. 〈춘향가〉는 소리꾼들이 가장 즐겨 부르는 판소리이며, 관객들에게 가장 사랑받는 작품이다.

〈심청가〉는 판소리 다섯 마당 중 가장 비장한 작품으로 전체적으로 슬프고 비통한 내용이 많아 가락 또한 무겁고 어두운 계면조가 주를 이룬다. 그 때문에 〈심청가〉는 〈춘향가〉 다음으로 예술성이 뛰어난 작품으로 손꼽힌다. 〈심청가〉의 하이라이트는 뭐니 뭐니 해도 '심봉사 눈 뜨는 대목'이다. 심봉사가 두 눈을 번쩍 뜨는 대목을 얼마나 실감나게 잘하느냐에 따라 그날 공연의 성공 여부가 가늠될 정도다. 〈심청가〉로 무형문화재 예능보유자로 지정된 정권진 명창은 "심청가를 부르는 가객이 심청가를 청중에게 권하면서 자신이 불효하면 열기가 없는 죽은 소리요, 자신이 효를 행하면 생명감이 있고 기가 충만하며 진수가 담겨 참된 소리가 된다"고 말했다.

"제비 몰러 나간다, 제비를 후리러 나간다"는 박동진 명창이 TV 광고에서 부르며 한때 유행한 〈흥보가〉의 한 토막이다. 〈흥보가〉는 중국 고사나 시구를 인용한 어려운 한문 사설이 많지 않고 서민들의 삶을 그린 대목이 풍부해 토속성이 짙은 작품으로 손꼽힌다. 폭소를 자아내는 재담이 많아 청중들이 제일 재미있어 하는 판소리이기도 하다. 서민의 해학이 가득하기 때문에 〈흥보가〉를 부르기 꺼리는 소리꾼들도 있었다고 한다.

〈수궁가〉는 '별주부전', '토생전' 등의 이야기를 판소리로 각색한 것으로 〈토끼타령〉 혹은 〈토별가〉라고도 부른다. 동물들을 의인화해 이야기를 이끌어나가기 때문에 다른 어떤 판소리보다도 희극미가 넘친다. 풍자는 좀더 노골적이고 해학은 기상천외하다.

〈적벽가〉는 전쟁터가 배경이라 호령조가 많고 일체의 기교를 허용하지 않기 때문에 소리꾼의 역량을 가늠하는 척도가 되는 판소리로 여겨진다. 흥선대원군은 한강 백사장에서 명창 박기홍의 〈적벽가〉 한바탕에 혼을 빼앗겼고, 고종은 적벽강 불 지르는 대목에서 몹시 초조해 했다고 전해진다.

한 세대를 풍미했던 명창들

시대를 풍미했던 명창들 중에는 양반 신분으로 소리꾼이 된 사람이 있다. 씩씩하고 호쾌한 대목에 많이 쓰이는 '설렁제' 가락을 만든 것으로 유명한, 명창 권삼득이 바로 그다. 권삼득 명창 이전의 판소리는 사설과 음악성이 빈약하고 애수 어린 가락이 너무 많아 듣는 사람의 마음에 곧잘 어두운 그림자를 드리웠다고 한다. 권삼득의 설렁제는 "길 비켜라. ○○대감 행차시다" 하는 권마성勸馬聲(말이나 가마를 타고 행차할 때 위세를 더하기 위해 부하들이 목청을 빼어 지르는 소리)으로 이루어져 우울한 정조 일색의 판소리에 활력을 불어넣었다.

권삼득은 본래 선비 집안 출신이었으나 공부는 멀리하고 소리에만 열중하자 문중에서는 가문의 명예에 먹칠한다고 여겨 그를 죽이기로 결정한다. 거적을 뒤집어쓴 채 꼼짝없이 맞아 죽을 판이었던 그는 마지막 소원으로 소리 한 대목 하기를 간절히 청했다. 문중 사람들은 그것마저 마다할 수가 없어 소리를 허락했고 권삼득은 거적 밑에서 목청을 다해 처절하게 소리를 뽑았다. 듣는 사람의 가슴을 파고드는 그의 소리에 감동한 나머지 문중에서는 그를 가문에서 쫓아내는 대신 목숨만은 살려주었다고 한다.

진채선은 최초의 여성 판소리 명창으로 판소리를 여섯 마당으로 정리한 신재효의 문하에서 사사한 인물이다. 곱다란 미모와 티 없이 맑은 소리를 가진 소리꾼이었던 진채선은 흥선대원군의 경복궁 중수 낙성 연회를 계기로 대중들에게 널리 이름을 알리게 된다. 스승 신재효는 낙성연에 맞춰 남장한 진채선을 한양에 올려보냈는데 연회에서 〈성조가〉와 〈방아타령〉을 구성지게 부른 진채선은 단연 좌중을 압도하며 인기를 독차지한다. 유별나게 판소리를 좋아했던 흥선대원군은 급변하는 정치상황으로 피로해진 심신을 진채선의 생기 있고 맑은 노래로 달래곤 했다고 전해진다.

'쑥대머리'로 유명한 임방울도 빼놓을 수 없는 조선의 명창 중 한 사람이다. 1929년 매일신보사에서 전국명창대회를 개최했다. 전국에서 모여든 소리꾼들의 기량 대결이 끝나갈 무렵, 마지막 차례로 검정 두루마기 차림의 시골 청년 한 명이 무대로 들어선다. 어수선한 분위기 속에서 청년의 소리가 시작됐다.

"쑥대머리 귀신형용 적막 옥방에 찬자리에 생각나는 것은 님뿐이라. 보고지고 보고지고 한양낭군 보고지고. 오리정 이별 후로 편지 한 장을 못봤으니 부모봉양 글공부로 겨를이 없어서 그러는가. 한양 계집 정이 들어 나를 잊고 이러는가…"

소란스러웠던 경연장은 일순 고요해졌고 청중들은 소리에 빨려들어갔다. 춘향이 억울하게 옥에 갇혀 머리를 쑥대처럼 길게 늘어뜨리고 한양 간 이도령을 그리워하며 부르는 이 대목을 어수룩하기 짝이 없는 시골 청년이 어찌나 애절하게 부르는지 눈물을 찍어 내는 관중이 한둘이 아니었다. 전국명창대회 이후 임방울은 쑥대머리 명창으로 장안의 화제를 한몸에 받으며 음반을 취입해 20만 장 이상 판매하는 기록도 세웠다. 임방울은 땅속으로 파고드는 녹슬고 그늘진 수리성과 하늘을 향해 솟구치는 빛나는 천구성을 겸비한 드문 성음의 소유자였다. 사설의 내용에 따라 난데없이 음을 꺾어 제치는가 하면 돌연 발발 떠는 등 관중들이 전혀 기대하지 않던 다양한 성음을 구사해낸 임방울은 "사설과 음악의 의미를 완벽하게 결부시킨 명창 중의 명창"이라는 극찬을 받았다.

여류 명창 김소희도 판소리 역사에서 기억해야 할 이름이다. 어릴 적 이화중선이 부르는 〈심청가〉에 혼을 빼앗기고 만 김소희는 며칠을 공연장 밖에서 맴돌다가 이화중선과 만남을 갖게 된다. 첫눈에 김소희의 재능을 알아본 이화중선의 소개로 김소희는 당대의 명창 송만갑에게 소리 공부를 사사했다. 청아하고 아름다운 음색에 폭넓은 음역을 자유롭게 구사하는 천부적인 재능, 한길로 파고드는 야무진 성격으로 김소희는 송만갑의 애제자가 되었다. 이미 광주 일대에는 소녀 명창이 나왔다는 소문이 돌기 시작했고 이후 김소희는 창극단을 이끌고 전국을 누비던 이화중선을 따라다니며 무대 경험을 쌓았다.

김소희는 소리뿐만 아니라 가야금을 비롯해 거문고, 양금, 해금 등 틈나는 대로 갖가지 악기도 익혔다. 일제 말기를 거쳐 6·25 전쟁 등 춥고 배고픈 시절을 거치는 동안에도 소리를 소홀히 하지 않았던 그는 후학양성에도 매진했다. 사재를 털어 국악예술고등학교 설립에 큰 기여를 한 것을 비롯해 오정숙, 성창순, 안향연, 신영희, 안숙선 등 한국 판소리계의 주역들이 김소희의 문하에서 길러졌다. 가을 달밤 기러기 울음소리에 비유되는 김소희의 청아하고 아름다운 성음은 외국에서도 인기가 높아 우리의 판소리를 세계에 알리는 데에도 큰 몫을 했다.

시대를 넘는 판소리의 변신

1902년 우리나라 최초의 극장인 협률사가 설립되고, 뒤이어 사설 극장들이 잇달아 세워지면서 비로소 극장 문화가 시작됐다. 그와 동시에 중국과 일본의 전통극과 신파극 등이 공연되면서 자연스레 우리 고유의 연극에 대한 공연 요청이 이어졌고, 이는 판소리를 기반으로 한 창극이 출현하는 원동력이 되었다.

판소리가 소리꾼의 1인극 혹은 소리꾼과 고수의 2인극이라면 창극은 배역에 따라 여러 배우가 등장하는 다인극이다. 창극은 판소리를 바탕으로 하지만 여러 가지 면에서 판소리와 차이가 있다. 우선 판소리는 소리꾼 한 사람이 이야기를 엮어가기 때문에 소설처럼 서사성을 띠고 있지만 창극은 제3자적 개입에 해당하는 서사적 부분이 없거나 이 부분을 도창자導唱者가 도맡아서 하도록 되어 있다. 고수의 역할도 달라졌다. 창극에서는 북 이외의 반주 악기가 두루 사용되므로 고수는 여러 악사들 중 하나가 될 뿐이었다. 판소리는 소리꾼 혼자 별다른 연극적 장치가 없는 판에서 진행되므로 몸짓 표현인 발림이 축약되거나 양식화되어 있으나, 창극은 여러 소리꾼들이 배경효과를 가진 무대에서 공연하므로 창이나 대사 이외에도 행위를 통한 내용 전달이 요구되어 발림이 양적으로 증가했다.

1920년대 들어 일제가 무단통치에서 이른바 문화통치로 정책을 바꾸면서 판소리계에서는 판소리 부흥운동이 일어나 신문사, 레코드 회사 등이 주최하는 명창대회가 활발하게 열렸다. 1930년대에 들어서면서 판소리 명창들의 활동은 더욱 조직적으로 이루어졌다. 이 시기의 판소리 부흥운동은 현대적 재창조에 보다 중점을 두었다. 특히 조선성악연구회가 결성되어 판소리 명창들의 공연 및 전수 활동이 활발해지면서 판소리가 유행하게 되었다. 덕분에 전승이 끊긴 여타의 전통 음악 장르들과는 달리 판소리는 상당수의 창작자 및 청중을 확보할 수 있는 발판을 마련할 수 있었다.

그러나 판소리 열두 마당 중 일곱 마당이 실전되면서 레퍼토리가 축소됐으며, 20세기 초까지 새로운 마당이 창작되지 못하면서 현실의 변화에 탄력적으로 대응하지 못하고 있다는 평가를 받고 있다. 그런 가운데 창작 판소리의 보급에 많은 관심을 보였던 이가 박동진 명창이다. 그는 1969년에 〈판소리 예수전〉을 공연한 이래 실전된 전통 판소리의 복원에도 많은 관심을 기울여 〈변강쇠가〉, 〈배비장전〉 등을 창작해 불렀다.

현재 판소리는 더이상 대중예술이 아니라 정부의 지원을 받지 않으면 존립조차 어려운 문화재로 남아 있다. 근대적인 극장 문화로 탈바꿈하지 못한 것에 더해 〈춘향가〉, 〈심청가〉, 〈흥보가〉, 〈수궁가〉, 〈적벽가〉 등 기존의 다섯 마당 레퍼토리만 반복되어 공연되고 있다.

판소리는 정악 등의 다른 음악 장르와 다르게 온전히 서민의 요구에 의하여 탄생한 예술로서 시대에 따라 창극, 마당놀이, 창작 판소리 등으로 부단히 모습을 바꿔가며 다양하게 변화해왔다. 오늘날의 판소리는 과거의 영화를 되찾을 것인지 아니면 박물관의 유물처럼 그저 훌륭했다는 평가만 남긴 채 대중으로부터 멀어질 것인지 그 기로에 놓여 있다.

『우리가 정말 알아야 할 우리 음악』 전인평, 현암사, 2007.

『재미있는 우리 국악 이야기』 이성재, 서해문집, 2006.

『중요무형문화재 제5호 판소리』 이명진, 민속원, 2011.

『판소리의 세계』 판소리학회, 문학과지성사, 2000.

06 자유로운 예인, 광대

1555년(명종 10년) 5월
전라도 연안

조선군을 뒤쫓던 왜구

향교에서 온갖 재주를 부리는
알록달록 색깔 옷을 입은 무리에 한눈을 팔다
관군의 공격을 받았다

을묘왜변(1555년) 승리의 주역으로 추정되는
괴상한 무리의 정체

뛰어난 사람 우인優人
영리한 사람 영인伶人
재주를 부리는 사람 재인才人

재주를 부리며 팔도를 유랑하던
자유로운 예인藝人
광대

그러나

연산군의 사랑과 미움을 받았던
'왕의 남자' 공길 등

조선의 광대는 단순한 유랑 예인이 아닌
국가의 전문예술인이었다

재인들의 교육과 관리를 담당한 재인청才人廳

궁중의 나례희儺禮戲
중앙과 지방의 산대희山臺戲
과거급제자의 축하연

각종 공식 행사를 위해
관이 확보한 고급 연희집단

그중에서도 가장 빛났던 자리
중국 사신 환영연

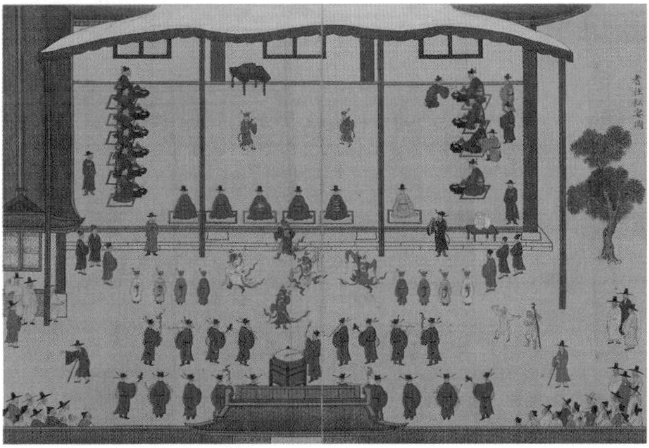

"번쩍이는 금빛 허리띠 붉은 옷에 빛나는데
거꾸로 매달렸다 몸을 날리니 새가 나는 듯하다."

–『관괴뢰잡희觀傀儡雜戲』, 성현

하지만

과거를 보지 못함은 물론
토지조차 가질 수 없었던 특수 신분

재인촌(광대촌)에 모여 살며
연희 준비와 공연으로 생계를 유지하고

농업 상업 수공업을 통해
열악한 경제난을 극복하고

매년 출생, 사망, 도망 조사 등
국가의 철저한 관리를 받아야 했다

또한 세종 대부터
신량역천身良役賤
양인의 신분으로 천한 일을 하던 이들

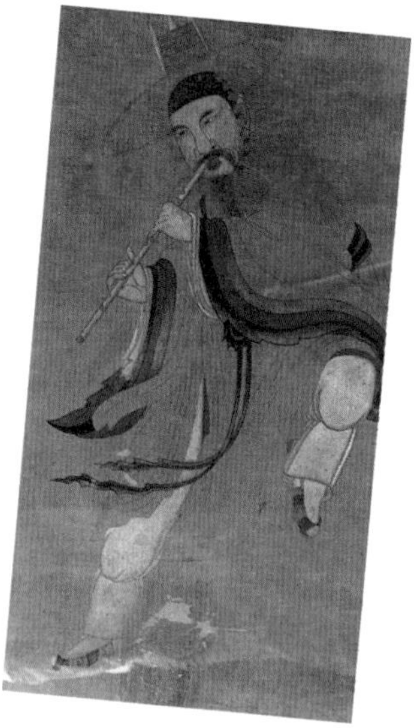

대부분 신新백정으로 편입되고
재주를 팔아먹는 재才백정으로 불리니
나라의 중요 인력이었던 광대는
빈궁과 멸시의 대상으로 천민 취급을 받았다

때로는 국방을 지키기 위한

군사로 차출

때로는 백성들에게 즐거움과 위로를 주는

에너지원

때로는 사회 문제를 임금께 고하고

임금의 민심 파악을 위한

언로言路로 활약

"우인(광대)들의 잡희를 통하여

스스로 서로 문답하면서

관리의 탐오하고 청렴한 모양과

항간의 더럽고 자질구레한 일까지

들춰내지 아니하는 바가 없었다."

–『세조실록』, 1464년(세조 10년) 12월 28일

광대의 화극은 이후 서사적 재담과 성악적 소리가 더해져

한국 공연의 꽃, 판소리로 발전한다

06 자유로운 예인, 광대

조선시대 광대의 삶

1621년(광해군 13년) 5월, 종묘에서 제사를 마치고 궁으로 돌아오던 광해군은 행렬을 멈추게 한다. 거리에 탈을 쓰고 공연하는 산대놀이 장면을 본 것이다. 행차가 지체되자 사헌부를 시작으로 사간원, 홍문관, 승정원의 관원들이 '임금이 감상할 바가 아니고, 친히 제사를 지내는 일로 밤을 새웠는데 거리에 오래 머물러 있게 되면 옥체를 상할 것'이라며 강하게 환궁을 건의했으나 광해군은 신하들의 만류에도 아랑곳하지 않은 채 백성들과 함께 놀이를 감상했다. 임금의 행차도 멈추게 하며 저잣거리의 무수한 사람들의 시선을 단번에 사로잡았던 이들은 조선의 대중문화를 이끌던 '광대'였다.

고려시대에 광대는 '가면'을 가리키는 말이었으나 조선시대에 들어서면서 '가면을 쓰고 여러 가지 놀이를 하는 배우'를 의미하게 되었다. 조선 후기에는 탈춤·꼭두각시·곡예·재주·춤·음악 등의 연희를 직접 다루던 재인才人이란 말과 같이 사용되다가, 19세기에 이르러서는 판소리를 업으로 하는 가수와 고수까지 포함하는 용어로 사용된다. 결국 광대란 조선시대 연예·오락에 종사하던 전문적인 기능인들을 지칭하던 말이다.

광대라는 용어가 처음 기록된 것은 고려시대였지만, 연희를 담당하는 계층은 삼국시대부터 존재했다. 고구려 고분벽화에는 가면극을 비롯해 각종 연희가 펼쳐지는 모습이 담겨 있고, 『삼국사기』「악

지」에 수록된 최치원의 〈향악잡영鄕藥雜詠〉에도 금환·월전·대면·속독·산예 등의 다섯 가지 놀이가 등장한다.

광대는 궁중의 나례희와 중앙과 지방의 산대희, 중국 사신의 영접 행사, 과거 급제자의 행사 등에 동원되어 다양한 공연을 펼쳤다. 이와 같은 행사에는 수백 명이 넘는 광대들이 동원되었기 때문에 행사를 치러내기 위해서는 관에서 많은 수의 광대를 확보하고 있어야 했다. 그래서 광대들을 조직적으로 관리하기 위한 재인청이 설치되었다. 재인청은 광대청廣大廳, 화랑청花郎廳으로도 불리었으며, 경기도·충청도·전라도에 있었다. 재인청에 소속된 광대들은 평소에는 소속 지방 관아에서 활동하며 생계를 꾸리다가 나라에 큰 경사가 있을 때나 중국에서 사신이 올 때 공연을 위해 도성으로 올라왔다. 성현의 시, 「관괴뢰잡희觀傀儡雜戲」에는 중국 사신 영접 때 광대들이 공연한 놀라운 수준의 연희가 묘사되어 있다.

> 번쩍번쩍 금빛 허리띠 붉은 옷에 빛나는데
> 물구나무 땅재주 나는 듯한 몸놀림
> 줄타기, 구슬 놀이 기술도 많은데
> 나무 인형에 실 꿰어 신기한 동작 자유롭구나

조선시대 광대는 특수 신분으로서 신분은 법제적으로 양인이었으나 실제로는 천인 취급을 받은 이른바 '신량역천身良役賤'에 해당했다.

과거를 보지 못한 것은 물론 토지조차 가질 수 없었다. 세종 대에 광대들도 당시 평민을 의미하는 백정白丁으로 승격시켜 주었지만 백성들은 이들을 '재백정'이라 부르며 자신들과 구분했다. 세간의 멸시와 차별 때문에 광대들은 그들끼리 외딴곳에 모여 살며 결혼도 끼리끼리 했다.

조선 후기 광대의 수는 엄청난 규모로 늘어나 있었다. 1836년에 작성된 「경기도창재도청안」에 따르면 경기도의 광대만 해도 4만여 명에 이를 정도였다. 동학농민운동 당시에는 전라도 쪽 동학군과 관군에 각기 1천 명에 달하는 광대들로 구성된 부대들이 존재하기도 했다. 이들은 1894년(고종 31년) 갑오개혁으로 신분제가 철폐된 이후에야 비로소 광대 신분에서 공식적으로 벗어날 수 있었다.

스타 광대, 공길과 달문

몇 해 전 1천만 관객을 모으며 흥행에 성공한 영화 〈왕의 남자〉의 영향으로 조선시대를 대표하는 광대를 물으면 사람들은 '공길孔吉'을 떠올린다. 하지만 공길에 관한 기록은 『조선왕조실록』에 단 한 차례 등장한 것이 유일하다. 1505년(연산군 11년) 12월 29일 궁궐에서 열린 나례희 때였다. 나례희의 백미는 오늘날의 개그와 유사한 화극話劇이라 불리는 연극이었다. 화극은 광대 한 명이 재담과 흉내내기를 통해 임금을 웃기는 연극이다. 구중궁궐 안에 있는 임금은 궁궐 밖의 민심을 잘 모르기에 광대들이 당대의 이슈를 연극으로 꾸며 왕 앞에서 공연하여 임금을 깨우치게 하는 것이 화극의 숨은 목적이기도 했다. 이날 화극의 주인공이었던 공길은 늙은 선비를 흉내내는 풍자극을 하면서 연산군을 향해 다음과 같이 외쳤다.

"전하는 요순 같은 임금이요, 나는 고요皐陶 같은 신하입니다. 요순은 어느 때나 있는 것이 아니나 고요는 항상 있는 것입니다. 임금은 임금다워야 하고 신하는 신하다워야 하고, 아비는 아비다워야 하고 아들은 아들다워야 합니다. 임금이 임금답지 않고 신하가 신하답지 않으면 아무리 곡식이 있더라도 내가 먹을 수 있으리오."

공길의 말에 분노한 연산군은 불경하다는 이유로 곧장 공길을 매질하고 유배형에 처한다. 그러고도 화가 풀리지 않은 연산군은 "광대의 장난으로 한 가지도 볼 만한 것이 없으며, 광대들이 서울에 떼지어 모이면 도둑이 된다"라는 이유를 대며 나례희 자체를 폐지시켜 버린다. 유배형에 처해진 이후 공길의 생애에 대해서는 더이상 기록이 남아 있지 않다. 다만 폭군의 면전에서도 아무런 두려움 없이 '임금은 임금다워야 한다'고 외치며 비판과 풍자를 아끼지 않았던 공길은 뼛속까지 광대의 피가 흐르는 광대 중의 광대였다.

공길이 무대에서 사라진 지 200여 년 뒤, 조선 팔도에 이름을 두루 떨치며 인기를 끈 전국구 스타 광대가 출현한다. 그의 이름은 달문達文(1707~?)이다. 당시 식자층에서도 그를 주인공으로 한 소설과 시가를 쓸 정도였다. 『열하일기』로 유명한 실학자 연암 박지원은 달문을 주인공으로 『광문자전』이라는 전기를 집필했다. 여항 문인으로 이름을 날렸던 중인 출신의 홍신유는 〈달문가〉라는 장편 서사시를 남겼다. 박지원과 홍신유 모두 당대의 일류 작가들이란 점에서 달문의 인기가 어느 정도였는지 짐작해볼 수 있다.

달문은 자신의 못생긴 외모도 웃음거리로 승화할 정도로 넉살 좋은 성격의 소유자였다. 어렸을 적 실제로 달문을 본 적이 있었던 박지원은 그의 모습이 무척 추했으며, 특히나 입이 커서 두 주먹이 들락날락할 정도였다고 기록했다.

외모는 추했지만 달문이 지닌 재주는 남들보다 뛰어나 한양에서 제법 논다고 하는 광대패들은 달문을 서로 자기 패로 끌어들이려 안간힘을 썼다. 그의 특기는 만석중놀이와 철괴무, 팔풍무였다. 만석중놀이는 황진이의 미색에 빠져 파계한 지족선사를 조롱하는 내용의 인형놀이다. 철괴무는 기괴한 모습의 신선 흉내를 내면서 추는 춤으로 산대놀이의 하나이고, 팔풍무는 남사당놀이의 땅재주와 유사한 놀이이다. 홍신유의 〈달문가〉에는 달문의 공연 장면이 생생하게 묘사되어 있다.

팔풍무를 잘 추어
용이 꿈틀거리는 듯
몸을 뒤로 젖혀 머리가 발에 닿으면
배꼽이 볼록 하늘로 솟네

사지는 뼈가 없는 듯
어느새 몸을 돌려 뒤집더니
별안간 가슴을 휙 바꿔 똑바로 섰다가
갑자기 거꾸러진다

흘겨만 볼 뿐
똑바로 보는 법 없고,
비뚤어진 입에서는
온전한 발음 나오지 않네

오늘날 인기 있는 연예인들이 많은 부와 명예를 갖는 것과 달리 달문은 장안의 인기를 독차지하는 최고의 광대였지만 처자식도, 몸 하나 뉠 만한 집 한 칸도 가지지 못했다. 장가를 들지 못해 상투도 틀지 못한 머리카락을 염소 꼬리마냥 뒤통수에 올려붙인 채 그저 재주를 팔며 이리저리 떠도는 인생을 살았다. 목구멍이 포도청인지라 생계를 위해 장사꾼으로 나서기도 하고, 기생의 뒤를 봐주는 조방꾼 역할을 하기도 했지만 그러한 삶에 염증을 느낀 달문은 도성을 훌쩍 떠나 전국 팔도를 누비는 유랑 생활을 시작한다. 동래부터 백두산에 이르기까지 달문의 발길이 닿는 곳곳마다 사람들이 몰려들어 그의 익살과 재담에 환호했다.

1764년(영조 40년) 달문은 갑작스레 역모에 가담했다는 죄목으로 의금부로 압송된다. 달문의 명성이 조선 팔도에 높아지자 역모를 꾸미는 자들이 그의 인기에 기대어 사람들을 모으기 위해 달문의 동생과 아들을 사칭했던 것이다. 심문 결과, 달문은 역모와 아무런 관련이 없다는 사실이 밝혀졌음에도 함경북도 경성으로 유배를 떠나야 했다. 달문이 민심을 현혹시키고 풍속을 어지럽게 한다는 죄목이었다. 권력자의 눈에 사람들의 마음을 사로잡는 재주를 지닌 달문은 사회질서를 혼란케 하는 잠재적 불순분자였던 것이다.

"달문이란 자는 무뢰한으로서 세상에 알려졌는데 머리가 반백인데도 총각의 모습을 꾸며 인심을 현혹시키고 풍속을 괴란하니, 임금이 공자孔子가 협곡夾谷에서 필부匹夫로 임금을 현혹한 자를 주살한 뜻을 따라 처음에는 죽이려 하였으나 옥사에는 간여한 바가 없다고 여겨 마침내 멀리 떨어진 곳으로 귀양 보낸 것이다."

– 『영조실록』, 1764년(영조 40년) 4월 17일

이듬해 달문이 유배에서 풀려나 도성으로 돌아왔을 때 그를 보기 위해 남녀노소 모두가 구경을 나가 저잣거리가 텅 빌 지경이었다. 장안의 사람들은 여전히 달문을 기억하고 있었던 것이다. 그러나 이후 달문은 홀연히 사라진다. 어디에도 얽매이지 않고 세상을 주유하던

자유로운 영혼에 걸맞은 최후였다.

광대들이 남긴 유산

광대는 즐거움을 선사하는 재주를 지녀 사람들의 박수갈채를 받았지만 한편으로는 사람들의 멸시와 천대를 받아야 했다. 1781년(정조 5년) 광대 조위기가 구타로 인해 사망하는 사건이 벌어졌다. 가해자인 주갑득은 광대 주제에 절을 하지 않았다는 이유로 조위기를 마구 두들겨 패서 죽였다. 사회적으로 천대 받던 광대의 처지를 단적으로 보여주는 사건이었다.

하지만 사람들의 천대에도 불구하고 광대들이 있었기에 우리나라의 민속예능이 존재할 수 있었다. 오늘날 전승되는 영산靈山·재담·판소리 등과 같은 광대 소리들, 탈놀이·화극 등과 같은 연희들, 줄타기·솟대타기·땅재주 등의 기예들은 광대들이 아니었다면 제대로 전승조차 힘들었을 것이다. 어려운 시대적 여건 속에서도 광대들은 민속예능의 주체로서 소중한 역할을 해왔지만 오늘날 그 명맥이 끊길지도 모를 위기에 처해 있다. 중요무형문화재로 지정된 인간문화재 보유자들의 평균연령이 70대로 고령화가 심각하고, 121개 중요무형문화재 중에서 36.1퍼센트에 해당하는 종목들이 보유자나 전수교육 조교가 없는 상황이다. 제주민요의 경우 15년, 영산쇠머리대기는 10년 동안 보유자가 존재하지 않아 사실상 명맥이 끊긴 상태다.

2000년 서른둘이라는 젊은 나이에 인간문화재로 지정된 김대균은 판소리, 춤, 재담을 바탕으로 일본강점기에 사라진 '판줄'의 원형을 복원했다. 그는 줄광대가 어릿광대와 함께 삼현육각 반주에 맞춰 줄놀음을 하고 여기에 관중이 참여하는 판줄을 재현하기 위해 전국 곳곳을 돌며 공연을 했다. 그 결과 2011년 11월 유네스코는 우리 '줄타기'의 예술성을 인정해 세계적으로 보호하고 전승할 가치가 있는 인류무형문화유산으로 등재했다.

민속예능이 전승되기 위해서는 이를 이어받을 전승자가 필요하다. 국내에서뿐만 아니라 해외에서도 활발하게 공연되고, 세계적으로 인정받는 예술로 지속되기 위해서는 새로운 전승자들을 꾸준히 길러내고 이들을 통해 문화가 이어질 수 있도록 제도적 기반을 마련해야 한다. 과천, 대전, 전주를 비롯해 지역마다 생기고 있는 무형문화재 전승교육관과 체험관이 더욱 활성화되어야 하는 이유다.

冊

『광대의 가창 문화』 손태도, 집문당, 2003.

『조선의 9급 관원들』 김인호, 너머북스, 2011.

『조선을 사로잡은 꾼들』 안대회, 한겨레출판, 2010.

『조선 전문가의 일생』 규장각한국학연구원, 글항아리, 2010.

『조선팔천』 이상각, 서해문집, 2011.

07 조선의 갑

〈반상도〉

조선왕조 500년

임금 아래 가장 높은 신분

14세기 후반
신흥 무인세력과 함께 조선을 건국한
고려의 신진사대부

대부분은 지방 중소지주 출신이자
성리학을 신봉하는 학자로서
조선의 주요 관직을 차지하게 된다

문반文班과 무반武班으로 구분
이들 관리를 통칭하는 양반兩班

이들은 법적으로 양인에 속했다

당시 조선의 신분제도는
양인과 천인만을 구분하는
양천제도

양인에는 양반과 중인, 상민(평민)
천인에는 노비와 백정

범죄자의 아들
재혼한 여자의 아들과 손자
서얼의 아들과 손자를 제외하고

양인이라면 누구나 과거시험에 응시하여
관직에 진출할 수 있었다

그러나

법과 다른 현실

토지 소유를 기반으로 경제력을 갖추고
학업에 매진할 수 있었던 양반가 자제

양반의 땅에서 농사를 짓고
하루하루 생계를 잇기 바쁘던
농사꾼과 상민

높아지는 양반 자제의 과거 합격률

양반들은 학문을 수양하여
관료가 되는 일을 최고의 가치로 여겼다

결국

관직과 토지를 독점한 양반은 지배신분을 의미하는 말로 자리잡게 된다

그가 아니면
가죽신이나 비단옷
도포를 입을 수 없다

그를 만나면
타고 있던 말에서 내려
걸어서 지나가야 한다

길에서 그를 만나면
길가로 비켜 고개를 조아리고
인사를 올려야 한다

그리고
조선 후기

동요하기 시작한 신분제도

두 차례의 전란을 겪는 동안
국가 재정은 무너져내렸고

전쟁중 공을 세우거나 곡식을 바친
평민과 천민에게 관직과 품계를 주는
공명첩과 납속첩 등장

오랜 세월 신분의 굴레에 얽매였던
중인과 서얼들이 관직을 얻고자
적극적으로 뛰어들기 시작한다

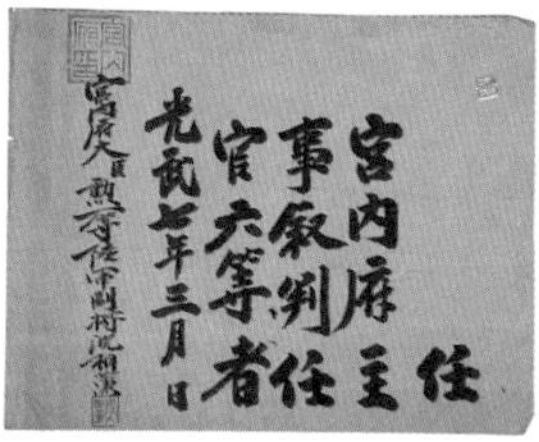

〈공명첩〉

“나는 아무리 부자라도
항상 비천하지 않느냐…
내가 장차 그의 양반을 사서 가져보겠다.”

–『양반전』, 박지원

혼란 속에서도

권력과 재력 독점
부역과 세금 면제
계속해서 재산을 축적해나간 양반들

고통스러운 삶에서 벗어나기 위해
족보를 사거나 위조하는 평민들

조선 초기 약 7퍼센트였던 양반의 비율은
조선 후기 다섯 배 이상 치솟게 된다

양반의 본래 의미

하늘이 백성을 낳았는데 그 백성의 종류는 네 가지가 있다. 네 가지 중에서 가장 귀한 자가 선비이다. 이를 양반이라고 하여 모든 점에 이로운 것이 많다. 농사나 장사를 하지 않아도 살 수가 있고, 조금만 공부하면 크게는 문과文科에 오르고 작게는 진사進士가 될 수 있다. 문과의 홍패紅牌는 두 자에 지나지 않지만, 무엇이든 할 수 있어 돈 자루라고 할 수 있다. 진사는 나이 서른에 첫 벼슬을 해도 이름이 나고 다른 훌륭한 벼슬을 또 할 수 있다.

연암 박지원의 『양반전』에 나오는 구절처럼 양반이라는 신분이 곧 '돈 자루'가 되었다는 것은 과장일지 몰라도, 사농공상士農工商의 나라 조선에서 당시 양반이 지배계급의 위치에 있었다는 점은 틀림없는 사실이다.

양반이 처음부터 지배계급을 일컫는 용어는 아니었다. 본래 양반은 문·무 현직 관료를 일컫는 용어로서 '동·서반에 참여하는 관직자'를 뜻했다. 조회 때 국왕은 중국 황제의 모습을 따라 관료들을 향해 남쪽을 바라보고 용상에 앉았다. 이때 국왕을 향해 오른쪽(동쪽)에는 문관이, 왼쪽(서쪽)에는 무관이 늘어섰다. 양반의 반班자는 '나눌 반'자의 의미로, 양반은 열을 맞춰 도열한 문관(동반)과 무관(서반)을 함께 일컫는 말이었다.

양반이 현실정치에 출현한 것은 과거제가 실시되기 시작한 고려 때부터였다. 과거제를 통해 관료가 충원되는 비중이 늘어나면서 문·무 관료의 분화도 뚜렷해졌다. 이후 관료제가 정비되면서 문·무 관료뿐만 아니라 관료가 될 수 있는 이들까지도 양반으로 불리게 되었고, 이에 따라 양반을 지칭하는 범위는 더욱 넓어졌다. 즉 고려시대의 양반은 중앙관리가 될 수 있는 이들을 통칭하는 말이었다. 그러나 정치권력이 문신에게 집중되고, 양반관료체제 역시 문신 중심으로 이뤄지면서 문·무·관료의 불균형이 나타났다. 이러한 불균형은 조선 개국 후 과거제가 문과와 무과로 나뉘어 정비되면서 균형을 찾아갔으며 양반제도 체계화되었다.

동반과 서반의 양반들이 차례로 서 있도록 세워진 품계석

양천제로 시작되었으나 반상제로 바뀌다

건국 초기의 조선에는 법전 등에 명문화된 '지배층'이 존재하지 않았다. 그러나 조선은 신분이 세습됐고, 그에 따른 차별이 엄연히 존재했던 신분제 사회였다. 조선의 신분제도는 법적으로 양인과 천인이 구분되는 양천제良賤制를 근간으로 했다. 납세자로서 국가 운영에 참여가 가능한 사람들은 양인으로, 그렇지 못한 이들은 천인으로 분류됐다. 양인은 직업과 경제활동의 형태에 따라 다시 여러 계층으로 나뉘었다. 노비를 소유하고 관료직에 종사하며 여러 특권을 누리는 양반, 양반과 함께 지배에 필요한 기술이나 행정 실무를 보조하는 중인, 생산 활동을 행하는 상민 즉, 농민, 수공업자, 상인 등이 양인 계층을 구성했다. 천인은 최하층 신분으로서 노비를 비롯해 백정과 광대, 기생, 무당 등이 여기에 속했다.

양천제에 따르면 양인 사이에는 의무와 권리에 있어서 차별이 없었다. 16~59세의 양인 남자는 모두 군역의 의무를 지고 있었으며, 양인이라면 누구나 과거 응시 권한이 있었다. 다만 『경국대전』에 따르면 양인들 중에서 죄를 지어 관직 임명이 차단된 사람, 뇌물을 받거나 국고를 횡령한 관리의 아들, 재혼한 여자의 아들과 손자, 서얼의 자손은 과거시험을 볼 수 없었다. 천인 역시 과거에 응시할 수 없었다. 양인과 천인 사이의 차별은 존재했으나 기본적으로 조선 초기의 신분제는 지배층의 존재를 엄격히 규정하지 않고, 개인의 능력을 중시하는 개방적인 성격을 띠었다.

그러나 양천제라는 법 바깥의 현실은 조금 달랐다. 같은 양인이라도 관직에 오른 양반과 일반 상민은 다른 계급이라는 인식이 퍼져 있었다. 또한 고려 후기 이후 지주제가 발달하면서 토지를 소유한 지주와 여기에 귀속되어 일을 하는 자작농이나 노비 사이에 계급적 편차가 존재했다.

이와 같은 풍토에 조선 건국의 주역이었던 신진사대부들의 계급의식이 더해졌다. 신진사대부들은 조선의 주요 관직을 차지한 자신들을 '사족士族'으로 지칭하고, 그렇지 않은 이들을 '보통의 백성', 즉 상민常民으로 부르며 계급적인 구별을 지었다. 지주제로 비롯된 경제적 격차가 존재하는 현실에 왕조 개창의 주역인 신진사대부들의 신분적 의식이 결합하면서 '양반=지배층'이라는 관념이 형성되어갔다.

양반과 상민 사이에 계급적 차이가 있다는 관념은 구체적인 법규로도 나타났다. 1429년(세종 11년) 2월, 조선 조정은 상하 의복에 무늬를 넣은 옷감을 사용하는 것에 대해 양반 자제와 상민들 간에 차이를 두었다. 뿐만 아니라 상민들이 담비 가죽옷을 입는 것은 물론 가죽신과 비단으로 만든 의복 착용도 금했다. 상민들은 도성 안에서 말 타는 것도 금지됐다.

양천제가 그 내용에 있어 변화를 겪게 된 것은 15세기 말부터다. 연산군 대에 이르러 왕실이 국가재정을 낭비하면서 재정적자가 커졌고, 세금 부과 금액은 적정선을 넘어섰다. 이는 양인 계층의 납세 증가로 이어졌고, 다시 하층 양인(상민)의 몰락으로 연결됐다. 반면 상층 양인들은 몰락하는 하층 양인들의 경제력을 흡수하여 지주로서 성장했고, 몰락한 하층 양인들이 상층 양인들의 노비로 편입되기도 했다. 상층 양인들은 소유한 토지와 노비 등 경제력을 바탕으로 그 지위를 높여가면서 그에 걸맞은 대우를 국가에 요구하기 시작했다.

이 과정에서 상층 양인들이 '사족층'으로서 나라의 인정을 받게 된다. 1525년(중종 20년)에 조정은 사족층을 "4조(부, 조, 증조, 외조) 가운데 한쪽이라도 과거 혹은 음서로 문·무반 정직 6품 이상에 진출한 관료를 배출한 가문의 후손 및 생원·진사 그리고 그들과 인척 관계에 있는 가문"으로 규정하였다. 『경국대전』이 반포될 당시 양반은 관직에 오른 자와 그 일정 범위 내의 후손을 포함시키는 용어로서 정착되었는데, 이때의 규정으로 사족과 양반은 서로 같은 의미를 뜻하는 말이 되었다.

법적으로 양천제는 예외적인 일부를 제외한 양인 모두에게 관직 진출을 허락하고 있었다. 그러나 토지와 노비를 소유하며 경제력을 갖춘 사족층은 생업에 매달리지 않고 충분히 학업에 매진할 수 있었던 반면, 하층 양인들은 사족층의 땅이나 자신의 땅에서 농사를 지으며 하루하루 생계를 잇기에 바빠 현실적으로 과거 준비를 할 수 있는 여건이 충족되지 않았다. 자연스레 사족층 자제의 과거 합격률이 높아질 수밖에 없었다. 게다가 4조 내에 벼슬을 해야만 사족으로서의 지위를 이어나갈 수 있었기 때문에 사족들은 관료가 되는 일을 최고의 가치로 여겼고, 더욱더 과거 준비에 매달릴 수밖에 없었다. 생산 활동보다 학업에 매진하며 관직을 독점해간 사족층은 현실에서 양반 그 자체를 뜻하게 되었다. 이와 같은 배경으로 양반은 관직을 의미하는 초기의 의미를 잃고, 지배층을 가리키는 말로 널리 쓰이게 되었다.

16세기 이후부터 사족층은 양반으로서의 권리를 더욱 확고히 해나갔다. 먼저 모든 양인 계층에게 관직을 균등하게 개방하는 조치가 부당하다고 반발했다. 그로 인해 1535년(중종 30년)에는 관아에서 행정업무를 보던 서리의 문·무반 정직 참여가 배제되는 등 문·무반 관직을 사족층만의 전유물로 만들어갔다. 권리는 공고히 하되 의무와 책임은 면제받고자 했다.

당시 사족층도 양인으로서 군역의 의무를 지고 있었는데, 임진왜란 당시 의병을 주도하면서 전쟁의 공로를 인정받고 그 위상이 올라가면서 군역도 면제받기에 이른다. 1627년(인조 5년) 1월, 조정은 사족으로 군대를 보충하는 정책을 공식적으로 폐기했다. 이로써 사족층은 국가에 대한 양인의 핵심 의무였던 군역을 면제받는 특권층으로 공인받게 된다.

사족층에게 관직 독점과 군역 의무 면제라는 신분상의 특혜가 주어짐으로써 조선은 곧 양반과 상민으로 신분질서가 재편된 반상제의 사회로 들어서게 된다.

우리도 양반 행세나 해보세

"양반이란 아무리 가난해도 항상 존귀하고 영화로운 것. 나는 아무리 돈이 많아도 항상 비천을 면치 못한단 말이야. 말을 한 번 타 보지도 못하고, 양반만 만나면 쩔쩔매고 코를 끌고 무릎으로 기어야 하니, 참으로 더러운 일이란 말이야."

『양반전』에 등장하는 한 마을의 부자가 한탄하는 대목이다. 이 부자는 관곡을 갚지 못해 쩔쩔매는 양반을 대신하여 그 양반의 빚을 갚고 양반 행세를 하기 시작하지만 이내 양반이 누리는 특권을 보고 도둑놈이나 마찬가지라고 여기며 결국 양반 행세를 그만둔다. 『양반전』의 내용은 다소 과장된 부분이 있지만, 소설 속 양반 행세를 하려 한 부자처럼 조선 후기에는 양반 신분을 얻고자 했던 이들이 많았다. 특히 과도한 군역으로부터 탈피하기 위해 많은 양인들이 양반이 되고자 했다.

일반 백성들이 양반이 될 수 있는 경로는 몇 가지가 있었다. 우선 정부에 재정 보충용으로 곡식을 납부하던 방법이다. 임진왜란 시기, 부족한 군량을 모으기 위한 방법으로 일시적으로 시행했던 납속책納粟策과 공명첩空名帖의 발행은 전쟁이 끝난 뒤에도 수시로 시행됐다.

납속책은 정부에서 군량을 보충하거나, 흉년으로 인한 재해민 구제를 위해 곡물과 돈을 받고 관직이나 품계를 주는 제도였다. 납속책을 활용해 일부 돈 있는 노비들은 상민이 되었고, 이들 중 일부는 관직을 얻기도 했다. 정부는 납부한 곡물의 양에 따라 관직 임명장에 이름을 쓰는 난을 비워 놓은 공명첩을 발행해주기도 했다. 흔치 않은 경우이긴 하지만 전쟁에서 공로를 인정받았을 때에도 관직과 품계를 받아 양반이 될 수 있었다. 노비와 같은 천인의 경우 군역의 의무가 없었으나, 군인이 부족할 때 임시로 군인에 편입됨으로써 노비에서 상민으로 신분이 승격되는 경우도 있었다.

이외에 불법적인 형태로 신분 상승을 꾀하는 경우도 속출했다. 족보 위조가 대표적이었다. 자식 없이 단절된 가계의 족보를 구해 자신이나 자신의 아버지, 할아버지 이름을 넣어 잇는 경우도 있었고, 족보를 편찬할 때 조상의 계보를 조작하고 본관과 성씨를 바꾸는 '환부역조換父易祖'(아버지를 바꾸고 할아버지를 간다)도 횡행했다. 한양을 중심으로 전주 이씨의 가짜 족보를 만들어 파는 업자들도 존재할 정도였다.

호적대장에 있는 자신의 직역을 관직이 없는 양반 유생을 의미하는 '유학幼學'으로 속여서 기재하는 경우도 많았다. 실제로 18~19세기에 걸쳐 당시 호적대장에 등장하는 '유학호幼學戶' 숫자가 급격히 늘어났다. 한 예로 1690년 대구 지역의 유학호는 4퍼센트 정도였는데, 1770년에 28퍼센트, 1850년에는 무려 63.1퍼센트에 육박했다. 18~19세기에 들어서 호적대장의 직역 기재는 점차 형식적인 절차로 변해나갔다. 호적대장에서 보이는 유학호의 증가는 양반 숫자의 증가라기보다는 막대한 군역의 의무를 피하기 위해 양반으로 편입하고자 했던 상민들의 열망을 반증한다.

근래 세상의 도리가 점점 썩어가고 돈 있고 힘 있는 백성이 군역을 피하고자 간사한 아전, 임장과 한통속이 되어 뇌물을 쓰고 호적을 위조하여 유학이라고 거짓으로 올리고 역을 면제 받거나, 다른 고을로 옮겨가서 스스로 양반 행세를 한다. 호적이 밝지 못하고 명분이

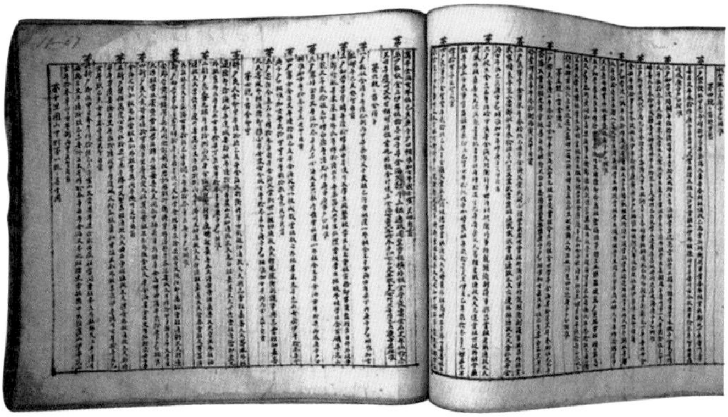

경남 단성현 호적장부

문란함이 지금보다 심한 적이 없었다.

–『일성록』, 1786년(영조 10년) 1월 22일

조선 후기 신분제 변동의 양상은 중간층인 중인과 서얼들 사이에서도 나타났다. 양인 신분의 첩이 낳은 자식인 서자와 천민 신분의 첩이 낳은 자식인 얼자를 총칭하는 '서얼'은 『경국대전』 이래로 전문 기술직 이외의 벼슬길이 원천봉쇄되어 있었다. 그러나 서얼들은 통청通淸운동을 활발히 일으키면서 18세기 후반, 문무 중요 관직에도 일부 진출하는 사례가 늘어갔다.

절대적인 숫자가 늘어난 만큼 양반의 위상은 예전 같지 않았으나 중앙 정계를 좌지우지하며 권력과 재력을 독점하던 서울·경기 지역의 양반이나 자신들끼리 조직을 강화하여 명망을 유지하려 했던 지방 향촌사회 양반들의 위세는 여전했다. 신분제가 동요하고 있는 시기였지만 양반들이 향유하던 특권은 그대로였다.

특권은 누리되 책임은 회피하는 지배권력으로 군림하면서 양반은 조선 사회에 여러 가지 문제를 불러일으켰다. 이에 조선 후기 실학자들은 양반 중심의 신분제가 봉착한 모순과 불평등을 지적하면서 각종 개혁안을 제시했다.

유수원(1694~1755)은 국가 경영에서 가장 우선시되어야 할 사항으로 인재의 현명함을 잘 가리는 것을 꼽았다. 그러나 현실은 "재상의 아들이면 흙덩이처럼 고루해도 반드시 좋은 벼슬을 하고" "다 같이 한 아버지의 자식이라도 어머니가 전실前室이냐 후실後室이냐에 따라, 외가에 따라 현격한 차이가 있다"고 꼬집었다. 당시 양반 중심의 신분제에 대한 유수원의 대안은 '사민四民분업'을 통해 궁극적으로는 사민일치의 평등을 실현하자는 것이었다. 그는 사농공상에서 사士를 최고의 가치로, 농農을 그다음으로, 공과 상을 말단으로 보면서 각각의 차이를 인정했다. 그러나 사민이 신분으로 세습되는 것이 아니라, 철저하게 자질과 능력을 우선시하면서 선택하는 것이어야 한다고 보았다.

유수원은 사민이 조화를 이루기 위한 방안으로 중국의 예를 들면서 양반뿐만 아니라 농민이나 상민, 대장장이의 아들이라도 어려서부터 교육을 시키고, 자질과 능력을 따져 15세 이전에 사농공상 중 하나를 업으로 결정하게 해야 한다고 주장하였다. 양반의 자제들도 농업 및 상공업과 같은 생업에 종사하도록 하여 사민의 조화를 이루기를 희망했던 것이다. 노비제도 역시 사민의 개혁이 이뤄진 뒤 철폐할 수 있다고 보았다.

정약용은 군역을 면제받는 특권을 누리면서 놀고먹는 양반층에 매우 비판적이었다. 그는 『전론田論』에서 남의 토지를 빼앗아 차지하고 남의 힘으로 먹고사는 선비를 비판하며 이들 역시 농사일을 하고 토지를 개척해야 한다고 주장했다. 농사일을 할 수 없다면 공업이나 상업을 하거나, 자제를 가르치며 생활을 영위하거나, 곡식을 심고 가꾸는 일과 가축 기르는 법을 가르쳐서 농사를 돕도록 해야 한다고 제안했다. 그는 자신의 바람이 궁극적으로 '온 나라 사람이 양반이 되는 것으로, 이렇게 되면 양반이 없어지게 될 것'이라고 주장하였다.

정약용은 서얼과 지역 차별에 대한 문제점도 신랄하게 비판한 실학자였다. 그는 '온 나라 백성들 중 8~9할이 버림을 받았다'고 말하며 "서북지방과 개성·강화의 중인, 서류庶流로부터 일반 천민에 이르기까지 무릇 경학經學(사서오경을 연구하는 학문)에 밝고 행실을 닦으며, 문학과 정사가 특별히 뛰어난 자가 있으면" 신하들로 하여금 천거하도록 해야 하며, 이렇게 할 때에야 비로소 "나라의 풍속을 개혁함이 없이 막혀 있는 인재를 진작시키고 답답한 울분을 소통할 것"이라고 주장했다. 이는 곧 양반의 특권을 없애고 신분제를 근본적으로 개혁하자는 주장이기도 했다.

'신양반'이 출현하는가

유수원과 정약용 등 실학자들의 개혁적인 주장은 조선 사회에서 곧바로 받아들여지지는 못했다. 그러나 조선 후기 신분제 변화는 돌이킬 수 없는 흐름이었다. 1894년 갑오개혁으로 신분제 철폐가 공식적으로 이뤄지면서 1801년 중앙 관서 공노비들의 해방에 이어 모든 공·사노비들도 신분 차별에서 벗어날 수 있게 됐다. 그럼에도 불구하고 한동안은 옛 양반 가문과 옛 노비 가문, 평민 가문 사이에 관습적인 차별이 남아 있었다.

자기의 조상이 대신이든지 능참봉 하나만 지녔으면 자손은 백면서생이라도 양반서생님이라 하고, 이역吏役(아전 향리 출신)이나 시상市商(상인 출신)하던 사람은 벼슬하여 각부 대신에 이르더라도 상사람이라 하니 이것은 실로 지탄하도다.

— 〈독립신문〉, 1899년 1월 22일

1899년 〈독립신문〉에 실린 기사는 관직을 하지 못해도 여전히 양반 행세를 하는 이들과, 대신과 같이 고위 관료가 되더라도 여전히 '상사람' 취급을 받던 당시 세태를 비판하고 있다. 1910년 전국을 대상으로 한 「민적통계표」에는 자신의 직업을 여전히 '양반'과 '유생'이라는 신분으로 기재한 경우가 2.6퍼센트(73292호)에 달했다. 당시 스스로를 양반, 유생으로 자처한 이들 중에는 신분제가 철폐되기 이전의 일부 양반들처럼 상민을 학대하고 구금하여 재판, 형벌 등을 내리는 이들도 종종 있었다고 한다. 일제 강점기 일어났던 형평운동이 백정에 대한 차별 철폐를 목표로 했던 사실은 제도상의 신분제 철폐가 19세기에 이루어졌지만, 20세기 초까지도 백정을 천민으로 대우하는 관념이 횡행했다는 것을 보여준다.

오늘날에는 양반 가문과 노비 가문을 나누며 신분을 놓고 왈가왈부하는 일은 거의 없어졌다. 오히려 양반 행세를 하면 철지난 사람으로 여겨지기 십상이다. 그러나 21세기 대한민국에도 여전히 제한된 소수가 권력과 재력을 독점하며 특혜를 세습하는 경우가 존재한다. 이른바 '스카이SKY'라고 불리는 주요 대학 입학 비율에서 서울과 지방, 서울 내 강남과 강북의 격차가 점차 벌어지고 있으며, '개천에서 용 난다'는 말을 듣기 어려울 정도로 경제력과 학력이 대물림되는 양상을 보여주는 것이 하나의 사례다.

요즘 젊은이들 사이에서 '흙수저'라는 말이 유행하고 있다. 이는 좋은 집안에서 태어나지 못한 처지를 비하하는 표현으로 부잣집에서 태어난 사람을 '금수저를 물고 태어났다'고 은유적으로 부르는 것을 빗대어 만든 신조어다. 조선의 '갑' 양반이 '특권은 누리되 의무는 면제받는' 특혜를 누리면서 조선 사회에 위기가 찾아왔다는 사실은 21세기를 사는 우리에게도 시사하는 바가 크다. 忌

冊

『**근대사회변동과 양반**』 지승종 외, 아세아문화사, 2000.

『**노비에서 양반으로, 그 머나먼 여정**』 권내현, 역사비평사, 2014.

『**미래를 여는 한국의 역사** 3』 권내현 외, 웅진지식하우스, 2011.

『**양반**』 미야지마 히로시 저, 노영구 역, 강, 1996.

『**양반나라 조선나라**』 박홍갑, 가람기획, 2001.

『**조선중기 국가와 사족**』 김성우, 역사비평사, 2001.

『**호질·양반전·허생전(외)**』 박지원 저, 이민수 역, 범우사, 2000.

守

2부

지켜내다

01 경복궁의 눈물

19세기 말
총 509동 6806칸

20세기 초
총 40동 857칸

사라진 469동

1395년(태조 4년) 9월

태조는 조선 창건과 함께
왕조의 위엄을 높이고

태평성대를 위해
새로운 도성을 계획한다

도성의 중심에 세워진
조선 최초의 법궁法宮
경복궁

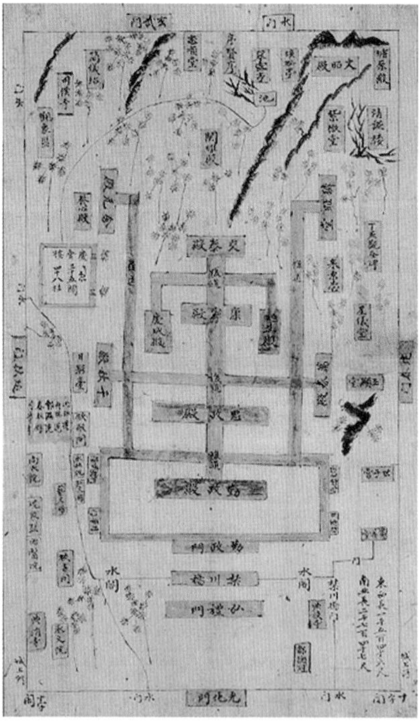

〈경복궁전도〉

그러나 임진왜란 때 전소
약 270년간 폐허로 남겨진다

1865년
흥선대원군에 의해
더 크고 웅장하게 중건하기 시작

그러나
1895년 을미사변
1896년 아관파천
이후 불운의 장소로 방치

주인을 잃은 경복궁은
외국인의 관광지로 전락한다

"일요일 하루 동안 경복궁을 구경한 사람은
2118명에 이르러(…) 매일 수백 명에 달할 정도였다."

– 〈대한매일신보〉, 1908년 4월 28일

그리고

1910년 일제강점 이후
경복궁에서 개최된 대규모 행사

1915년 시정5년기념 조선물산공진회
1923년 조선부업품공진회
1925년 조선가금공진회
1926년 조선박람회

일본 문명의 우월성과 국권침탈의 정당성을 선전하고
조선왕조의 권위와 전통을 부정하기 위해

일제가 파괴의 제물로 삼은
조선왕조의 상징, 경복궁

1910년

전각 총 6806칸 중 4000여 칸 경매

1914년

자선당 비현각 등 15동, 문 9개소 등 공매

매각을 통해 훼손된 경복궁을
식민통치 성과의 전시장으로 사용

이때 '불용 건물'로 매각된
경복궁 전각

홍문관(옛 집현전), 비현각(세자 집무실)은
남산 '화월병장'과 장충동 '남산장'으로 팔려
일본 기생집으로 이용

융문당, 융무당(문과·무과 과거시험장)은
일본계 사찰로 변용
선대 임금의 어진을 모시던 선원전은
이토 히로부미의 사찰인 박문사의 일부로 쓰인다

동아일보

由緖깁흔녯科擧터
隆武隆文兩堂撤毁

문무의과거를보든륭무당륭문당을
일본절에빌려주어곡괭이에헐려가

眞言宗에無償貸與

헐려가는륭무당과륭문당

특히 동궁 자선당은
오쿠라 키하치로의 일본 집으로 반출되어
사설 미술관인 '조선관'으로 잔존하다가
1923년 관동대지진으로 소실되어
그을린 석축만 남은 채
1996년 경복궁 뒤뜰로 돌아온다

경복궁 파괴로 노린 일제의 최종 목표

조선 총독부 신新청사 건립

이어진 광화문 철거 계획

그러나

"조선 건축의 대표이며,
규범이며 정신이 아닌가…
예술, 도시, 이 민족을 위해
경복궁을 구하고 세우라."

– 「사라져가는 조선의 한 건축을 위하여」, 야나기 무네요시

조선인과 일부 일본인 들의 반발로
광화문은 경복궁 동문(건춘문) 북쪽으로 이건移建

광화문이 있었던 자리는
조선 총독부 광장으로
각종 통치 행사의 장이 된다

철거 매각 변용 반출 등으로 파괴된
경복궁 복원사업은 2030년
완료될 예정이다

군자 만 년 큰 복을 누리리라

"「주아」에 '이미 술에 취하고 이미 덕에 배부르니 군자께서는 만년토록 큰 복을 누리리라'라고 하였으니 새로운 궁궐을 경복景福이라 이름 짓기를 청합니다. 전하와 자손들이 만 년 동안 태평성대의 왕업을 누리시며 사방의 신하와 백성들도 영원토록 보고 감동하는 바가 있을 것입니다."

1395년(태조 4년) 9월 29일, 북악산 자락 넓은 터에 새 궁궐이 세워졌다. 이윽고 궁궐의 완공을 축하하기 위하여 연회가 열렸고, 술이 거나해진 태조는 정도전에게 궁궐과 전각의 이름을 지어 올리게 했다. 이에 정도전은 『시경』「주아」 편의 시구를 인용하여 궁궐의 이름을 경복궁으로 부르기를 청한다. 조선왕조 5백 년의 흥망성쇠를 함께 한 경복궁이 역사에 등장하는 순간이었다.

조선이 건국된 지 2년 만인 1394년 태조는 도읍을 개경(현재의 개성)에서 한양(현재의 서울)으로 옮기기로 결정한다. 태조가 직접 신하들을 거느리고 한양까지 행차하여 얻어낸 결과였다. 새로운 도읍을 찾는 과정에서 한때 계룡산을 도읍으로 정해 공사가 진행되었으나 풍수지리로 인해 중단되는 시행착오를 겪은 후 한양으로 도읍이 최종 결정되자 천도遷都는 일사천리로 진행됐다. 그리고 그해 9월, '신

도궁궐조성도감'이라는 임시기구가 설치되었다. 그리고 12월 종묘와 궁궐의 개토제를 시작으로 공사에 들어간 지 불과 10개월 만에 경복궁이 준공되었다.

창건된 궁궐은 390여 칸의 전각으로 구성된 소박한 규모였지만 도성의 주요 시설인 종묘와 사직, 관아와 시장이 경복궁을 중심으로 자리잡았다. 유교의 정신적 바탕 위에 세워진 조선이기에 도성 건설과 경복궁의 설계는 고대 중국의 제도를 정리한 유교 경전 『주례』를 참고했다. 이에 도성 건설의 기본 원리인 '좌묘우사左廟右社'와 '전조후시前朝後市' 원칙에 맞춰 경복궁을 중심으로 동쪽에 종묘를 세우고 서쪽에는 사직단을 배치하였으며 남쪽의 큰 길 좌우로 의정부와 6조 및 한성부 등의 주요 관청이 들어섰다. 경복궁이 풍수지리적 명당이지만 도성의 북서쪽으로 치우친 곳에 위치했기 때문에 시장은 궁의 뒤쪽이 아닌 남쪽 동서로 뚫린 큰 길을 따라 형성됐다. 또한 경복궁은 궁궐 건축의 제도인 '전조후침前朝後寢'과 '삼문삼조三門三朝'의 원리에 따라 정무공간인 정전을 앞에 두고 생활공간인 침전은 뒤편에 배치하였으며, 신하들이 집무를 보는 관청구역인 외조, 왕이 신하들과 정치를 행하는 공공구역인 치조, 왕실의 거주 구역인 연조로 분할하고 각 구역을 회랑으로 막아 문으로 연결했다.

왕조의 태평성대를 기원하며 탄생한 경복궁의 역사는 시작부터 순탄치 않았다. 왕위계승권을 둘러싸고 '왕자의 난'이 일어나자 태조의 뒤를 이어 즉위한 정종은 도읍을 다시 개성으로 옮겼다. 정종에게서 양위를 받은 태종은 1405년(태종 5년) 다시 한성으로 돌아오지만 형제들의 피가 서린 경복궁은 꺼려졌는지 경복궁 동쪽에 이궁離宮인 창덕궁을 짓고 머물렀다. 조선의 왕들은 권위적인 경복궁보다 자연지세를 살려 설계된 창덕궁에서 주로 생활했다. 하지만 즉위식, 문무백관 조회, 외국 사신 접견 등 왕실과 국가의 공식적인 의식은 경복궁에서 거행됐다. 또한 경복궁을 방치하지 않고 끊임없이 수리하여 조선왕조의 법궁다운 면모를 잃지 않도록 했다.

1553년(명종 8년) 9월 14일, 경복궁에 불길이 치솟았다. 창건 이래 최대 참사였다. 근정전만 남기고 편전과 침전 구역의 건물이 모두 불에 타 소실되었고, 건국 이래 전해오던 진귀한 보물은 모두 재가 됐다. 겨우 서책 몇 궤짝만 경회루 연못에 있던 작은 배에 실었을 뿐이었다. 대궐이 불타 조상의 혼령을 놀라게 해 부끄럽다는 명종의 독촉으로 공사는 빠르게 진행되어 이듬해 9월 복구를 마쳤다.

임진왜란은 경복궁의 돌이킬 수 없는 재앙이었다. 1592년 4월 왜군이 파죽지세로 한양을 향해 올라오자 선조는 부리나케 피난길에 올랐다. 1년 뒤 탈환한 한양의 모습은 참담했다. 경복궁은 불타 무너진 채 폐허가 된 상태였다. 경복궁이 임진왜란 당시 불타버렸다는 사실은 잘 알려져 있지만 누가 경복궁을 불태웠는지에 대해서는 논란이 있다. 『선조수정실록』과 류성룡의 『서애집』은 왕이 피난을 떠나고 빈 궁궐을 백성들이 약탈하고 불태웠다고 적고 있다.

"도성의 궁성에 불이 났다. 거가車駕가 떠나려 할 즈음 도성 안의 간악한 백성이 먼저 내탕고에 들어가 보물을 다투어 가졌는데, 이윽고 거가가 떠나자 난민亂民이 크게 일어나 먼저 장례원과 형조를 불태웠으니 이는 두 곳의 관서에 공사 노비의 문적이 있기 때문이었다. 그러고는 마침내 궁성의 창고를 크게 노략하고 인하여 불을 질러 흔적을 없앴다. 경복궁, 창덕궁, 창경궁의 세 궁궐이 일시에 모두 타버렸다."

– 『선조수정실록』, 1592년(선조 25년) 4월 14일

반면에 왜군을 따라 전쟁에 참여한 종군승(병사들을 위로하고 장례를 집전하는 승려) 제다쿠의 『조선일기』에는 왜군의 한양 입성 이후 온전한 경복궁을 직접 목격한 내용이 적혀 있다.

"북산 아래 남향하여 자궁紫宮이 있는데, 돌을 깎아서 사방 벽을 둘렀다. 다섯 발자국마다 누樓가 있고 열 발자국마다 각閣이 있으며, 행랑을 둘렀는데 처마가 높다. (…) 채색한 들보와 붉은 발에는 금과 은을 펴 돌렸고 구슬이 주렁주렁 달렸다. 천장 사방 벽에는 오색팔채로 그린 기린·봉황·공작·난鸞·학·용·호랑이 등이 그려져 있는데 계단 한가운데에는 봉황을 새긴 돌이, 그 좌우에는 단학을 새긴 돌이 깔려 있다. 여기가 바로 용의 세계인지, 신선이 사는 선계인지, 보통 사람의 눈으로는 분간할 수 없을 정도이다."

폐허가 된 경복궁은 270여 년 동안 긴 침묵의 시간을 갖게 된다. 경복궁 중건은 선조 이후 역대 왕들의 숙원 사업이었다. 그러나 열악한 재정과 경복궁 터가 길하지 못하다는 의견으로 인해 중건은 번번이 좌절되었다. 결국 1865년(고종 2년) 실추된 왕권을 회복하고 몰락해가는 조선왕조의 부흥을 꿈꾸는 흥선대원군의 의지에 의해 3년에 걸친 대역사가 진행되면서 1867년(고종 4년) 경복궁은 마침내 복원되었다. 경복궁 창건 당시의 형태를 재현했지만 더 크고 웅장하게 복구되어 복원된 전각은 총 7200여 칸에 달했다.

흥선대원군은 경복궁을 중건함으로써 조선왕조의 건국 정신을 회복하여 국내외적 위기에서 탈출하고자 하였다. 당시 고종을 대신해

수렴청정을 하던 신정왕후는 경복궁의 중건을 명하며 다음과 같이 말했다.

"우리 주상은 왕위에 오르기 이전부터 옛터로 돌아다니면서 구경하였고 근일에 이르러서는 조종조祖宗朝께서 이 궁전을 사용하던 그 당시의 태평한 모습을 그리면서 왜 지금은 옛날처럼 못 되는가 하고 때 없이 한탄한다. 이것은 비단 조상의 사업을 계승한다는 성의聖意일 뿐만 아니라 넓고도 큰 도량까지 엿볼 수 있는 것이니, 이것은 백성들의 복이며 국운의 무궁할 터전도 실로 여기에 기초할 것이다."

–『고종실록』, 1865년(고종 2년) 4월 2일

경복궁 중건을 통해 태평성대를 염원하던 당시 지배층의 기대와는 달리 백성들에게 중건 공사는 큰 고통이었다. 공사장으로 징발되는 것은 물론 공사비 마련이라는 명목하에 각종 세금이 부과되었으며 원납전을 강제로 징수하면서 백성들의 삶은 날로 피폐해져갔다. 종국에는 당시 통용되던 상평통보의 1백 배의 가치를 지닌 당백전을 찍어내어 경제를 파탄에 이르게 했다.

1895년 경복궁에서 명성황후가 살해되는 사건이 벌어지고, 1896년 고종이 러시아 공사관으로 거처를 옮긴 후, 1년 만에 경운궁(덕수궁)으로 돌아오게 된다. 결국 1910년 국권 피탈 이후 경복궁은 다시 한 번 주인을 잃은 빈 궁궐이 되어 조선왕조의 법궁으로서 경복궁의 역사는 끝을 맺게 된다.

사라져가는 조선의 한 건축을 위하여

궁궐을 '금중禁中'이라고도 한다. 왕이 머물며 정무를 보는 곳이기에 일반인의 출입이 엄격히 제한된 신성한 공간이라는 뜻이다. 그러나 아관파천 이후 왕이 없는 빈 궁궐로 남게 된 경복궁은 10전의 입장료만 지불하면 누구나 관람할 수 있는 유원지로 전락했다. 이와 동시에 실질적인 건물의 훼손이 시작됐다. 명성황후가 일본인들에게 살해된 장소였던 건청궁은 1909년 6월 무렵 이미 철거된 상태였고, 1910년 5월에는 경복궁 안에 공원을 신축한다는 명분으로 전각 4천여 칸이 경매로 매각되었다. 이렇게 경복궁의 3분의 2에 달하는 전각이 한순간에 사라지고 말았다.

국권 피탈 이후 경복궁의 훼손은 철저한 계획하에 더욱 본격화되었다. 조선 총독부는 지배국의 우월성을 과시하기 위해 '시정 5년 기념 조선물산공진회(이하 공진회)'를 계획했다. 박람회를 통해 지배국이 피지배국을 어떻게 개명시키고 있는지를 노골적으로 보여주고자 함이었다. 박람회가 개최될 장소는 이러한 지배 효과가 배가되는 최적의 입지이자 상징성을 띤 경복궁이 선정되었다. 1914년 7월 전시장 시설 부지를 확보하고자 근정전 전면에 있는 흥례문과 회랑 및 동궁 일대의 건물이 철거되었고, 매각된 궁궐 전각의 다수가 일본계 사찰과 요정, 일본인 부호의 저택으로 팔려나갔다.

공진회를 이유로 매각된 건물 중에는 세자와 세자빈의 침전인 자선당이 있었다. 자선당의 부재는 사업가 오쿠라 키하치로가 인수하여 그의 도쿄 자택으로 옮긴 후, 그가 조선에서 수집한 미술품을 수장하기 위한 사설 미술관으로 이용되다가 1923년 관동대지진 때 소실되면서 그을린 기단과 초석만 남게 되었다. 이후 기단과 초석이 오쿠라 호텔의 정원 산책로에 방치되어 있다는 안타까운 사실이 김정동 목원대학교 교수의 조사로 알려지면서 1995년에 국내로 반환됐다. 돌아온 자선당 유구는 경복궁 복원 사업에 활용하려 했지만 화재로 인해 대부분의 석재가 삭아버려 사용할 수 없었다. 일제에 의한 경복궁 수난사를 대표하는 자선당 유구는 현재 건청궁과 녹산(경복궁 북쪽의 정원) 사이로 옮겨져 일반에 공개되고 있다.

경복궁의 파괴를 통한 일본의 최종 목표는 조선 총독부 신청사 건립이었다. 총독부 청사는 조선의 관청 건물보다 크고 웅장하여 조선이 일본의 식민지임을 과시할 수 있어야 했다. 이러한 조건과 맞아떨어지는 장소가 경복궁이었다. 조선왕조의 법궁으로 국가경영의 중심에 있었다는 상징성과 북악산을 등지고 있는 지리적 위엄까지 더해지면서 총독부는 더욱 신청사 건립에 혈안이 되었다. 1915년의 공진회는 이를 위한 사전 작업이었다. 1995년 정부기록보존소에서 공개한 한 장의 도면에는 일제 강점기 경복궁을 어떻게 활용할지에 대한 일제의 기본 계획안이 담겨 있었다. 궁궐을 철거한 자리에 총독부 청사와 관저, 광장, 야외음악당, 분수대, 공원, 골프장 등을 그려넣은 도면은 경복궁 자리에 신청사를 건립하고자 하는 계획이 이미 1912년부터 확정되어 추진됐음을 보여주는 자료였다.

총독부 신청사 건립 과정에서 경복궁의 정문 광화문은 거추장스러운 존재였다. 광화문을 그대로 둔다면 우뚝 솟을 총독부 청사의 웅장함을 드러낼 수 없었다. 그 결과 광화문의 철거가 결정됐다. 그러나 총독부 신청사 건립 계획은 조선인뿐만 아니라 일부 일본인들에게도 비난을 샀다. 건축가 곤 와지로는 "총독부 신청사는 너무 노골적이다"라고 질책했고, 민예학자 야나기 무네요시는 1922년 9월『개조』에 '사라져가는 조선의 한 건축을 위하여'라는 글을 기고했다.

"광화문이여, 광화문이여, 너의 목숨이 이제 경각에 달려 있다. (…) 가혹한 끌과 무정한 망치가 너의 몸을 조금씩 파괴하기 시작할 날이 이제 멀지 않았다. (…) 그러나 지금 너를 죽음에서 구하려는 자는 반역의 죄를 범하게 될 것이다. (…) 이 일로 지금 그곳에 있는 사람들은 모두 어두운 나날을 보내고 있다. (…) 용서해다오. 나는 죄

짓는 자 모두를 대신하여 사과하고 싶다."

야나기의 글은 광화문 철거에 대한 항의였고, 본격적으로 광화문 존폐 논란을 일으키는 출발점이 됐다. 논란 덕분에 광화문은 겨우 철거를 면하고 건춘문 북쪽으로 옮겨졌다. 경복궁 한쪽에 방치되어 있던 광화문이 본래 자리를 되찾은 것은 1968년이 되어서다. 이번에는 당시까지 정부 청사로 사용되던 총독부 청사를 가리기 위한 목적이었다. 그러나 당시의 복원은 경복궁 중심축이 아닌 과거 남산의 조선신궁을 향한 총독부 청사의 축에 맞추어진 복원으로 완전한 의미의 복원은 아니었다. 광화문이 제대로 복원된 것은 2010년 목조 건물로 다시 복원하는 과정에서 비로소 가능했다.

경복궁 파괴는 일제 강점기 내내 지속됐다. 1916년 창덕궁이 화재로 불타자 이를 복구하기 위해 경복궁 내전 건물들이 뜯겨 나갔다. 공진회 이후에도 많은 전각이 헐렸고 공터로 남게 된 경복궁에서는 몇 번의 박람회가 더 개최되었다. 더 많은 관람객을 실어 나르기 위해 전차 선로를 확장하면서 서십자각과 담장도 헐렸다. 그때의 영향으로 오늘날까지 경복궁 모퉁이에는 동십자각만이 홀로 떨어져 도로 중앙에 갇혀 있다.

일제는 경복궁 외의 다른 궁궐도 훼손했다. 경희궁 안에는 일본인 자녀를 위한 경성중학교가 세워졌고, 정전인 숭정전은 아이들이 뛰노는 교실로 사용되다가 일본계 사찰인 조계사의 본당으로 팔렸다. 또한 정문인 흥화문은 침략의 원흉 이토 히로부미를 기리는 사찰인 박문사의 정문으로 옮겨졌다. 결국 경희궁은 일제 강점기를 거치며 철저하게 파괴되어 터만 남긴 채 흔적조차 없이 사라졌다. 고종과 순종이 거처하던 덕수궁을 비롯해 창덕궁과 창경궁도 예외일 수 없었다. 경운궁(현재의 덕수궁)은 고종이 승하하자 기다렸다는 듯 전각이 헐리고 대지가 갈기갈기 찢겨 매각되었으며 공원화가 추진되었다.

대한제국 시기 황제의 처소와 집무실로 사용됐던 석조전은 미술관으로 개조되어 일반에 공개됐다. 창덕궁과 함께 하나의 궁궐로 여겨지던 창경궁은 순종이 창덕궁에 거처하고 있었음에도 불구하고 동물원과 식물원, 박물관이 차례로 들어섰으며, 1911년부터는 아예 창경원으로 낮추어 불렀다.

1945년 광복을 맞이하였지만 경복궁의 처지는 별반 나아지지 않았다. 광복 당시 경복궁은 근정전 일대를 중심으로 겨우 몇 동만이 남아 그 명맥을 유지할 따름이었다. 광복 이후 혼란한 정세로 인해 정부가 미처 문화재 복원에 관심을 두지 못하는 사이, 경복궁은 복원 아닌 변형을 겪어야 했다. 근정전의 앞을 가로막은 총독부 청사는 정부 청사로 그대로 사용되었으며, 수도경비사령부 30경비대대는 경복궁 서북쪽 태원전 권역을 차지하고 막사를 세웠다. 경복궁 동북쪽 사옹원 자리에 국립중앙박물관이 세워지면서 경복궁은 그 원형과 더욱 멀어졌다. 그나마 복원된 광화문도 전통 목조 건축물이 아닌 철근 콘크리트로 복원되어 제 모습을 찾지 못하고 말았다.

경복궁의 재탄생

경복궁 복원 사업은 1990년이 되어서야 본격적으로 시작되었다. 조선 총독부 청사를 철거하는 과정은 순탄치 않았다. 식민 지배의 본산이라는 상징성과 훼손된 조선 법궁의 복원을 위해서는 반드시 철거해야 한다는 찬성 여론과 총독부 청사가 비록 일제의 유산이지만 건설 당시 아시아 최대의 근대식 건축물로서 건축사적 가치가 있을 뿐만 아니라 치욕의 역사도 그대로 남겨 후대의 교훈으로 삼아야 한다는 반대 여론이 맞섰다. 그러나 철거 찬성이 여론의 지지를 받으면서 1995년 광복 50주년 경축식에서 총독부 청사 중앙돔 랜턴을 해체한 것을 시작으로 조선 총독부 청사 철거와 경복궁에 대한 대대적인 복구가 진행됐다.

1990년부터 2010년까지 진행된 경복궁 1차복원정비사업은 경복궁의 기본적인 궁궐 제도를 복원하고 일제 강점기 경복궁 안에 세워진 부정적인 유산을 철거하는 것을 목표로 했다. 이때 침전, 흥례문, 동궁, 태원전, 광화문이 단계적으로 복원되었다. 현재 경복궁은 2차복원정비사업이 진행중이다. 2011년부터 2030년까지 6단계로 진행되는 2차복원정비사업은 왕실 생활 및 기타 주요 전각의 복원을 목표로 한다. 얼마 전 복원을 마치고 공개된 소주방(궁녀와 나인들이 임금의 수라상을 준비하던 곳)을 시작으로 흥복전(후궁들이 살던 빈궁), 궐내각사(관원들의 관사), 춘방(세자의 교육을 담당하는 세자시강원), 후원, 오위도총부(중앙군통제기구), 선원전(왕실의 제례를 모시는 곳)이 차례로 복원될 예정이다. 또한 경복궁 이외에도 일제 강점기에 훼손된 서울의 궁궐을 복원하는 사업이 장기적인 과제로 추진되고 있다.

경복궁 복원 계획도

2015년 현재까지 경복궁은 142동의 건물이 복원되었다. 이는 고종이 중건한 경복궁의 28.4퍼센트에 해당한다. 문화재청은 2030년까지 254동의 전각을 복원해 70퍼센트대까지 정비할 계획이지만 예산 부족과 관람객의 동선에 지장이 있다는 이유로 경복궁의 완전한 복원은 계획하고 있지 않다. 그러나 궁궐은 왕 이외에도 많은 사람들이 생활했던 공간으로서 중심 건물과 부속 건물이 함께 복원되어야 궁중생활상을 종합적으로 파악할 수 있다. 기간과 예산에 상관없이 완전한 복원이 필요한 까닭이다.

윈스턴 처칠은 2차세계대전 중에 나치 독일의 폭격으로 폐허가 된 영국 국회의사당의 재건을 약속하며 "우리가 건축을 만들지만, 그 건축이 다시 우리를 만든다"고 말했다. 건물이 단순한 부재의 조합물이 아니라 인간의 사고와 행동에 영향을 끼칠 수 있음을 이야기하는 대목이다. 독일에서도 현재 프로이센 시대를 대표하는 베를린 왕궁을 2020년 완공을 목표로 복원중이다. 2차세계대전 당시 연합군이 베를린왕궁에 폭격을 퍼부어 폐허로 만들었지만 통일 수도로서 베를린의 역사적 정체성을 되찾자는 주장에 따라 베를린 왕궁 복원 사업이 추진된 것이다. 유홍준 전 문화재청장은 "왕조의 역사를 갖고 있는 나라에 왕궁이 남아 있지 않으면 큰 상실감을 준다. 왕궁은 한 나라의 역사와 문화적 정통성을 확인하는 공간이자 상징이다"라고 말했다.

흥선대원군이 200여 년 동안 폐허로 남아 있던 경복궁을 복원한 까닭과 일본이 경복궁의 수많은 전각을 훼손하며 총독부 신청사를 세운 이유도 모두 경복궁의 상징적 가치에 주목했기 때문이다.

최근 서울의 궁궐에서는 각 고궁에 담긴 역사적 배경을 토대로 다양한 문화행사가 진행되고 있다. 경복궁 흥례문과 덕수궁 대한문 앞에서는 관광객들의 눈길을 사로잡는 수문장 교대식이 매일 재현되고 있으며, 경복궁과 창경궁의 야간 특별관람과 창덕궁의 '달빛기행'은 표를 구할 수 없을 정도로 인기가 높다. 2015년부터 매년 5월에는 4대 궁궐과 종묘의 고유한 특색을 살려 다양한 체험을 할 수 있는 '궁중문화축전'도 마련될 예정이다. 지금, 조선의 궁궐은 거대한

영화 세트장과 같이 죽어 있는 공간이 아니라 일상 속에서 생생하게 살아 숨 쉬는 역사의 현장이자 문화 공간으로 거듭나고 있다.

『경복궁 변천사 (上)』 문화재청, 2007.

『궁궐의 눈물, 백년의 침묵』 우동선 외, 효형출판, 2009.

『나의 문화유산답사기 6』 유홍준, 창비, 2011.

『남아 있는 역사 사라지는 건축물』 김정동, 대원사, 2001.

『조선평전』 신병주, 글항아리, 2011.

『조선을 생각한다』 야나기 무네요시 저, 심우성 역, 학고재, 1996.

02 청계천을 살려라

〈도성도〉

큰 비가 와서 서울에 냇물이 넘쳐
하류가 막히니

집 75채가 떠내려가고
통곡하는 소리가 여기저기서 들렸다

조선의 중심 한양을 관통하며
삶의 기반이 된 물길
개천

홍수 피해를 막고 도시 안정화를 유지하기 위해
1412년 태종 때부터 정비 시행

하지만
영조 대에 이르러
상업 발달로 한양 인구(약 17만 2천 명)가 급증하고
무분별한 벌채로 홍수 조절 기능이 약해지면서
토사가 밀려와 매몰되는 악순환이 반복된다

영조

"금년 들어
더욱 흙이 메워져 있어
가히 걱정된다."

"하천 준설(준천)이 매우 시급합니다.
만약 홍수를 만나면
개천 주변의 집은 반드시
표류하거나 없어지는 화를
입을 것입니다."

홍봉한

막대한 인력과 재정 등이 요구되는
대규모 국책사업 '준천'

1760년(영조 36년) 2월 18일
영조는 준천 사업을 단행한다

예상

인력 최소 50~100만 명

재정 최소 수십만 냥

실제

인력 약 22만 명

재정 약 5만 냥

단 57일 만에 성공적인 준천을 이끈

영조의 비법

"백성을 직접 만나

여론을 수집하고 소통하라."

"개천을 파는 것을 옳게 여기는 자는 앉고

옳지 않게 여기는 자는 서라."

–『영조실록』, 1754년(영조 30년) 3월 22일

1752년부터 준천 시행까지
광통교 주민과 한성부 노인, 유생들에게 의견을 묻고
문무 관리들에게 계책을 묻는 등

백성에게 준천의 필요성을 알리고
합리적인 공사 방안을 강구했던
7년간의 소통 기간

한성부민 외에 시전의 상인, 승군
제주도의 공인과 맹인까지 부역 자원

"부역 나온 백성은 모두
기쁜 마음으로 달려왔고
도청(관료)들 역시 힘을 다하여
일을 추진하였습니다."

–『영조실록』, 1760년(영조 36년) 3월 11일

영조 대의 준천 사업을 기념하여 그린 〈수문상 친림 관역도〉

수시로 공사 현장을 찾아 격려하고
연회를 베풀어 백성의 노고를 치하

춘천으로 집이 헐린 백성을 보살피고
불법 가옥에도 보상을 해준다

그리고
실업 상태의 백성 5만여 명에게
약 35000냥의 현금과
쌀 2300여 석의 품삯(약 8억 원) 지급

준천은 빈민 구제를 위한
일종의 구휼책이기도 했다

또한
수위를 재는 땅의 경계로서
이후의 홍수 피해를 없애고자
'경진지평庚辰地平'이라 새긴 표석을 세우고

공사의 전말을 기록한

『준천사실濬川事實』을 편찬

물을 다스리고 백성을 구제하는 지혜를

후대에까지 전하고자 했다

영조의 청계천 준천 사업은

홍수 피해를 방지하고

죽어가던 하천을 살린 사업이자

백성을 위한 임금의 마음과

이에 화답한 백성이 함께 이룬

진실한 소통의 결과였다

개천을 정비하라

600여 년 전 조선은 한양 천도를 결정할 때 산을 중요한 기준으로 삼았다. 풍수지리설에 입각해 동서남북 사면이 북악산과 목멱산(남산), 낙산, 인왕산으로 둘러싸인 곳에 도성의 위치가 정해진 것이다. 산이 있으면 물도 있는 법이다. 사방의 산골짜기에서 모인 물이 아래로 흘러 도성 안의 시내를 만들었다. 이것이 바로 오늘날의 청계천淸溪川이다. 그런데 여름마다 집중호우가 발생하는 한반도의 기후 탓에 홍수가 나면 네 산의 물이 한양 도성 안에 집중적으로 모이게 되었고, 폭우가 내리면 청계천이 범람해 도성 전체가 물에 잠기는 경우도 발생했다.

"큰 비가 와서 서울에 냇물이 넘치고 하류가 막혀서 집 75채가 떠내려가고 통곡하는 소리가 여기저기서 들렸다. 어떤 자는 지붕에 올라가고, 나무를 잡아 죽음을 면한 이도 있으나, 물에 빠져 죽은 사람이 자못 많았다."

– 『세종실록』, 1421년(세종 3년) 6월 12일

이에 조선 태종 때부터 수해를 막고 백성들의 생활을 안정시키기 위해서 청계천 공사가 실시되었다. 1406년(태종 6년) 태종은 창덕궁 조성과 동시에 개천開川(청계천의 옛 이름. 일제시기인 1927년 「조선하천령」

이 공포되면서 비로소 청계천이란 이름으로 불렸다) 공사를 지시했다. 이때 동원된 인원은 600여 명 정도로 공사는 개천을 파고 임시 교량을 설치하는 정도로 마무리되었다. 그러나 다음해 다시 하천이 범람하면서 근본적인 조치를 취하기 위한 대대적인 공사가 필요해졌다.

이윽고 1411년(태종 11년) 윤 12월 하천을 정비하기 위한 임시기구로 개지도감(이후 개천도감開川都監으로 명칭 변경)이 설치되고, 이어서 충청도와 강원도, 전라도 등지로부터 일꾼 5만여 명이 동원되었다. 1개월여에 걸친 하천 공사는 1412년 2월 15일에 끝났다. 일꾼들은 하천 바닥을 파내 하폭을 넓혔으며, 나무와 돌로 둑을 쌓아 물이 밀려 들어오는 것을 막았다. 광통교廣通橋와 혜정교惠政橋 등 도성의 주요 길을 연결하는 다리도 이때 돌다리로 바뀌었다.

그런데 도감이란 나라에 큰일이 있을 때 그 일을 수행하기 위해 설치하는 임시관사이지 상시 기구는 아니었다. 바닥을 파내 하폭을 넓히고 둑을 쌓고, 돌다리로 바꾸는 인공적인 처방은 상시적인 사후 관리가 필요했다. 관리를 지속적으로 하지 않으면 토사는 강바닥에 다시 쌓일 수밖에 없었다. 또한 태종 때의 공사는 개천 본류만을 다룬 것일 뿐, 지류는 그대로 둔 상태였다. 사방이 산으로 둘러싸인 한양은 세천細川이 많았고, 비가 많이 오면 세천에서 물이 본류로 흘러 들어와 다시 유량이 증가했다. 때문에 세종 3년의 수해는 개천 공사만으로 문제가 완전히 해결되지 못했다. 이에 세종은 1422년부터 1434년까지 10여 년에 걸쳐 농한기가 되면 청계천 지류의 개착과 본류인 개천의 준천 공사를 단계적으로 실시했으며, 성종은 1470년 9월, 개천의 석축이 없는 곳에 버드나무를 심어서 수해에 대비하는 등 소규모의 준설 작업을 시행했다. 이후로 더이상 개천 전역을 대상으로 한 대대적인 공사는 없었다.

토사로 뒤덮여가는 개천

청계천이 다시 본격적으로 개수改修되기 시작한 것은 영조 대에 이르러서였다. 한양 도성 인구의 급증과 그에 따른 도시화로 인해서 개천이 막혀가고 있었기 때문이다. 17세기 후반, 조선은 임진왜란과 병자호란으로 인한 전쟁 피해가 복구되는 한편, 농업 생산력의 발달로 식량 부족 문제도 해결되고 있었다. 또한 의술의 발달은 각종 질병에 대한 대응 능력을 향상시켰다. 조정에서는 진휼청을 통해 굶주리는 농가를 지원하기도 했다. 이 과정에서 조선의 인구는 빠르게 증가했으며, 이러한 변화가 극적으로 나타난 곳이 바로 한양이었다.

17세기 후반 한양의 인구는 외부로부터 유입이 늘어나면서 급속히 증가했다. 1657년(효종 8년) 80572명이던 인구수는 1678년(숙종 4년) 167406명으로 급증했고, 영조 중기인 1762년(영조 38년)에는 183782명으로 파악된다. 호구조사 과정에서 누락된 수치를 가정하면 1762년 무렵 한양의 인구는 30만 명에 가까울 것으로 추정된다. 이 시기 인구 증가는 호구조사가 더욱 엄밀해지면서 인구파악 능력이 높아진 데 따른 결과이기도 했지만, 동시에 농업과 수공업이 상업화되면서 도시의 인구 부양 능력이 증대된 결과이기도 하다.

유입된 인구는 한강변인 마포나 용산, 서강, 합정, 뚝섬 등 도성 외곽에 집중적으로 거주했으며, 도성 내 인구 역시 꾸준히 늘었다. 문제는 오늘날도 그렇듯이 집을 구하는 것이었다. 집을 구하지 못한 많은 이들이 홍수 피해를 입을 수 있는 개천변으로 몰려들었다. 인구가 늘어남에 따라 주택 문제만이 아니라 개천으로 흘러드는 오물의 양이 늘어나면서 생활하수도 문제가 되었다. 또한 당시 '소빙기'로 불릴 정도로 추운 기후가 계속되면서 난방 연료 사용도 증가하여 북악산과 남산 일대 수목이 땔감용으로 남벌되었고, 한양으로 유통되는 판매용 땔감의 양도 늘었다. 자연스레 다양한 재가 개천으로 흘러들었고, 무분별한 벌채는 산의 집수 기능을 떨어뜨려 홍수조절 기능이 약화되었다. 이와 함께 도성 안팎에서 채소밭 개간 사업이 활발해졌다. 도성 안 농지의 상당수는 왕실에 농산물을 제공하기 위한 것이었지만, 사전私田인 채소밭도 상당량 되었다. 도성 안 농사는 원칙적으로 모두 불법이었지만 농사짓는 사람들의 생업과 관련된 것인데다 궁궐 등의 관공서에 신선한 식재료를 납품하기 위한 공전公田도 사대문 안에 있었기 때문에 현실적으로는 농사를 금하기가 어려웠다. 농지 개간으로 인해 개천에 흘러드는 토사의 양이 지속적으로 늘어나면서 수로도 막히게 됐다. 또한 지력地力을 높인다는 이유로 인분을 공급받아 밭에 뿌리는 경우도 많아서 하천의 오염은 점점 심해졌다.

이러한 일들로 개천의 하상河床이 계속 높아지면서 18세기 중반이 되면 개천의 하상이 교량과 맞닿는 곳이 여러 군데 생길 정도였다. 개천이 거의 평지가 되고 있었던 것이다. 상황이 이러하니 수해도 잦을 수밖에 없었다. 영조는 청계천 준설 사업을 자신의 소임으로 여겼고, 조정에서도 개천을 준설해야 한다는 논의가 이어졌다.

영조 저번에 광충교廣衝橋를 보니 금년 들어 더욱 흙이 메워져 있어 가히 걱정된다.

홍봉한 하천 도랑의 준설은 불에 타는 사람을 구제하고 물에 빠진 사람을 건지는 것과 같이 매우 시급합니다. 만약 홍수를 만나면 개천 주변의 인가는 반드시 표류하거나 없어지는 화를 입을 것입니다.

—『승정원일기』, 1758년(영조 34년) 5월 2일

문제는 근 300년 만에 대대적인 공사를 하려면 막대한 인력과 재정이 필요하다는 점이었다. 무리한 준천 공사는 물난리로 고생하는 백성들에게 또다른 피해를 안길 수 있었다. 따라서 여론을 조성하고 명분을 만들 필요가 있었다.

영조는 직접 백성들을 만나면서 그들에게 준천을 하는 것이 나은지 안 하는 것이 좋은지 묻고 또 물었다. 광통교 주민과 경험 많은 노인, 그리고 유생들은 대부분 백성을 위해 준천 공사가 필요하다고 보고, 여러 의견을 제시해주었다. 당초 국가 재정을 담당했던 호조판서 홍계희 등은 준천 시행에 100만 명 이상의 역부가 있어야 하고, 이들을 고용할 돈과 옷감에 충당할 재정이 부족하다는 점을 들어 반대했다. 그러나 다른 신하들이 찬성 의견을 제기하면서 신하들 사이에 갑론을박도 펼쳐졌다. 결국 영조는 대신들의 의견을 종합하여 장기적인 대책을 세울 것을 지시하였다. 7년여에 걸쳐 백성과 신하 들의 의사를 폭넓게 확인하고 수렴한 끝에 마침내 1760년 2월 18일, 영조는 준천사업을 단행한다.

본격적인 준천이 시작되다

이윽고 준천소濬川所가 설치되고 공사가 착수되었다. 준천소는 개천 준설 공사를 관리하는 임시 관청으로 사업을 위해 인원을 배치했다. 한성부민 15만 명에 고용 장정 5만 명, 합계 20여만 명의 인원과 금전 35000냥, 쌀 2300석이 투입되었다.

공사는 강바닥의 토사를 파내는 것뿐만 아니라, 구불구불한 수로를 곧게 만들고, 여기에 석축을 쌓는 일이 함께 이뤄졌다. 실제로 준천 사업이 종료된 이후 제작된 한성부 지도에서는 청계천이 모두 직선으로 표시되어 있는 것을 확인할 수 있다. 이밖에 개천 본류뿐만 아니라 태종 대에 손보지 못한 지류의 준설 작업도 병행되었다. 최소 50~100만 명의 인원과 수십만 냥의 재정이 소요될 것이라는 신하들의 예측과 달리 준천은 그해 4월 16일 완료되었다. 총 22만 명이 57일간의 노동으로 이루어낸 결과다. 총 사업비도 5만 냥에 불과했다. 이로써 개천의 범람 가능성은 이전보다 현저히 낮아졌다.

백성들의 자발적인 참여도 준천 사업의 성공에 큰 몫을 차지했다. 1760년 2월 8일 『승정원일기』를 보면, 준천에 자원한 주민 숫자가 3만 9000여 호에 달한다고 기록되어 있다. 한성부민 외에도 각 시전의 상인, 제주도의 공인貢人(국가로부터 쌀을 받고 대신 국가에 필요한 수요품을 납품했던 상인)들까지 공사에 자원해 참여했다. 시각장애인들도 부역에 참여하려 했다.

공사 사흘째였던 2월 20일, 영조는 직접 공사장에 나가 상황을 살피면서 백성들에게 음식을 제공하도록 지시했다. 이에 공사장에서는 환호성이 울리고 춤사위가 일었다고 한다. 이후에도 영조는 현장을 자주 찾아 곡식을 하사했으며, 공사감독자들을 위한 연회를 베풀며 노고를 위로하는 등 공사장의 사기 진작을 위해 노력했다.

준천은 일차적으로 홍수 피해를 막는 것을 목적으로 이루어졌지만 빈민구제를 위한 구휼책이기도 했다. 조선 후기 도시를 중심으로 상업이 발달하면서 농민들이 일거리를 찾아 한양으로 모여들었다. 당시 준천 사업의 인력으로 고용된 장정 5만여 명에게 노동의 대가로 쌀과 금전이 지급되었다. 이들은 실업 상태의 빈민들로 추정된다.

영조는 준천 사업 이후에도 여러 후속 조치를 시행했다. 우선 공사가 끝난 뒤 광통교와 오간수문, 영도교 등 각 다리에 표석을 세우도록 했다. 여기에 수위를 재는 땅의 경계로서 '경진지평庚辰地平(경진

년, 즉 1760년에 땅을 평안히 하였다는 뜻)'이라 새긴 표석을 세우고, 네 글자 중 하나라도 흙 속에 파묻히면 준천을 다시 하라고 당부하였다. 또한 이후의 홍수 피해를 없애고자 공사의 전말을 상세히 기록한 『준천사실濬川事實』을 편찬하였다. 여기에는 백성을 동원하는 어려움과 치수에 대한 여러 지혜를 후대에까지 전하려는 영조의 생각이 담겨 있다. 청계천 치수를 담당하는 준천사濬川司가 1760년에 설치된 것도 후속 조치의 일환이었다. 준천사는 흥선대원군 집권기 때 폐지되었다가 갑오개혁 이후 한성부에서 그 업무를 이어받아 전담했다. 준천 사업은 대한제국 시기에도 지속되어 1908년까지 시행되었는데 이때까지도 영조 대의 사업을 표준으로 했다.

청계천은 살아 있는가

청계천은 조선시대 이래로 서민들의 애환이 담긴 장소였다. 김성민이 지은 〈청계천 8가〉의 노래 가사처럼 청계천은 "물 샐 틈 없는 인파로 가득찬 땀냄새 가득한 거리"였다. 그 풍경이 최근 10여 년 사이에 큰 변화를 맞고 있다. 2005년 10월 청계천복원공사가 완료된 지 10년이 지났다. 이로써 서울 근대화와 개발독재의 상징이었던 청계천 복개도로와 그 위를 지나던 청계고가도로는 과거의 기억 속에만 존재하게 되었다.

청계천 복원에 대해서는 여러 논란이 야기된 바 있다. 당초 생태환경·역사문화를 복원사업의 주요 지향점으로 삼았지만 복원 사업이 2년 만에 이루어지면서 촉박한 일정으로 인해 문화재 발굴과 복원은 제대로 추진되기 어려웠다. 생태하천 복원이라는 목표는 인공적인 양수로 인해 막대한 관리비용을 지출하는 원인이 되었고, 복원 사업 당시 주변 지역의 용적률 제한을 낮추어 도심 지역의 고밀개발을 유도하게 되었다. 물론 서울 시민에게 휴식 장소가 생기고, 도시 경관이 좋아진 효과가 있는 것도 사실이다.

그러나 청계천 복원을 둘러싼 논란이 여전한 지금, 250여 년 전 영조의 청계천 준천 사업의 한 가지 교훈을 되새길 필요가 있다. 7년여의 기간 동안 백성의 의견을 묻고, 그들의 참여를 이끌어낸 '소통'이 바로 그것이다. 오랜 시간 동안 주민 참여를 통해 새롭게 거듭난 일본 오사카의 도톤부리천道頓堀川 복원 사업 또한 소통의 측면에서 청계천 복원과 대비된다. 1970년대까지만 해도 심각한 오염으로 눈살을 찌푸리게 하던 도톤부리천은 1994년 하천재생 사업을 시작으로 2001년 '물의 도시 오사카' 재생 프로젝트를 가동하면서 도시 재생 및 관광 아이콘으로 거듭났다. 계획과 공사기간을 합치면 20년이 넘는 정비 기간을 가졌고, 지역대표들이 참여한 '도톤부리천 수변협의회' 등의 민간단체가 적극적으로 하천 복원에 참여했다. 실질적인 민관 협력 체제가 작동한 대표적인 사례다. 청계천 복원 사업 10주년을 맞이한 현 시점에서 사회적 약자를 배려하면서 여러 이해당사자가 공존할 방법을 찾는 것은 중요하다. 이것이 앞으로도 개발의 대상이 되는 우리 주변의 여러 '청계천'들을 살리고 지역 주민과 개발업자, 정치가가 상생할 수 있는 길일 것이다.

『영조의 청계천 준설』 신병주, 한국학중앙연구원출판부, 2013.

『조선시대 서울도시사』 고동환, 태학사, 2007.

『청계천은 살아 있다』 이경재, 가람기획, 2002.

『청계천, 청계고가를 기억하며』 전우용 외, 마티, 2012.

守

03 조선의 청백리

이름은 물론 그 어떤 것도 적혀 있지 않아
묘의 주인조차 가늠하기 어려운 비석

"그의 청백함을 알면서
비에다 새삼스럽게 그 실상을 새긴다는 것은
오히려 그의 청백에 누가 될지도 모른다."

– 조선 제13대 왕, 명종

조선시대 유일한 백비白碑의 주인
조선 전기 문신, 청백리 박수량(1491~1554)

청백리 淸白吏

재물에 대한 욕심이 없어 곧고 깨끗한 관리

중종, 인종, 명종
세 명의 임금을 섬긴 38년의 벼슬살이

"삼정승三政丞 육판서六判書 지위에까지 올랐지만
초가삼간조차 없었던 청렴한 선비."

– 김인후가 지은 박수량의 묘지명 중

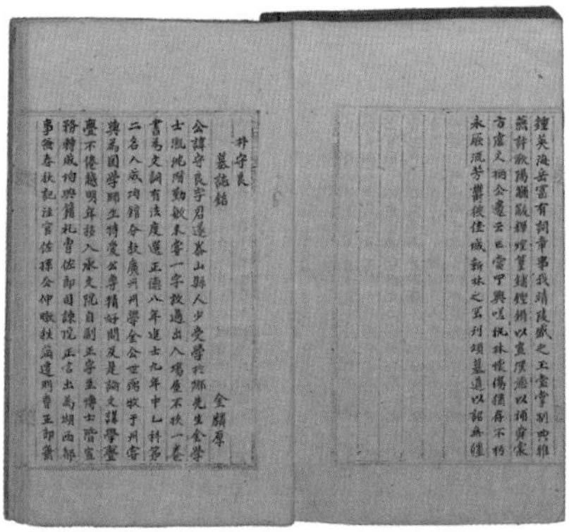
朴守良
墓誌銘
金麟厚

『국조인물고』의 박수량 부분

"경(박수량)은 안으로는
많은 학덕을 지녔으면서도
겉으로는 항상 부족한 것처럼 하였으며
집에는 한 줌의 곡식도 없었으니
경의 죽음이 더욱 아깝고 애석하다."

–『국조인물고』 중 명종이 보낸 제문

청렴결백한 그의 삶을 기리기 위해
임금 명종은 백비를 하사한다

시대를 막론하고 권력이 있는 곳에 항시 존재했던

부조리

관리들의 부정부패를 방지하고
사회기풍을 진작하기 위한 장치

청백리 제도

청렴결백한 관리를 양성·장려할 목적으로 실시한 표창제도

『목민심서』

"욕심 많고 탐욕스러운 풍조가
활개를 치고 있으니 청백리를 표창하고
상을 주어 관리들을 고무시킨다면
염치를 아는 기풍이 살아날 수 있을 것이다."

– 『중종실록』, 1514년(중종 9년) 11월 15일

청백리로 선정되는 과정

1단계

의정부와 이조가 2품 이상 관료들에게
청렴근검한 적격자 2명씩을 추천받는다

2단계

육조판서가 심사하여 인물을 추린 뒤
국왕의 재가로 최종 확정한다

3단계

암행어사를 출두시켜
해당 관리의 실상을 면밀히 조사한다

청렴하긴 하지만 정사에 소홀한 이는
오히려 탄핵을 받기도 하였다

"여주 목사(정3품) 김현성은
스스로는 청렴하나,
모든 공무를 아전들에게 위임하였으므로
백성의 원망이 극심하니 파직하여라."

–『선조실록』, 1607년(선조 40년) 4월 4일

청백리 주요 녹선자(당선자)

인사 담당자인 이조판서와
영의정, 좌의정, 우의정 등
주로 뇌물공세가 심한 고위직 관리

청백리 특전

관직 상승 및
청백리 당사자의 적장손에게도
내려진 벼슬

그러나

"조정에 (청백리의) 자손을 등용하라는 명은 있으나,
오직 뇌물을 쓰는 자들이 벼슬을 하고
청백리 자손들은 모두 초야에서 굶주려 죽고 만다."
–『성호사설』, 이익

조선왕조 500년 역사 중
청백리는 단 218명
–『전고대방』

맹사성, 황희, 이황, 이항복 등

맹사성

이황

세종 대 25명
명종 대 45명
영조 대 9명
정조 대 2명
순조 대 4명

류관

박규수

백인걸

유성룡

이덕형

이원익

허종

허침

조선 후기
노론의 일당독재로 인해
소수 외척 가문이 권력을 행사하는 세도정치 득세

관리들의 기강이 문란해지고
탐관오리가 만연하게 된다

결국 청백리 제도는 유명무실해져
순조 이후 청백리에 오른 자가 없었다

뇌물 받지 않으면 조롱 받는 세상

고려가 멸망한 이유 중 하나를 관리들의 부정부패로 보았던 조선의 왕들은 건국 초기부터 강력하게 권력형 비리를 없애고자 노력하였다. 관리가 부정한 방법으로 재물이나 이득을 취하는 모든 행위를 '장오죄贓汚罪' 또는 '장죄贓罪'라 하고 부정을 저지른 관리를 '장리贓吏'라 하여 처벌하였다.

중국 명나라의 형법전『대명률』을 조선의 실정에 맞게끔 이두로 번역한 조선시대 형법전『대명률직해』에는 관리들이 범할 수 있는 부정행위와 처벌 규정이 자세히 나열되어 있다. 업무와 관련 없이 순수한 '떡값'으로 재물을 주고받았더라도 처벌받았으며 대가를 지불하지 않고 빌려 썼을 경우에도 범죄행위로 간주되었다. 부당하게 취한 재물의 액수가 1관 이하면 장 70대, 40관이면 장 100대에 3년 동안 노역에 종사하게 하는 도형徒刑에 처했고, 80관 이상이면 교수형으로 처벌하였다. 관은 조선시대의 화폐 단위로 10냥이 모이면 1관이라 불렀는데 1냥은 현재 화폐 가치로 대략 6만 원 정도이다. 그러하니 현재 화폐 가치로 따졌을 때 조선의 관리는 60만 원만 받아도 볼기를 맞고 장리의 오명을 써야 했고 뇌물 액수가 4800만 원이 넘어가면 목숨까지 내놓아야 했다. 뇌물 액수가 적어 목숨을 보전하더라도 장리로 처벌된 자는 오른쪽 팔꿈치와 팔목 사이에 '관물을 훔치다盜官物'라는 뜻의 문신을 새기고 평생토록 관리로 복직되지 못했

다. 장리의 죄값은 본인은 물론 그 자손에게까지 영향을 미쳤다. 『경국대전』에 장리의 아들과 손자는 과거시험조차 응시할 수 없도록 규정하여 벼슬길을 막았고, 장리안贓吏案이라고 불리는 명단을 따로 작성하여 관리했다.

관리의 비리를 삼강오륜을 파괴하고 역모에 버금가는 범죄로 규정하여 처벌하였음에도 중앙의 정승과 판서부터 지방의 아전에 이르기까지 부정부패는 사라지지 않았다. 지방의 관찰사들은 조정의 권력자에게 뇌물을 주어 중앙으로 진출할 기회를 노렸고, 수령들은 자신들의 인사고과를 쥐고 있는 관찰사들에게 잘 보이고자 뇌물을 바쳤다. 개인적 치부와 상납할 뇌물을 마련하기 위해 관찰사와 수령들은 결국 백성들을 옥죄어 재물을 거둬들였다. 세종은 엄격한 법률에도 나아지지 않는 상황에 대해 안타까워했다.

“전조前朝의 말년에 뇌물을 공공연하게 왕래하더니, 구습이 아직도 남아서 중앙과 지방의 관리들이 관가의 물건을 공공연하게 뇌물로 주고도 태연하게 여기면서 조금도 괴이쩍게 생각하지 아니하고, 그중에 주는 것을 받으려고 하지 아니하는 자는 도리어 기롱과 조소를 받으니, 이로 말미암아 장죄를 범하는 관리들이 계속해서 죄를 짓게 되니, 내가 매우 민망하게 여기는 바이다.”

– 『세종실록』, 1424년(세종 6년) 7월 14일

관리들의 열악한 보수도 부정부패를 더욱 부채질하였다. 조선 전기까지 관리들은 직책의 품계에 따라 조세를 거둘 수 있는 토지(과전)와 곡식, 베, 저화(종이돈) 등의 현물 녹봉을 모두 지급받았다. 이후 1556년(명종 11년)에 소유한 토지에 대한 조세징수권(수조권) 지급이 폐지되면서 녹봉으로 일원화되었다. 이에 따라 녹봉은 관리가 나라로부터 취득할 수 있었던 유일한 보상이었다. 녹봉도 시간이 흐름에 따라 점차 액수가 줄어들어 17세기에는 허울만 남았고 그나마도 국가 재정의 파탄으로 제대로 지급되지 않는 경우가 더 많았다. 다른 수입이나 재산을 소유하고 있지 않고 녹봉에만 의지하고 사는 관리의 경우, 관직에 있는 동안에는 겨우 생계를 유지할 수 있었으나 관직을 잃고 녹봉이 끊기면 퇴직 후의 생활이 막막했다. 실제로 관직을 잃은 관리가 굶어죽는 사례가 생기기도 했다. 품위를 유지하기는커녕 생계를 지탱하기에도 부족한 보수를 받았던 관리들은 자연스럽게 그 부족한 부분을 메우고자 하는 욕심에 백성들을 수탈하거나 불법을 묵인하고 이권에 개입하여 뇌물을 받는 부정을 저질렀다.

하지만 진흙탕 속에서 연꽃이 피어나듯이 혼탁한 관가에서도 꿋꿋하게 자신의 직무에 충실했던 관리들이 있었다. 조정은 관리들의 자질과 도덕성을 높이기 위해 청렴하고 유능한 관리들을 '청백리'와 '염근리廉謹吏'로 선발한다.

청백 외에 다른 재물은 가문의 전하는 바가 아니다

청렴결백한 인재를 포상했다는 기록은 고려시대부터 있었다. 『고려사』「양리열전」에는 백성들에게 선정을 베풀었던 선량한 관리를 '양리良吏'라고 부르면서 유석, 왕해, 김지석, 최석, 정운경 등 다섯 명의 이야기를 싣고 있다.

청백리의 선발이 조선시대에 활발하게 이루어진 것은 사실이나, 확립된 기준과 절차 위에서 정기적으로 시행된 것은 아니었다. 본격적으로 청백리의 자손에 대한 관직 등용이 논의된 것은 중종 대에 들어선 뒤의 일이다. 1514년(중종 9년) 의정부와 6조 판서에게 청백리의 자손을 천거하여 등용하라는 왕명이 내려졌다. 이후 명종 대에는 청백리의 자손들을 기록한 『청백리자손록』이 작성되어 관리의 인사 때마다 참고하도록 했다.

선발 초기에는 살아 있는 사람을 대상으로 선발하였으나 사망한 사람 가운데에서도 선정하게 되면서 생존한 사람은 '청렴하고 매사에 신중한 관리'라는 염근리, 사망한 사람은 '재물에 대한 욕심이 없이 곧고 깨끗한 관리'라는 청백리로 구분하여 불렀다.

선조 이전까지의 청백리나 염근리는 왕명에 의해 선발되었으나 선조 대에 이르러서는 2품 이상 관리들의 논의를 거친 후 청백리를 선발하게 되면서 청백리 제도는 절차적 틀을 갖추게 된다. 청백리를 선발하라는 왕명이 내려지면 관리의 임명과 인사고과, 공훈, 봉작 등의 업무를 맡아 보던 이조의 주도로 삼정승과 6조 판서들이 논의를 거친 후 각 도에 청백리를 추천하라는 공문을 내렸다. 청백리의 추천은 중앙과 지방의 2품 이상 관리들이 할 수 있었다. 추천이 끝나면 6조 판서들의 엄격한 심사를 거친 뒤에 국왕의 재가를 얻어 최종적으로 확정되었다.

선발 기준이 명문화되어 있지는 않았지만 선발 이유로 청백, 근검, 경효, 후덕, 인의 등의 품행이 제시되었고, 나라에서 주는 녹봉 이외에 일체의 부정이나 불법을 저지르지 않고 깨끗하고 검소한 생활을 했던 관리들이 주로 선발되었다.

염근리와 청백리로 선발된 관리와 그 자손들은 많은 특혜를 받았다. 염근리로 선발된 관리의 경우, 품계를 한 등급 내지 여러 등급을 올려 진급시키거나 중국산 옷감인 당표리唐表裏를 하사하였다. 청백리의 자손에게 주어지는 혜택은 주로 조상의 제사를 모시는 적장손에게 벼슬을 내리는 것이었다. 적장손이 끊어지면 제사를 모시는 자손을 대신 등용하였고 이마저도 없는 경우에는 1대에 한해서 후손 중에 어진 이를 뽑아 벼슬을 내렸다. 청백리의 후손으로서 가난으로 끼니조차 잇지 못하는 자들에게는 진휼청을 통한 구휼 조치가 취해지기도 하였다.

청백리 선발에도 허점은 있었다. 명종 때의 무신이었던 김순은 청백리와 염근리에 여러 차례 선발되어 품계가 높아지고 옷감을 하사받았지만 사후에 권력자에게 뇌물로 바칠 담비(족제비과의 동물. 최고급 모피로 임금에게 진상되었다)를 잡기 위해 백성들을 동원했다는 사실이 밝혀지기도 했다. 1601년(선조 34년)에 있었던 염근리 선발의 경우 선발 기준을 낮추어 숫자를 채우는 데 급급했던 까닭에 간사한 무리와 평소 청렴하다는 평판이 없던 자들도 선발되었다. 권력자나 힘 있는 가문에 의해 추천된 인물은 흠이 있더라도 무리 없이 청백리로 선발되었던 것이다.

청렴한 삶의 표상, 백비

전라남도 장성에 있는 조선 전기 때의 문신 박수량의 묘에는 아무런 글자도 써 있지 않은 백비白碑가 세워져 있다. 일반적으로 묘비에는 생전에 역임했던 관직과 묘 주인의 이름을 적기 마련이지만 박수량의 묘비에는 단 한 글자도 적혀 있지 않다. 청렴한 일생을 살아온 이의 묘이기에 비문 몇 줄을 써 넣는 것조차 그의 이름을 더럽히는 일이 될까 두렵다는 이유에서였다. 당대에 청렴하고 기개 있는 관리로 이름이 높았던 박수량은 1546년(명종 1년) 청백리로 인정받아 품계를 뛰어넘는 특별승진을 하였고 1551년(명종 6년)에도 청백하고 염근한 관리 33명 중에 한 사람으로 선발되었다.

박수량은 광주향교의 훈도訓導를 시작으로 형조판서와 한성판윤 등의 요직을 거쳐 지중추부사(정2품의 무관 벼슬)에 이르기까지 38년 동안 공직에 있었으면서도 변변한 집 한 채 마련하지 못했다. 마음만 먹으면 권세를 이용하여 기와집 서너 채는 마련했겠지만 그리하지 않았다. 그의 아들이 도성에 집을 지으려 할 때조차 "나는 본래 시골 태생으로 우연히 성은을 입어 이렇게까지 되었지만 너희들이 어찌 도성에 집을 지을 수 있겠는가"라고 꾸짖고 그 집도 10여 칸이 넘지 않도록 했으며 정작 자신은 남의 집에 세를 들어 살았다. 박수량은 평소에 아들들에게 "내가 초야의 출신으로 외람되게 판서의 반열에 올랐으니, 영광이 분수에 넘쳤다. 내가 죽거든 절대 시호를 청하거나 묘비를 세우지 말라"고 당부하였다. 그가 죽고 나서는 집이 곤궁하여 상을 치를 형편도 되지 못했고 선산이 있는 고향 장성까지 내려가는 것도 어려웠는데 이 소식을 전해들은 명종은 "염근한 사람이었는데 이제 그가 죽었으니 내 매우 슬프다. 특별히 치부致賻하라"는 명을 내리고 관원들로 하여금 장성까지 관을 호송토록 하였으며 장례에 드는 비용 일체를 지급하였다.

박수량과 동시대를 살았던 조사수(1502~1558)도 관리로서의 소임을 충실히 해냈을 뿐 아니라 청렴한 품성으로 많은 사람에게 칭송을 들었던 인물이다. 하지만 그의 부인은 매우 극성스럽고 욕심이 많아 늘 이웃 사람들과 다투어 여종을 때려서 죽이기까지 했다. 이런 일로 인해 조사수는 자신이 청백리로 뽑혀 특별승진을 하게 되리라는 이야기를 듣게 되자 상소를 올려 명단에서 이름을 빼달라고 간청했다.

"소신의 천성이 본래 잔약하고 어리석어서 남에게 무엇을 요구하지는 않지만 남들이 혹시 주는 자가 있으면 받아서 먹기도 하였으니 대단히 청렴하지 못했습니다. 성조聖朝에서 너그러이 용납하시어 탐리貪吏를 면하게 한 것만으로도 만족한데 잘못 실정에 지나친 이름을 얻고보니, 이는 신이 하늘을 속이는 죄를 받을 뿐만 아니라 청명한 정치를 지향하는 신정新政에도 누가 될 것이 두려우며 몸 둘 바를 몰라 저도 모르게 이마에 땀이 맺히고 등에도 땀이 흐릅니다. 청백리의 이름을 삭제하시고 아울러 불차不次의 명도 거두어 주소서."

조사수의 냉정한 자기비판에도 그의 청렴함을 잘 알고 있었던 명종은 "청백리란 예부터 드문 것으로 경의 행실을 온 조정이 잘 알기 때문에 천거한 것이니 사양하지 말라"며 그를 청백리로 삼고 벼슬을 올려주었다.

광해군과 인조 때에 명재상이었던 이원익(1547~1634)도 선조 시절 염근리로 사관조차 "국가를 위해 봉공하는 이외에는 털끝만큼도 사적인 것을 영위하지 않았고 벼슬이 정승에 이르렀으나 의식이 넉넉지 못하여 일생 동안 청고淸苦하였는데, 이는 사람으로서 감당할 수 없는 것인데도 홀로 태연하였다"고 칭송을 아끼지 않았다. 다섯 차례나 영의정을 지냈으나 낙향하였을 때 재산이라고는 비바람도 제대로 가리지 못하는 두어 칸짜리 오막살이 초가가 전부였던 그는 떨어진 갓에 베옷을 입고 쓸쓸히 혼자 지내 주변의 누구도 그가 재상인 줄 알지 못했다고 한다.

조선왕조 5백 년 동안에 배출된 청백리의 정확한 인원을 파악하기는 어렵다. 『조선왕조실록』에 수록된 청백리의 명단 자체도 부정확하고 청백리 명단이 기록되어 있는 책마다 수록된 인원의 편차가 크기 때문이다. 순조 연간에 홍경모가 우리나라의 역사와 고사를 정리한 『대동장고』에는 121명, 1906년경 작성된 것으로 추정되는 인명록 『청선고』에는 189명, 강효석이 1924년 간행한 『전고대방』에는 218명이 청백리로 실려 있다. 인원은 일정치 않으나 이 명단들의 공통점이

광해군과 인조 때의 명재상 이원익

있다면 조선 후기보다 전기에 더 많은 청백리들이 배출되었다는 사실이다. 17세기 말 이후 붕당 사이의 정쟁이 극단적인 보복으로 격화되고 소수 가문이 권력을 행사하는 세도정치가 이어지면서 관리들의 부정부패를 감시하고 통제하는 관리 체제는 붕괴되고 만다. 그로 인해 관리들의 기강이 문란해지고 탐관오리가 만연해지며 더이상 청백리로 선발할 만한 관리를 찾아내기는 힘들어졌다.

청렴의 시대정신

조선 초기 무신이었던 이징옥은 그의 형 이징석으로부터 '청백은 복 없는 사람의 딴 이름'이라는 비아냥을 들어야 했다. 청백리로 선발된 관리들치고 끼니를 제대로 잇는 자가 드물었고 비바람을 막아주는 초가 한 채 가진 자가 없었기 때문이었다. 청백리의 자손들에게 벼슬이 내려지는 혜택이 있었다고는 하지만 그들마저도 가난을 이기지 못하고 굶어 죽어갔다. 그럼에도 청백리를 배출했다는 것을 가문의 영광으로 생각하고 고통을 감내하는 이들이 많았던 것은 공직자의 청렴을 강조하고 칭송하는 사회적 공감대가 있었기 때문이다.

유교를 통치 이념으로 삼아 건국된 조선은 유교적 덕치주의가 구현되도록 설계된 사회였다. 청렴은 유교 정치사상의 핵심인 덕치주의와 위민사상과 연결되면서 공직자가 지켜야 할 최고의 덕목으로서 중시되었다.

율곡 이이는 “벼슬이란 남을 위한 것이요, 자기를 위한 것이 아니다”라는 말로써 자신의 부귀영화를 추구한 것이 아니라 나라와 백성을 편안하게 만드는 것이 공직자의 바른 자세라고 강조하였고, 정약용 역시 『목민심서』에서 “청렴은 수령의 본무요, 모든 선의 근원이며 덕의 바탕이다”라는 말로 청렴을 관리의 당연한 의무로 보았다.

조선시대 청백리 선발 제도는 관리들의 부정부패를 방지하고자 했던 노력과 고민에서 출발한 제도다. 장리를 처벌하는 엄격한 법이 있었지만 법만으로는 관리들의 비리를 척결할 수는 없었다. 청렴한 공직윤리를 권장하기 위한 목적으로 이루어진 청백리 표창은 부정부패의 뿌리까지 잘라내지는 못했지만 관리들의 의식 향상에 큰 영향을 주었다.

부정부패 척결은 여전히 시대적 화두다. 세계적으로 반부패운동을 주도하고 있는 단체인 국제투명성기구에서 발표한 2014년 국가별 부패인식지수 결과에 따르면 한국은 경제협력개발기구(OECD) 34개 회원국 중에서는 27위로 최하위권에 머물러 있다.

최근 ‘김영란법’이라고 불리는 ‘부정 청탁 및 금품 등 수수의 금지에 관한 법률’을 제정하고 공직자윤리법을 개정하는 등 처벌 기준을 높여 부정부패를 방지하고자 노력하고 있지만 끊임없이 터져나오는 공직자들의 각종 비리는 정부에 대한 국민들의 신뢰를 계속해서 떨어뜨리고 있다. 부정부패의 척결이 여전히 중요한 과제가 되고 있는 오늘날, 청백리로 살아간 인물들의 삶은 시간을 뛰어넘어 현재를 살아가는 공직자들의 좋은 본보기가 될 것이다.

冊

『조선의 청백리』 이영춘 외, 가람기획, 2003.

『조선은 뇌물천하였다』 정구선, 팬덤북스, 2012.

「조선시기의 관료제도 및 그 운영의 특성」 오종록, 『한국사연구』 제130집, 한국사연구회, 2005.

「조선시대의 청백리 선발과 장리 처벌」 오수창, 『한국사 시민강좌』 제22집, 일조각, 1998.

「청백리 제도의 사적 고찰」 이장희, 감사원, 1987.

守

04 낡은 보자기 하나

2009년
진관사에서 발견된
낡은 보자기 하나

그리고
사람들을 더욱 놀라게 한
보자기의 정체

1882년 5월 22일

"예포가 울려퍼지고
양국의 국기가 나부끼는 가운데
조미조약이 제물포에서 조인되었다.
조선 국기는 이 조인식을 위해
함상에서 급히 제작되었다."

– 『조미조약체결사』, 로버트 W. 슈펠트

미국과의 외교협정 당시 사용된
조선의 국기

이 국기는 조약을 총괄한 슈펠트에 의해
조약이 끝난 뒤 미국으로 전달되고

1882년 7월, 미 해군 서적
『해상 국가들의 깃발들』에
'COREA Ensign'으로 수록된다

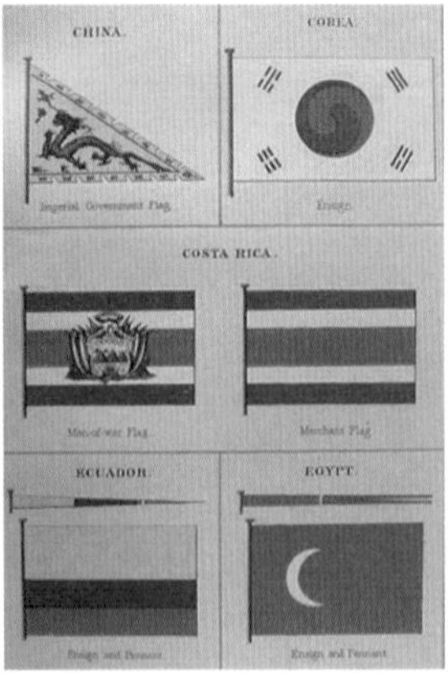

"1876년 강화도조약을 맺기 위한 회의 중
일본 측에서 조선 국기는 어떤 것이냐 물었다.
자리에 참석해 있던 오경석이
국기가 없어 임기응변식으로 답하기를
유수영 정문에 그려진 태극이 우리 국기라고 했다.
그후 친교가 있는 김경수와 상의하자
태극 주위에 사괘를 배치하자고 했고
이것이 고종에 의해 채택되어
1882년 고종이 경내에 거동할 때 게양했다."
– 오경석의 아들 오세창의 증언

국기의 필요성을 느끼던 고종 역시
조선왕조의 상징인 태극 문양을 국기 도안으로 채택

태극기 모본模本은 예로부터 사용한
태극 문양을 중심으로 탄생한다

이후 1882년 9월

일본 수신사로 파견된
박영효에게 내려진 특별한 어명

"중국 관료 마젠창이 조선은 중국의 국기를 본받아
삼각형 청색 바탕에 용을 그려야 한다 강요하였다 (…)
이에 국왕은 분히 여겨 절대 중국의 국기를
흉내 내지 않겠다 하여 (…)"
– 〈시사신보〉, 1882년 10월 2일

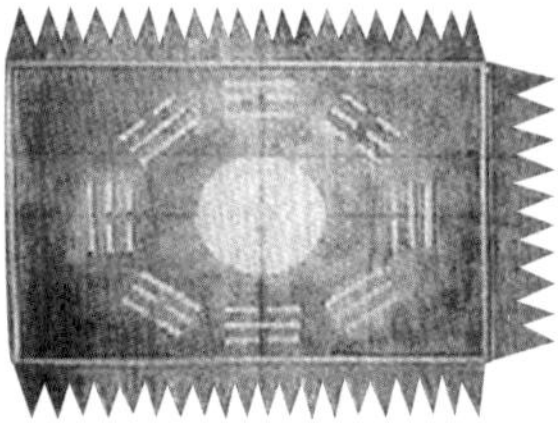
마젠창의 태극기

"중앙에는 태극을 그려 청색과 홍색으로 칠하고
네 모서리에는 건·곤·감·리 사괘를 그렸는데
이것은 이전에 국왕께 명령받은 적이 있다."
– 『사화기략』, 박영효

고종의 지시에 따라
박영효는 태극기를 제작하고

이듬해
1883년 3월 6일

박영효의 태극기

고종은 태극기를 공식적인 국기로 사용하도록
전국에 제정·공포한다

이후 태극기는
한민족의 정신적 상징이 되어
1919년 3월 1일 독립만세운동을 주도하지만

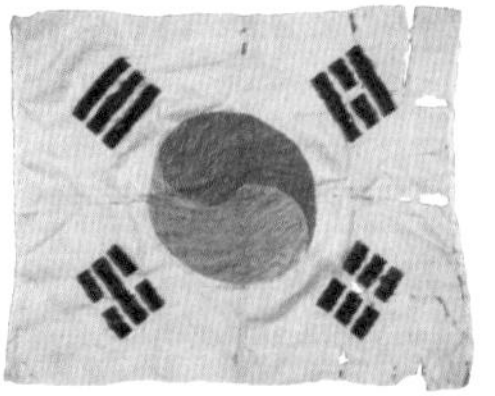

일제 강점기 동안
태극기 사용은 엄격히 금지

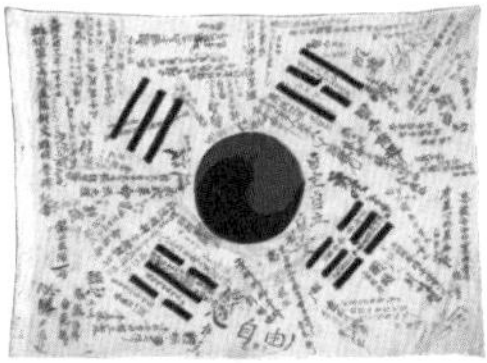

정확한 원칙이 없고 그리기 또한 어려워
태극과 사괘 위치는
그리는 사람마다 각기 달랐다

1944년 대한민국 임시정부가
국기 양식을 마련했지만 일반화되지 않았고

광복 후 1949년

정부는 '국기제작법 고시' 공표
태극 문양과 사괘의 배치 규격 결정

태극기는 현재와 같은 모습으로 자리잡는다

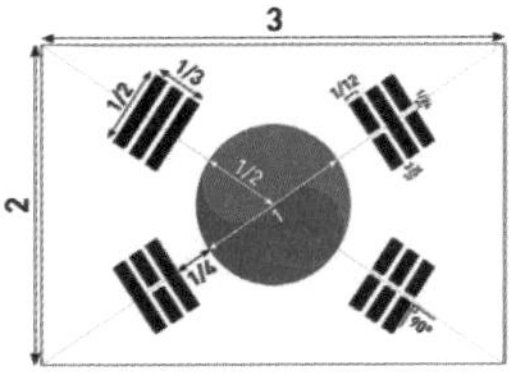

흰 바탕

밝음과 순수, 평화를 사랑하는 민족성

태극 문양

음(파랑)과 양(빨강)의 조화를 상징하는
우주 만물의 근원

사괘

건乾	곤坤	감坎	리離
하늘	땅	물	불

우주의 이치와 더불어
창조, 번영을 꿈꾸던 우리 민족의 이상

2009년 진관사에서 발견된 보자기

"만든 의도가 계획적입니다.
그 울분이 느껴집니다.
'일본을 이 국기로 누르겠다,
대한민국은 독립할 것이다'라는 울분."

– 송명호, 중부대학교 교수

그것은 일장기 위에 덧그려진
우리의 국기, 태극기였다

태극기는 누가 만들었을까

1875년 일본 정부는 조선의 해로를 연구한다는 목적으로 군함 운요호를 부산에 입항시켰다. 이에 대한 조선 관리의 항의에 함포를 발포하는 무력시위로 대응하며 동해안과 남해안을 측량한 운요호는 서해안을 따라 강화도에 이르게 된다. 운요호가 초지진에 접근하자 해안을 경비하던 조선군은 예고도 없이 나타난 함선을 향해 포격을 가했고 곧이어 격렬한 포격전이 벌어졌다. 이를 구실로 일본은 1876년 1월 조선에 개항을 요구하였다. 당시 일본의 전권변리대신으로 온 구로다 기요타카는 뻔뻔하게도 "운요호에 국기를 달아서 일본의 배라는 것을 표시하였는데 어째서 알지 못하였다고 말합니까?"라고 항의했다. 사건이 발생하게 된 책임은 일장기를 보고도 포격을 가한 조선군에 있다며 되레 손해배상까지 요구했다. 결국 1876년 2월 조선은 일본이 치밀하게 계획한 각본에 따라 최초의 근대적 조약이자 불평등 조약인 조일수호조규(강화도 조약)를 맺게 된다.

조선 말기 역관이자 독립운동가였던 오세창의 증언에 따르면 태극기의 원형은 1876년 조일수호조규를 체결하기 위한 회의 과정에서 등장하였다. 오세창의 아버지인 오경석은 조약을 체결할 당시 통역관으로 회의에 참여하고 있었는데 일본 관리가 조선의 국기에 대해서 묻자 국기가 없는 것을 부끄럽게 여겼던 오경석이 임기응변으로 강화유수영 정문에 그려져 있던 태극 문양을 보고 태극이 조선의 국기라고 말했다고 한다. 이후 오경석이 역학에 밝은 김경수와 상의해 태극 주위에 4괘를 배치하여 태극기를 만들었다는 것이 최초의 국기 태동설이다. 이른바 '오경석, 김경수 태극기 고안설'은 당시 정황과 이후 전개되는 역사적 사실을 볼 때 태극기의 기원을 설명하는 가장 유력한 학설이지만 증언을 뒷받침하는 명확한 자료는 없는 실정이다.

국기에 대한 논의는 1880년 수신사로 일본을 다녀온 김홍집이 주일청국공사관의 참찬관 황쭌셴의 『조선책략』을 고종에게 바치면서 본격적으로 이루어진다. 황쭌셴은 러시아의 남하 정책에 대비하여 조선이 스스로 강해지려면 '친중국 결일본 연미국親中國 結日本 聯美國' 해야 한다고 주장하면서 조선의 국기로 청나라의 용기龍旗를 사용할 것도 함께 제안했다. 당시 조선은 왕이 행차하는 어가 행렬에 왕권을 상징하는 교룡기蛟龍旗를 사용하고 있어 용기를 국기로 사용하자는 황쭌셴의 제안에 대해 거부감이 없었다. 청나라 북양대신北洋大臣 리훙장도 조선의 국기로 용기를 사용하는 것에 찬성했다. 다만 조선은 제후국이니 황제의 상징인 발톱이 다섯 개인 오조룡은 사용하면 안 되고 발톱이 네 개인 사조룡을 사용하라는 단서를 달았다. 조선을 독립국이 아니라 청나라의 속국으로 보는 생각이 고스란히 담긴 제안이었다. 그러나 당시 조선 조정은 황쭌셴과 리훙장의 제안을 받아들이지 않았다.

일본을 견제하기 위한 청나라의 주선으로 조미수호통상조약 체결이 본격화되면서 국기에 대한 논의는 다시 진행되었다. 1882년 5월

전권대신全權大臣 신헌과 김홍집 일행이 제물포에 정박한 스와타라호를 방문했을 때 미국 전권특사 슈펠트 제독은 조선이 독립국으로 인정을 받으려면 국기가 필요하다며 국기를 제정하여 사용할 것을 권유했다. 이에 김홍집의 지시를 받은 통역관 이응준이 태극과 4괘를 이용한 국기를 만들었다. 흰 바탕 위에 청색이 좌측으로 적색이 우측으로 휘감긴 태극 주위로 흑색의 건곤감리 4괘가 놓였다.

김홍집은 조약을 체결하기 전에 청나라 사신 마젠창에게 이응준이 만든 국기를 보여주었다. 마젠창은 이응준의 국기가 일장기와 비슷하다는 이유로 청나라의 뜻대로 용기를 사용할 것을 다시 주장했다. 하지만 5월 22일 조미수호통상조약 조인식장에서 조선의 깃발로 게양된 것은 이응준의 국기였다. 조약의 체결을 축하하는 예포가 울려 퍼지는 가운데 우리나라 최초의 태극기가 미국 성조기와 함께 게양되어 바람에 나부꼈다. 이응준의 태극기는 조약이 체결된 지 2개월 뒤인 7월 미국 해군성 항해국이 발간한 『해상 국가들의 깃발들 *Flags of Maritime Nations*』에 'COREA Ensign'이란 명칭으로 수록되었다.

그러나 이응준의 태극기는 공식적인 조선의 국기로 인정받지 못했다. 국왕의 허락이나 조선 조정의 논의를 거치지 않았기 때문이었다. 조미수호통상조약이 체결되고 5일 후 김홍집은 붉은색 바탕에 반청·반백의 태극을 사용한 국기를 제안했고, 마젠창은 개인의 의견임을 전제로 하여 흰 바탕에 반홍·반흑의 태극을 넣고 조선 팔도를 상징한다는 의미를 담아 8괘를 그리는 것이 좋겠다는 의견을 냈다. 김홍집은 마젠창과의 논의 결과를 이응준의 태극기와 함께 조선 조정에 보고했다.

같은 해 6월 구식군대가 일으킨 임오군란으로 피해를 입은 일본은 보상을 요구하며 조선에 제물포 조약의 체결을 강요하였다. 조약에 따라 철종의 사위이자 당시 개화에 앞장서던 박영효가 일본에 사죄하는 국서를 갖고 일본으로 파견되는 수신사로 임명되었다. 그는 일본으로 출발하기 전 고종으로부터 국기 제작의 권한을 위임받아 그 해 9월 일본으로 가는 메이지마루明治丸 배 안에서 국기를 만들게 되었다. 박영효는 미리 준비해 온 태극팔괘도를 영국인 선장 제임스에게 보이며 국기 제작에 대한 자문을 구했다. 세계 곳곳을 항해하며 각국의 국기에 대해 잘 알고 있었던 제임스의 조언은 국기 제정의 경위를 알리는 보고서 〈송기무처서〉에 다음과 같이 적혀 있다.

"태극과 팔괘의 형식은 특별해서 눈에 띌 만큼 뛰어나지만, 팔괘의 분포가 자못 조잡하여 분명하지 못한 것을 깨닫게 되며, 또 각국이 이를 모방하여 만드는 데에도 매우 불편하니, 다만 사괘만 사용하여 네 모서리에 긋는다면 더욱 아름다울 것이다."

박영효는 제임스의 의견을 받아들여 중앙에 반청·반홍의 태극과 네 모서리에 건곤감리 4괘를 그린 태극기를 완성하였다. 임오군란 이후 청나라 군대가 한양에 주둔하고 있던 상황에서 마젠창의 제안을 일방적으로 묵살하기 어려웠던 박영효는 제임스의 조언을 구실로 내세워 이응준이 고안한 태극기를 모본으로 삼아 국기를 제작했다. 박영효는 일본 고베와 도쿄의 숙소에 당시 제작한 태극기를 내걸었고 각국 외교관들을 초청한 연회에서도 실내를 태극기로 장식하였다. 대내외에 조선의 자주와 독립을 과시하고자 했던 것이다. 이때 박영효가 만든 태극기는 전해지지 않지만 영국 국립문서보관소에서 발견된 일본 외무성 관원인 요시다 기요나리가 주일영국공사 해리 파크스에게 보낸 문서에 남아 있는 태극기를 박영효가 만든 태극기로 추정하고 있다. 박영효는 태극기의 제작을 본국에 보고하였고 당시 외교통상 사무를 담당하던 기관인 통리교섭통상사무아문의 건의에 따라 고종은 1883년 3월 6일에 태극기를 국기로 제정, 반포하였다. 이로써 태극기는 정식 국기로 사용되기 시작했다.

국가의 상징에서 국권 회복의 상징으로

2009년 5월 북한산 자락에 위치한 진관사에서 칠성각을 해체하여 복원하는 공사를 진행하던 중 불단과 기둥 사이의 벽지 속에서 한지에 겹겹이 싸인 태극기가 발견되었다. 태극기를 감싸고 있던 문서들은 1919년 6월부터 12월 사이 국내외에서 발행된 〈조선독립신문〉 〈자유신종보〉 〈신대한〉 〈독립신문〉 등의 항일 신문이었다. 발견된 신문 대부분이 그동안 국내에 실물이 전해지지 않았거나 그 존재가 처음으로 확인된 귀중한 유물이었지만 무엇보다 사람들의 이목을 끌었던 것은 이 신문들이 감싸고 있던 태극기였다.

진관사에서 발견된 태극기는 일장기 위에 먹으로 덧칠을 하여 태극의 청색과 4괘를 그려 넣은 것이 특징이었다. 이 태극기는 여러 곳에 구멍이 뚫려 있었고 특히 왼쪽 윗부분의 끝자락은 불에 타서 손상된 흔적이 있어 1919년 3·1운동 시위 현장에서 사용된 것으로 추정된다. 일제 강점기 일장기 위에 태극기를 그렸다는 이야기는 많이 있었지만 지금까지 그 실체를 찾아보기 어려웠는데 진관사의 태극기는 실재하는 증거였다. 일장기 위에 태극기를 덧그리는 방식은 강력한 독립의지와 반일 저항의식을 의도적으로 표현하는 행위였다. 태극기는 조선의 국기로 제정된 지 불과 30여 년 만에 국권회복과 독립의 상징으로 변화한 것이다.

태극기는 조선의 국기로 제정되면서부터 국왕의 통치권을 드러내고 애국심을 고취하는 방식으로 보급되었다. 고종의 탄신일인 만수성절萬壽聖節과 대한제국 선포 및 광무황제의 즉위일 등의 행사에서 태극기가 게양되었고, 고종의 황제 즉위 행차에서도 태극기를 앞세웠다. 1890년 후반부터는 관립 어학교와 소학교에서 열린 운동회에서도 태극기를 세워두고 애국가를 부르는 의례가 행해지면서 태극기는 애국심 형성에 큰 역할을 하였다. 또한 태극기를 찬양하는 창가인 〈국기가〉가 만들어져 백성들 사이에서 불리게 되면서 태극기는 빠르게 보급되었다. 1896년 9월 22일자 〈독립신문〉의 논설을 통해 당시 백성들이 태극기를 어떠한 의미로 받아들이고 있었는지 엿볼 수 있다.

"누가 자기의 국기와 나라 명예에 대하여 실례하는 말을 하던지 무리한 일을 행하려 들면 전국 인민이 일시에 일어나 화약에 불 지른 것같이 그 국기와 그 임금과 그 동포 형제를 위하여 일어나 전국에 있는 백성이 다 죽을 때까지라도 싸우고 그 국기를 기어이 높이 세우려고 하는 마음이 생겨야 외국이 감히 업신여기지를 못한다. (…) 국기라 하는 것은 그 나라를 몸 받은 물건이라 그러한즉 국기가 곧 임금이요 부모요 형제요 처자요 전국 인민이라 어찌 소중하고 공경할 물건이 아니리요."

백성들 사이에서 나라의 상징으로 확고하게 자리잡은 태극기는 일본에 의해 국권이 상실되면서 국권 회복의 상징이 되었다. 임진왜란 때 금산성 전투에서 순절한 의병장 고경명의 12대손 고광순은 일제가 명성황후를 살해하자 의병을 일으켰다. 고광순은 '조국이 국권을 곧 회복할 것이다'는 의미의 '불원복不遠復'을 수놓은 태극기를 늘 품에 지니며 일본군과 맞서 싸웠다. 1909년 안중근은 11명의 동지들과 함께 조국의 독립과 동양의 평화를 위해 단지회斷指會를 결성하고 각자 왼손의 약지를 끊어 붉은 피로 태극기 앞면에 '대한독립'이란 글자를 쓰며 독립의 의지를 다졌다.

태극기를 매개로 한 독립에 대한 열망은 3·1운동 때 가장 극명하게 나타났다. 1919년 3·1운동 당시 전 국토는 '대한독립만세'의 함성과 함께 태극기의 물결로 물들었다. 적게는 수십 장, 많게는 수천 장의 태극기가 일제의 눈을 피해 만들어졌다. 태극기를 구할 수 없었던 사람은 자신의 손가락을 깨물어 태극기를 그리기도 했다. 학생, 여공, 기생, 농민회 및 청년회 회원 등 다양한 계층에서 태극기를 만들었으며 만세를 부르는 군중에 감동을 받은 순사와 면 서기까지도 태극기를 만들어 만세운동에 참여했다. 태극기를 손에 들고 만세운동에 앞장선 이들은 일본 순사에게 손이 절단되는 그 순간까지도 태극기를 결코 놓지 않으며 순국했다. 이후 일본은 태극기를 만든 사람은 물론 태극기를 지니고만 있어도 독립운동가로 간주하여 탄압했다. 심지어는 전차나 떡에 새겨진 태극 문양에까지 제재를 가했다.

3·1운동 이후 태극기는 독립운동의 현장에 언제나 함께했다. 수많은 독립운동가들이 태극기 아래에서 독립운동에 헌신할 것을 맹세하였다. 상하이 임시정부의 모든 행사는 태극기에 대한 경례로 시작했고 일본을 상대로 암살 공작을 펼쳤던 의열단은 태극기에 경례한 후 독립운동에 목숨을 바치겠다는 선서를 했다. 이봉창은 1931년 12월 한인애국단에 입단하며 태극기 앞에서 선서문을 목에 걸고 양손에 수류탄을 든 채 사진을 찍었으며, 윤봉길도 1932년 4월 태극기를 배경으로 가슴에 선언문을 편 후 왼손에 폭탄, 오른손에 권총을 들고 사진을 찍었다. 태극기는 독립의 사명감을 일깨우는 상징이었다.

음양과 하늘·땅·물·불의 조화

태극기가 조선의 국기로 제정되었지만 태극과 건곤감리의 4괘를 사용한다는 것 이외에 국기 양식에 대한 명확한 규정은 없었다. 이 때문에 국기의 형태가 통일되지 않은 채 다양한 태극기가 유통되었다. 보다 못한 대한제국 궁내부는 "기장의 청홍 빛깔이 다 다르고 그 크기와 모양마저 고르지 못하니 국기는 반드시 한 가지 모양으로 만든 전매국기를 사용하기를 바란다"는 훈령을 내리기도 했다.

대한민국 임시정부는 1942년 6월 불규칙한 태극기의 제작 방법을 통일하기 위해 국기통일양식을 제정하여 공포하였다. 현재의 태극기와 비교하면 음양의 형태와 4괘 중 감과 리의 위치가 바뀌고 국기 게양봉을 오른쪽에 둔 것이 특징이다. 하지만 대한민국 임시정부가 만든 국기통일양식도 널리 알려지지는 못했다. 1948년 대한민국 정부가 수립되면서 태극기의 제작법을 통일할 필요성이 커짐에 따라 1949년 정부는 국기시정위원회를 구성하였고 역사적 근거가 있는 태극기들을 조사하여 다섯 가지 도안을 만들어 토론한 끝에 오늘날과 같은 도안으로 태극기를 제정했다. 이후 '국기제작법 고시'를 확정 시행했으며 2007년 '대한민국국기법'이 제정되면서 태극기는 보다 체계적으로 관리되었다.

태극기의 태극과 4괘는 오래전부터 우리나라를 포함한 동북아시아에서 우주 만물의 기본 요소이자 만물이 생성, 변화, 발전하는 모습을 나타내는 의미로 사용되어왔다. 백제의 와당瓦當, 통일신라의 감은사지 기단석, 고려의 동경銅鏡, 조선의 태극선 등에서 그 흔적을 찾아 볼 수 있다.

『주역』의 「계사전繫辭傳」에 따르면 "태극이 양의兩儀를 낳고 양의가 사상四象을 낳고 사상이 팔괘를 낳는다"고 기록되어 있다. 태극은 음(파랑)과 양(빨강)의 조화를 상징하며 우주 만물이 음양의 상호작용에 의해 생성되고 발전한다는 것을 의미한다. 괘는 만물의 변화를 상징하는데 음과 양을 상징하는 음효(--)와 양효(—)가 3개씩 결합하여 8괘가 만들어지고 이 8괘가 두 개씩 겹쳐지면서 총 64괘가 만들어진다. 그 가운데 건乾(☰)은 우주 만물 중에서 하늘을, 곤坤(☷)은 땅을, 감坎(☵)은 물을, 이離(☲)는 불을 각각 상징한다.

더불어 태극기의 흰색 바탕은 밝음과 순수, 전통적으로 평화를 사랑하는 민족성을 나타내고 있다. 선조들이 생활 속에서 즐겨 사용하던 태극 문양을 중심으로 만들어진 태극기는 우주의 원리와 더불어 끝없는 창조와 번영을 바라는 민족의 꿈을 담고 있다.

희로애락의 태극기

국기를 국가나 민족의 정체성과 연결짓기 시작한 것은 오래된 일이 아니다. 서구에서는 국민국가의 체계를 갖추어 나가던 18세기부터 국기를 만들기 시작하였고, 동아시아에서는 근대화가 시작된 19세기 말이 되어서야 국기를 만들었다. 태극기가 나라의 상징이 되어 우리 민족과 떼려야 뗄 수 없게 된 것도 그리 오래된 일은 아니다.

가슴 아픈 근현대사를 거치면서 국민들은 태극기에서 엄숙하고 비장한 감정을 느꼈다. 6·25 전쟁 당시 학도병으로 참전하게 된 학생들은 태극기에 자신들의 각오를 다진 글귀를 남기고 전장으로 향했고 인천상륙작전으로 서울을 수복한 군인들이 제일 먼저 한 일은 중앙청에 내걸린 인공기를 내리고 태극기를 게양한 것이었다. 1980년 5·18 민주화 운동과 1987년 6월 민주 항쟁 때 학생과 시민 들은 한 손에 태극기를 들고 나와 비장한 마음으로 애국가를 불렀다.

태극기는 때로 국민들에게 애국심을 강요하기 위한 수단으로 사용되기도 했다. 1978년 내무부의 지침에 따라 매일 저녁 전국적으로 국기 하강식이 시행되었다. 분주하게 길을 걷다가도 국민들은 국기 하강식 시간만 되면 라디오와 텔레비전에서 흘러나오는 애국가에 맞춰 차렷 자세로 국기를 향해 경례를 해야만 했다.

엄숙과 존엄의 상징물이 되어버린 태극기는 2002년 FIFA 한일 월드컵을 통해 그 금기가 깨져버린다. 당시 대한민국 축구 대표팀이 사상 최초로 월드컵 4강에 진출하면서 남녀노소를 불문하고 많은 국민들이 거리로 쏟아져나왔다. 장롱 속에 고이 모셔져 있던 태극기는 스카프, 스커트, 두건, 망토 등 다양한 패션 액세서리와 응원도구로 변신하여 거리응원에 등장했다. 이를 계기로 태극기는 권위의 상징에서 자유와 열정, 자긍심을 느낄 수 있는 친숙한 대상으로 대중들에게 다가왔다.

2015년 광복 70주년을 맞아 정부는 대대적으로 태극기 달기 운동을 전개하였다. 국경일 국기 게양 비율이 저조한 상황에서 국가 의식을 고취하는 방안으로 들고 나온 정부의 고육책이었다. 정부가 태극기 게양을 의무화하는 내용의 법 개정을 추진한다는 언론 보도가 나오면서 이에 대한 찬반 논란이 일었다. 태극기를 의무적으로 게양한다고 해서 애국심이 생겨나는 것은 아니며 애국심을 강제하는 권위주의적 방식은 옳지 않다는 것이었다.

대한제국부터 6·25 전쟁에 이르는 시기까지 역사적으로 가치가 큰 태극기 19점이 현재 등록문화재로 지정되어 있다. 태극기 하나하나마다 애달프고 자랑스러운 대한민국의 역사적 순간이 담겨 있다. 그 의미를 담는 것도 그 의미를 새기는 것도 모두 시대를 반영하는 일이다.

『대한의 상징 태극기』 국립중앙박물관, 2012.

『대한민국사 1』 한홍구, 한겨레출판, 2006.

「디아스포라의 정체성과 태극기」 목수현, 『사회와 역사』 제86집, 2010.

「근대국가의 국기라는 시각문화」 목수현, 『미술사학보』 제27집, 2006.

「독립운동과 태극기」 윤선자, 『역사학연구』 제35집, 2009.

「망국과 국가 표상의 의미 변화」 목수현, 『한국문화』 제53집, 2011.

「박영효 태극기의 유래와 그 발견의 의미」 신원봉, 동양고전학회, 2011.

「우리나라 최초의 국기와 통리교섭통상사무아문 제작 국기의 원형 발견과 그 역사적 의의」 한철호, 『한국독립운동사연구』 제31집, 2008.

「진관사 태극기의 형태와 그 역사적 의의」 한철호, 『한국독립운동사연구』 제36집, 2010.

05 만 명의 외침

"이것은 사실이 아닌 모함이다."

1565년(명종 20년)
1백 명 이상의 유생이 모여
22차례에 걸쳐 올린 상소
백인소百人疏

1666년(현종 7년)
1천여 명의 유생들이 올린 집단상소
천인소千人疏

관직을 갖지 못한 선비들이
정치에 참여할 수 있었던 유일한 통로
상소

그리고
1792년(정조 16년)
10057명의 유생들이 올린 상소가 등장한다

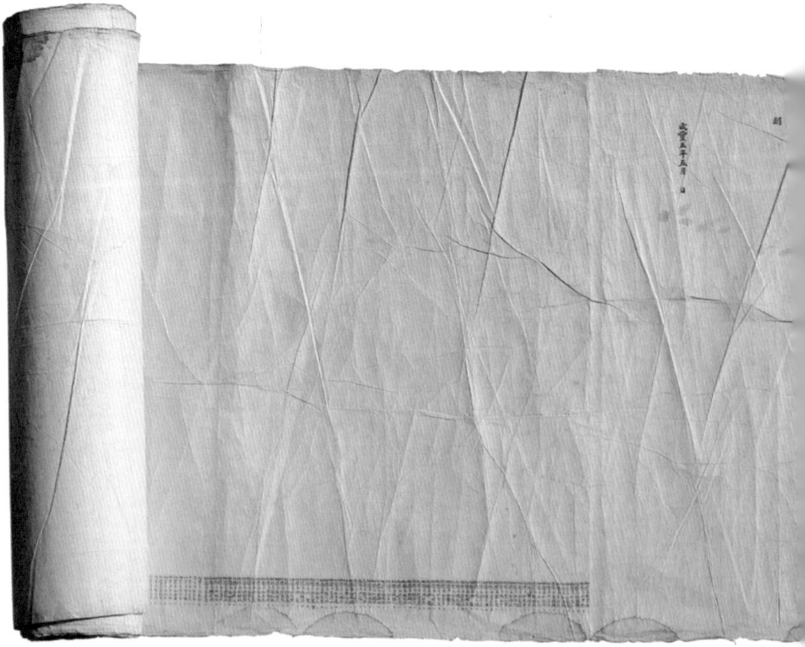

"(국왕은) 경연을 게을리한다…
연주와 가무를 하는 여자를 궁에 난입시켰다."

―『정조실록』, 1792년(정조 16년) 4월 18일, 유성한의 상소

상소의 내용을 들은 영남 유생들은
임금을 모독하는 능멸이라며 크게 분노하고

영남 지방 30여 개의 가문이 모인 회의를 소집해
거짓 상소에 대항할 방편을 마련한다

"만인소를 올릴 인원을 모집합시다."

〈영남만인소〉

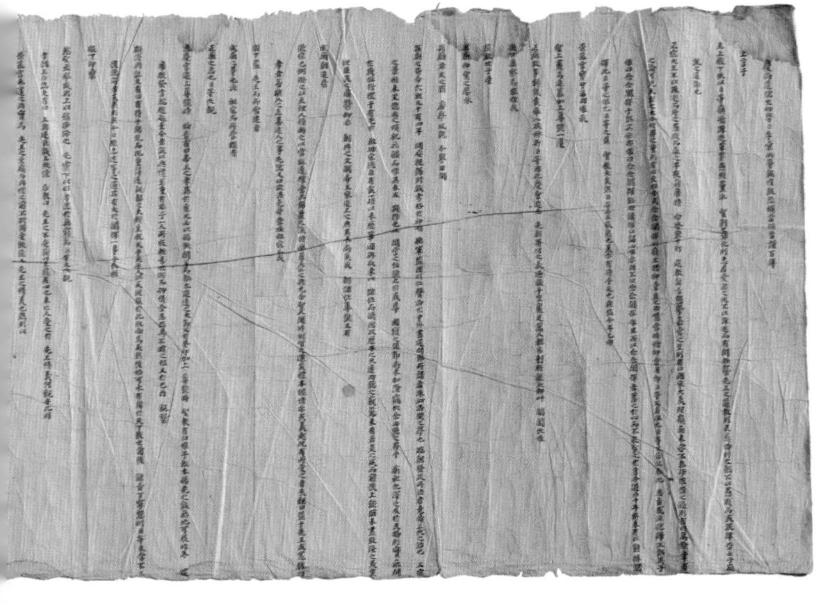

안동에서 한양까지 올라가는 데 걸린 기간

4일

상경에 동참한 유생

2백여 명

"윤달 4월 23일
참여 명단을 받아보니 만 명이나 되었다."

–『천휘록』, 1792년(정조 16년) 만인소의 전말을 적은 일기

영남만인소의 상소 내용

一. 임금을 능멸한 노론 관료 유성한을 처벌할 것

二. 사도세자 복권 및 사도세자 죽음에 일조한 관련자를 처벌할 것

노론이 감추고자 했던 절대적 금기사항을
만인소의 핵심으로 작성한 유생들

이것은 집권 세력에 대한
권력 없는 지방 선비들의 정면 승부였다

하지만
만인소를 완성한 그들 앞에 놓인
커다란 장벽

성균관 장의掌議의 승인

"장의 이동수는
자기 임무가 아니라는 핑계를 대고…
그들의 마음은 오로지
상소를 막는 데 있었다."

–『천휘록』

당시 성균관은 노론 세력이 장악하고 있어
만인소는 쉽사리 정조에게 전달되지 못했고

유생들은 최후의 수단으로
궐 내에 있는 안동 출신 관료를 섭외해
만인소를 정조에게 전한다

"소장을 반도 읽지 못하여 해가 저물었다.
(임금이) 촛불 여덟 자루를 밝혔다."

–『천휘록』

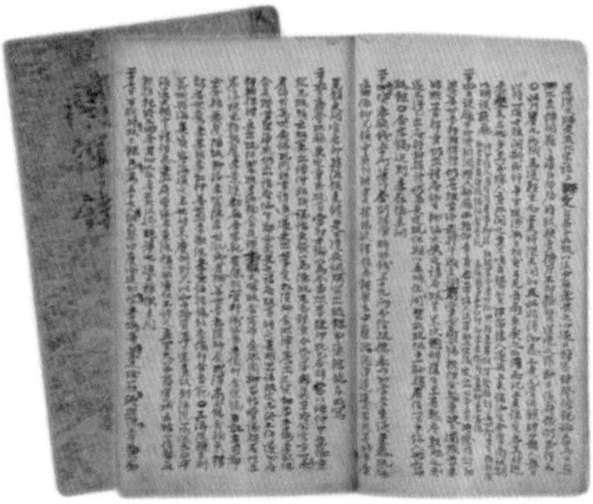

밤늦도록 이어진 유생들과의 접견 이후
상소 승인을 거부했던 성균관 장의를 비롯해
담당자들은 파직되지만

노론 유성한의 처벌과 사도세자의 복권은
차마 이룰 수 없는 부분이었다

그러나
영남 유생들이 전한
사도세자 신원 만인소는

지방 유생들의 상소가
성균관을 거치지 않고
임금에게 전달되는 발판이 되어
이후 만인소는 여섯 차례 더 작성된다

순조 23년 서얼 차별 철폐 만인소

철종 6년 사도세자 추존 만인소

고종 8년 서원 철폐 반대 만인소

고종 12년 대원군 봉환• 만인소

• 지위에서 물러난 대원군의 복귀 요구

고종 18년 척사• 만인소

• 개항 이후, 정부가 추진한 개화정책 반대 요구

고종 21년 복제 개혁 반대• 만인소

• 옷차림 변화에 대한 규정 반대 요구

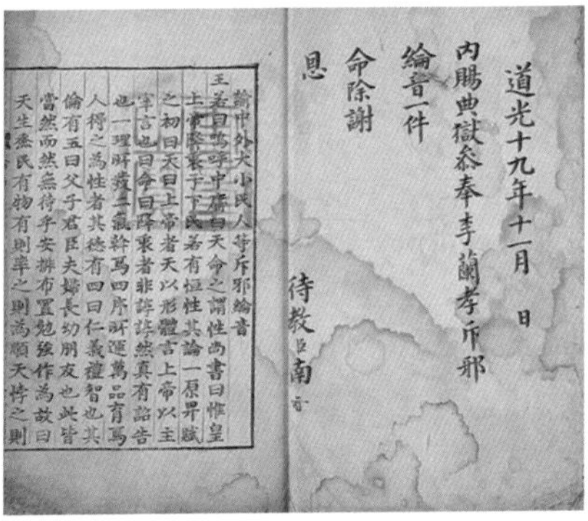

道光十九年十一月 日
內賜典獄恭奉李蘭孝斥邪
綸音一件
命除謝
恩
待教臣南

諭中外大小民人等斥邪綸音
王若曰嗚呼中庸曰天命之謂性尚書曰惟皇
上帝降衷于下民若有恒性其論一原昇賦
之初曰天曰上帝者天以形體言上帝以主
宰言也曰命曰降衷者非諄諄然真有詔告
也一理所賦二氣斡焉四序所運萬品育焉
人得之為性者其德有四曰仁義禮智也其
倫有五曰父子君臣夫婦長幼朋友也此皆
當然而然無待乎安排布置勉強作為故曰
天生烝民有物有則率之則為順天悖之則

1881년 유생들이 올린 〈척사 만인소〉에 대해 고종이 건의를 수용한다는 뜻을 담아 내린 교서

전 세계적으로 유례가 없는 1만 선비들의 외침, 만인소

이는 집권 세력의 일방적인 정치를 견제하고

공론公論을 전달하기 위해

권력 없는 유생들이 힘을 모아 외친

오늘날 서명운동의 발판이라 할 수 있다

공론이 없으면 나라가 망한다

백성의 삶을 편안케 하는 왕도정치를 국가의 통치이념으로 삼았던 조선은 오늘날의 여론에 해당하는 '공론'을 중시했다. 공론에 귀를 기울이고 성실히 따랐던 임금은 성군으로 칭송을 받았지만 공론을 무시하고 독단적인 정책을 펼친 임금은 어리석은 임금인 암군暗君이라 지탄받으며 신하들에 의해 보위에서 쫓겨났다.

조선은 백성들의 목소리를 공론의 장으로 끌어내기 위해 다양한 소통의 통로를 마련했다. 백성들은 대궐 밖 문루에 매달린 신문고를 울려 왕에게 직접 호소할 수 있었고, 왕이 대궐 밖으로 행차했을 때에는 징이나 꽹과리를 시끄럽게 울리는 격쟁擊錚을 통해서 이목을 끈 다음에 구두로 하소연을 하거나 글을 올리는 상언上言 제도를 활용하기도 했다. 하지만 신분제라는 시대 특성상 일반 백성이 아닌 정치에 참여할 수 있는 양반 사대부들이 공론의 주체였다.

"인심이 다 같이 옳다고 하는 것을 공론이라 하고, 공론의 소재를 국시國是라고 합니다. 국시란 한 사람이 꾀하지 않아도 함께 옳다는 것입니다. (…) 공론이라는 것은 나라의 원기元氣입니다. 공론이 조정에 있으면 나라가 다스려지고, 공론이 여항閭巷에 있으면 나라가 어지러워지는 것입니다. 만약 상하 모두 공론이 없다면 그 나라가 망할 것이니 어찌하겠습니까. 위에 있는 자가 능히 공론을 주도하지 못

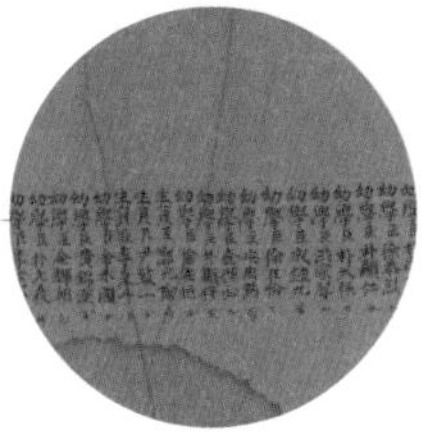

하면서 아래에 있는 것을 싫어해 입을 막고 죄로 다스린다면 그 나라는 반드시 망하고 말 것입니다."

-『율곡전서』

율곡 이이는 공론을 주도하고 형성하는 일은 백성들이 모여 사는 여항이 아니라 사대부 출신 관리들의 조정에 있음을 분명히 했다. 조정에서도 '삼사三司'라 불렸던 사간원과 사헌부, 홍문관의 관리들이 공론을 주도해나갔다. 삼사의 관원들은 공론을 앞세워 왕의 잘못된 언행이나 정책을 거침없이 지적하고 비판했다.

유생들도 조정의 삼사와 더불어 공론 형성의 한 축을 맡았다. 유생은 사마시司馬試에 합격한 생원生員과 진사進士를 비롯해 유학幼學으로 불리던 성리학을 공부하는 재야의 지식인을 통칭하는 말이다. 조선 초기에는 조정의 출사하지 않은 예비 관료 집단인 유생들을 백성들과 마찬가지로 공론의 형성과는 무관한 존재들로 여겼으나, 성종 이후 사림 세력이 정치적으로 성장하여 중앙 정계에 진출하기 시작하면서 조정의 삼사와 함께 공론을 대변할 수 있었다.

군왕과의 소통의 창, 상소

유생들이 공론을 내세우며 정치에 참여할 수 있는 방법은 상소上疏

였다. 국가의 흥망과 유학의 성쇠에 관련된 사건이 발생하면 유생들은 임금에게 상소를 올려 거침없이 자신들의 의견을 쏟아냈다. 재야 여론을 반영한 상소는 개인이 아닌 여러 명이 참여하는 연명連名상소로 올리는 것이 보편적인 방법이었다.

상소할 일이 생기면 특히 조선시대 최고의 국립교육기관이었던 성균관의 유생들이 앞장서서 나섰다. 성균관 유생들은 학생자치회인 재회齋會를 열거나 식당과 반촌 등지에 모여 상소를 올리기 위한 뜻을 모았고 학생회장인 장의의 동의를 얻어 도성의 4부학당과 지방의 향교, 서원 등에 상소의 취지를 알리는 통문을 돌렸다. 이후 성균관 명륜당에서 모든 유생들이 모이는 전체 회의를 열어 상소의 대표자인 소두疏頭를 포함한 임원을 투표나 추천으로 선발했다. 소두는 상소에 대한 모든 책임을 오롯이 맡게 되는 자리여서 훗날 관직에 진출하는 데 유리한 경력으로 활용되기도 했으나 민감한 정치적 사안에 대해 상소를 올릴 때에는 유배와 같은 처벌도 감수해야 했기 때문에 기피의 대상이 되기도 했다. 1527년(중종 22년) 세자를 저주하는 작서를 썼다는 이유로 경빈 박씨를 탄핵하는 상소를 올릴 때에는 소두로 추천된 사람들이 소장에서 자신들의 이름을 칼로 도려내며 거부하는 일이 일어나기도 했다.

임원진이 꾸려지면 상소와 관련된 일을 전담하는 사무소인 소청을 설치하여 본격적으로 상소문을 작성했다. 상소문은 유생들이 직접 작성하였는데 종종 성균관 대사성이나 조정의 관리들에게 자문을 구하거나 상소문의 대리 작성을 부탁하기도 했다. 상소문이 완성되면 유생들의 서명을 모은 연명부와 함께 붉은 궤짝에 넣어 봉하고 붉은 비단 보자기로 둘러싼 후 상소문을 왕에게 올리기 위해 대궐로 향했다. 소두는 먼저 상소문을 요약한 대개大槪를 국왕의 비서실인 승정원에 전달한 뒤 승지에게 상소문을 제출하였으며 상소문을 접수한 승지는 이를 검토하여 임금에게 직접 전달하였다.

상소를 읽은 임금은 어떠한 형태로든지 비답批答을 내려주는 것이 원칙이었다. 국왕이 유생들의 기개를 칭찬하며 상소를 받아들인다는 비답을 내려주면 대궐 앞에 진을 치고 있던 유생들은 성균관으로 돌아갔다. 하지만 임금이 비답을 내리지 않거나 유생들을 질책하는 비답을 내리는 경우도 있었다. 그러면 유생들은 대궐 앞에서 연좌농성을 이어가며 반복해서 상소를 올렸고 최악의 경우 수업 거부인 권당捲堂이나 동맹 휴학에 해당하는 공관空館으로 실력을 행사했다.

16세기 붕당정치가 조정에 뿌리를 내리기 시작하면서 유생들의 상소는 정치적 목적을 위한 도구로 활용되었다. 1666년(현종 7년) 안동 출신의 문신 류세철을 소두를 하여 1천여 명의 영남 유생들이 연명한 상소가 승정원에 올려졌다. 효종이 승하하였을 때 인조의 계비인 자의대비의 상복을 1년복으로 정한 송시열의 기해예송己亥禮訟을 규탄하는 '송시열예설반대예소'였다. 곧바로 영남 유생들의 상소를 비판하는 반대 상소가 뒤를 이으면서 조정은 다시 한 번 서인과 남인 간의 예송으로 빠져들고 만다.

유생들의 상소가 왜곡되는 현상이 빈번해지자 1773년(영조 49년) 영조는 급기야 상소의 정치적 악용을 막기 위해 모든 유생들의 상소를 성균관 장의의 동의를 거친 다음에 올리도록 제도를 개선했다. 이를 '근실謹悉'이라고 불렀다. 그러나 당시 노론계 유생이 성균관을 장악한 상황에서 근실의 시행은 오히려 정치적으로 비주류에 해당하는 남인 유생들의 상소를 차단하는 결과를 가져왔다. 남인들이 이와 같은 고립을 돌파하기 위해 찾아낸 방법이 바로 만인소였다.

만 사람의 뜻은 천하의 뜻이다

1694년(숙종 20년) 인현왕후의 복위를 반대하던 남인들은 갑술환국으로 조정에서 쫓겨난다. 뒤이어 1728년(영조 4년) 영조와 집권 노론 세력에 대항하여 일어난 무신란에 일부 남인들이 참여하면서 남인들이 모여 살던 영남은 임금을 배반해 반란을 일으킨 '반역자들의 고향'으로 간주되어 가혹한 탄압을 받기에 이른다. 영남 유생들은 도성 나들이도 자유롭게 할 수 없을 정도로 철저한 감시를 받았고 조정에 출사하는 길도 막혀버렸다.

정치적으로 완벽하게 고립되어 버린 남인들의 숨통을 트여준 사람은 정조였다. 정치적 탈출구를 찾고자 하는 영남 유생들과 노론 외척세력을 숙청하고 탕평을 내세우며 왕권을 강화하기 위해 친위세력이 필요했던 정조의 이해관계가 서로 맞아떨어진 결과였다. 정조가 1792년(정조 16년) 안동 도산서원에 직접 내려와 특별 과거시험을 열어준 도산별시가 시행된 한 달 뒤, 국왕의 호의적인 태도를 확인한 영남 유생들은 영조 대부터 정국을 주도하며 자신들을 탄압했던 노론을 겨냥한 승부수를 띄웠다.

"아, 신들은 한 폭의 의리를 마음속에 간직하고 있은 지 이미 30여 년이 되었으나 사람을 대해서는 감히 입을 열지 못하고 가슴을 치면서 다만 죽고 싶을 뿐이었습니다. (…) 세자의 무고함이 지금까지 해명되지 않음이 통한스럽기 때문입니다. 더구나 전하께서 영남을 돌보아주신 것이 저처럼 절실하고 영남을 예로 대우함이 저처럼 지극하니, 영남의 진신搢紳과 유생들은 모두가 전하를 위하여 목숨을 바쳐 보답하겠다는 뜻을 가지고 있습니다. 만약 목숨을 바쳐 보답하려고 한다면 선세자를 위하여 무고함을 변명하는 것이 단연코 제일의 의리이니, 신들이 어찌 차마 자신과 집안을 생각하여 몇십 년 동안 맺힌 회포를 한 번 죽을 각오로 곧바로 진달하지 않겠습니까."

—『정조실록』, 1792년(정조 16년) 윤4월 27일

10057명의 영남 유생이 연명한 길이만 해도 무려 1백 미터에 이르는 상소문이었다. 영남 유생들이 사도세자 신원 만인소를 준비하게 된 직접적인 계기는 한 달 전 조정에 올라왔던 유성한의 상소였다. 유성한은 항간에 떠도는 풍문을 인용하여 정조가 경연을 게을리하고 기생을 가까이한다고 비난하였다. 사간원과 사헌부를 비롯하여 성균관의 유생들까지 나서 임금을 근거 없이 비난한 유성한을 처벌하라고 상소를 올렸지만 정조는 대수롭지 않게 여겼다.

그러는 사이 성균관의 영남 출신 유생들은 봉화 삼계서원에 통문을 보내 유성한 사건을 알리고 상소를 올릴 것을 촉구하였다. 삼계서원으로 속속 모여든 안동 일대의 유생들은 임금을 모욕한 유성한의 처벌과 사도세자의 신원 및 사도세자에 죽음과 관련된 노론 벽파의 처단을 내용으로 하는 상소를 올리기로 뜻을 모으고 영남학파를 대표하는 유학자 이상정의 조카 이우를 소두로 추대했다.

이우와 2백여 명의 유생들은 만인소를 올리기 위해 도성에 도착했지만 곧 벽에 부딪힌다. 성균관 장의가 이런저런 핑계를 대며 상소에 근실을 해주는 것을 미뤘던 것이다. 이미 성균관은 노론에 장악된 지 오래였기에 노론의 치부를 들춰내는 상소에 장의의 허락을 얻어내는 것은 애초부터 기대할 수 없는 일이었다. 영남 유생들은 걸음을 돌려 승정원으로 향했다. 하지만 장의의 근실이 없다는 이유로 승정원은 상소를 받는 것을 거부했다. 결국 영남 유생들은 최후의 방법으로 영남 출신 관원 김한동을 찾았다. 벼슬이 있는 사람은 근실 없이도 임금께 단독으로 상소하는 것이 가능했기 때문이다. 김한동은 즉각 상소를 올려 유생들의 상소가 도처에서 저지당하는 안타까운 사정을 함께 알렸다.

만인소가 전달된 당일 오후 정조는 이우를 비롯한 영남 유생들을 창덕궁 희정당으로 불러들여 친히 만났다. 그 자리에서 이우는 다시금 만인소를 소리내어 읽었으며 정조는 목이 메어 말을 잇지 못하다가 추스르기를 여러 차례 되풀이한 끝에 겨우 비답을 내렸다.

"너희들이 천릿길에 고개를 넘고 물을 건너 대궐에 호소하였는데, 그 일은 지극히 외경스럽고 중대하고 지엄한 것이며 그 말은 차마 들을 수도 볼 수도 없으며 감히 제기할 수도 말할 수도 없는 것이다."

–『정조실록』, 1792년(정조 16년) 4월 27일

아직 조정 곳곳에 자리하고 있는 노론의 위세를 무시할 수 없었던 정조는 만인소에 크게 공감하면서도 신중한 태도를 견지했다. 정조로부터 시원스러운 비답을 받지 못한 유생들은 10여일 후 10368명이 연명한 2차 상소를 올려 더 강경하게 사도세자의 신원을 주장했다. 2차 만인소에도 정조의 비답은 변함이 없었다. 정조는 이우를 다시 궁으로 불러 고향으로 돌아갈 것을 종용했다. 정조의 간곡한 설득에 유생들은 3차 상소를 준비하다가 마지못해 귀향길에 올랐다. 영남 유생들의 만인소는 애초에 의도했던 사도세자의 신원에는 실패했지만, 이때까지 금기시되어 오던 사도세자의 죽음을 둘러싼 '임오의리壬午義理'를 국정 전면에 부각시키는 데 성공했다.

사도세자 신원 만인소와 더불어 또하나의 유명한 만인소는 강화도조약 이후 조정의 개화 정책에 반대해온 유생들이 척사 운동의 일환으로 올린 '척사 만인소'다. 1880년(고종 17년) 수신사로 일본에 파견되었던 김홍집은 귀국하면서 한 권의 책을 고종에게 바친다. 책의 제목은『사의조선책략私擬朝鮮策略』. 주일청국공사관의 참찬관 황쭌셴이 저술한 이 책은 러시아의 남하정책을 막기 위해 조선이 취해야 할 외교 전략을 제시하고 있었다.

중국을 더욱 섬기고 미국·일본과 연대하여 러시아를 견제해야 한다는 황쭌셴의 주장은 청나라 정부의 대외정책을 노골적으로 대변하는 것이었으나, 서구 열강을 끌어들여 한반도 정세를 바꾸는 방법으로 정국 주도권을 강화하고자 했던 고종에게는 매력적인 제안이었다.

그러나 『사의조선책략』을 읽은 유생들의 반응은 고종과 사뭇 달랐다. 유림을 중심으로 황쭌셴의 주장을 비판하는 격렬한 척사 상소가 조정에 빗발쳤다. 특히 영남 유생들의 척사 운동은 적극적이고 집단적이었다. 퇴계 이황의 후손인 이만손을 소두로 삼아 1만여 명이 연명한 만인소를 제작한 것이다.

"『사의조선책략』이라는 한 권의 책이 유포된 것을 보니, 저도 모르게 머리털이 곤두서고 가슴이 떨렸으며 이어서 통곡하면서 눈물을 흘렸습니다. 이단으로 사람들을 미혹시킨 자에 대한 처벌은 왕법에 나타나 있고 그 무리에 가담한 자를 먼저 다스려야 한다는 가르침은 『춘추春秋』에 실려 있으니, 이것을 따르면 다스려지고 이와 반대로 하면 혼란해진다는 사실은 영원히 어길 수 없는 것입니다."

유생들의 강력한 반발을 마주하게 된 고종은 비답을 내려 사교邪教(기독교)를 물리치고 정도를 지키는 '벽사위정闢邪衛正'은 조정의 변함없는 정책이라며 유생들을 다독이면서도, 만인소에서 주장하는 내용이 근거 없는 것들이니 또다시 상소를 올린다면 조정을 비방하는 것으로 여겨 엄히 처벌하겠다며 경고했다. 그러나 척사 만인소 이후에도 『사의조선책략』을 비판하고 조정의 개화 정책을 반대하는 상소가 계속해서 이어지자 고종은 상소를 올린 유생들을 유배보내 척사 운동을 잠재우려 했다.

영남 유생들이 척사 만인소에서 우려했던 외세의 침투가 현실로 드러나는 데는 오랜 시간이 걸리지 않았다. 조선과 미국 사이에 조미수호통상조약이 체결된 후 뒤이어 영국, 독일, 러시아 등 서구 열강과 불평등조약을 체결해야 했고, 조약에 포함된 '최혜국 대우' 조항에 의해 각종 이권이 열강의 수중으로 흘러들어가고 만다.

만인소의 빛과 그림자

정조 16년에 올려진 만인소 이후에도 1만여 명의 유생들이 참여한 상소는 여섯 차례나 더 쓰여졌다. 유생들은 정치적으로 민감한 쟁점에 대해서도 침묵하지 않고 결연히 붓을 들었으며 소기의 성과를 거두기도 했다. 1823년(순조 23년) 서얼 출신 유생 김희용이 조선 팔도에서 모은 9996명과 함께 서얼의 관직 임용을 허용해달라는 '서얼 차별 철폐 만인소'를 올려 서얼이 오를 수 있는 품계가 종2품까지 상향되었다. 1855년(철종 6년) 사도세자 탄신 120주년을 맞아 10094명의 영남 유생들이 사도세자를 왕으로 추존해달라는 '사도세자 추존 만인소'를 다시 한 번 올리지만 노론의 눈치를 봐야 했던 철종은 비답 대신 승정원에 "되돌려주라"는 간단한 지시만을 내렸다.

국내외적으로 정국이 요동치던 고종 때에는 어느 때보다 많은 만인소가 만들어졌다. 흥선대원군이 당쟁을 일삼고 백성을 괴롭히던 서원을 부패와 비리의 근원으로 지목하여 전국적으로 서원 철폐령을 내리자 1871년(고종 8년) 10027명의 영남 유생이 연명한 '서원 훼철 반대 만인소'가 작성되었다. 유생들은 "국가의 안위는 영남의 존망에 달려 있고, 영남의 존망은 서원을 철폐하느냐 않느냐에 달려 있다"며 격렬하게 반대 입장을 고수했다. 유생들은 향촌사회의 기득권을 유지해주는 서원을 절대 포기할 수 없었다.

고종과 흥선대원군의 힘겨루기에 만인소가 이용되기도 했다. 성인이 된 고종은 자기만의 정치를 하고 싶었으나 10년 동안 섭정하며 나라를 통치해온 아버지 흥선대원군을 정치 일선에서 물러나게 하는 일은 쉽지 않았다. 고종은 흥선대원군을 탄핵하는 최익현의 상소를 신호탄으로 하여 흥선대원군의 정책에 불만을 품고 있던 반反대원군 세력의 지지를 얻어 친정 의지를 강력하게 내비쳤다. 대세가 고종에게 점차 기울어져가고 있음을 깨달은 흥선대원군은 1874년(고종 12년) 봄 운현궁을 떠나 양주에 칩거하기에 이른다. 흥선대원군에 의해 중앙 정계에 진출할 수 있었던 영남 유생들은 흥선대원군의 실각을 두고 볼 수만은 없었다. 이듬해 3월 소두 류도수를 중심으로 영남 유생 1만여 명이 흥선대원군의 복귀를 촉구하는 '대원군 봉환 만인소'를 올렸다. 이 상소는 오히려 고종의 분노를 일으켜 흥선대원군 세력을 숙청하는 계기가 되었고 상소를 올렸던 유생들은 머나먼 유배의 길을 떠나야 했다. 이외에도 강력한 위정척사 정책의 실시를 요구했던 '척사 만인소(1881년)'와 '복제 개혁 반대 만인소'(1884년)는 문호의 개방이 필요했던 시대적 상황에서도 성리학적 전통 질서를 고수하고자 했던 유생들의 한계를 여실히 보여준다.

만인소는 정치적 소수자의 처지에 있던 유생들이 정치적 현안에 대한 의견을 피력하기 위해 찾아낸 방법이었다. 유생들이 올린 만인소를 수용할지 여부는 온전히 국왕의 의지에 달렸다는 한계가 존재하였으나 국왕이나 조정도 "만 사람의 뜻은 곧 천하 사람 모두의 뜻"이라는 명분을 내건 유생들의 만인소를 쉽게 무시할 수는 없었다. 때로는 만인소가 공론을 빙자하여 여론을 조작하는 일에 이용되기도 했지만 유생들의 상소는 공론정치라는 새로운 정치문화를 형성하고 정치 참여층을 크게 넓히는 효과를 가져왔다.

『논어 품질경영』 박재흥, 이화여자대학교출판부, 2007.

『만인소: 만 사람의 뜻은 천하의 뜻』 한국국학진흥원, 2007.

『조선시대 유생상소와 공론정치』 설석규, 선인, 2002.

『조선의 왕과 신하 부국강병을 논하다』 신동준, 살림, 2007.

『한국 근대사 산책 1』 강준만, 인물과사상사, 2007.

守

06 몽골의 신의

몽골의 수도 울란바토르

2차세계대전에서 전사한 군인들을 추모하는
자이승 승전 기념탑

기념탑 앞에
특별한 공원이 문을 열었다

우리나라 최초로 설립된
근대적 의학 교육기관
세브란스 의학교

1911년 6월 제2회 졸업생 배출
의학교 재학 시절부터
청년학우회에 가담해
구국운동에 참여하던 소년

대암大岩 이태준1883~1921

1919년 그는
세브란스 병원에 입원한
독립운동가 안창호를 만나게 된다

"의학교를 졸업하고 병원에서 근무하게 되었으나
날로 심화되는 일제의 침략과 탄압에
분개하지 않을 수 없습니다.
저는 중국으로 망명하기로 결심했습니다."

– 〈안창호에게 보낸 편지〉, 1921년 7월 16일

중국 난징으로 떠나
독립군 부상자들을 치료하던 그는
1914년 몽골의 수도 울란바토르에 도착한다

그리고
독립군 장교를 양성하기 위한 병원
동의의국同義醫局• 개원

•같은 뜻을 가진 동지들의 병원

몽골에서 자금을 모으며
한국의 독립운동을 지원하던 이태준은
당시 몽골에 만연해 있던
화류병(성병) 치료를 위해
근대식 의술을 펼쳐나간다

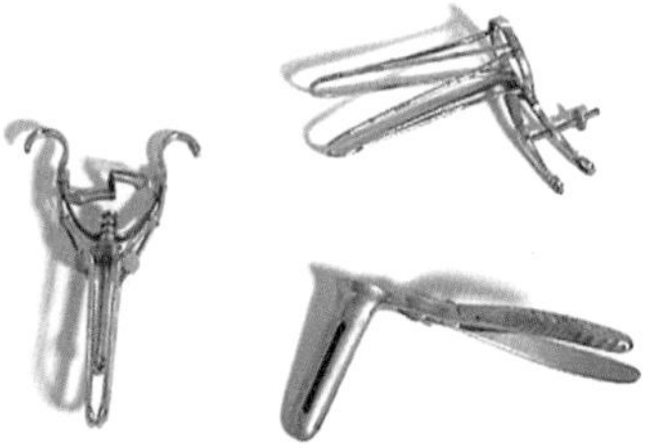

1930년대 울란바토르 시의 전경

"몽골 사람들은 그를 극락세계에서 강림한
여래불을 대하듯 존경한다고 한다."

_〈독립신문〉, 1919년 11월 11일

신통한 의술을 지닌
'까레이 의사'라 불리며 주목을 받은 그는
몽골의 마지막 황제인
젭춘담바 쿠툭투 8세의 주치의로 활약

1919년 몽골제국으로부터
당시 외국인이 받을 수 있는
최고의 훈장을 받는다

1921년 2월
대대적인 약탈과 살육을 통해
몽골을 점령한 러시아

이태준은 퇴각하던 중국군에 합류하지 않고
몽골에 남기로 결정한다

그러나

그의 나이 38세
미처 뜻을 펴지 못한 채
러시아군 내 친일세력에 살해당한다

이후 대한민국 정부는
1980년 대통령 표창 서훈
1990년 건국훈장 애족장 추서를 내렸고

2001년 울란바토르에는
이태준 선생 기념 공원이 세워졌다

몽골 초원 한복판의 한국인 무덤

1921년 가을, 여운형은 원동피압박민족대표자대회에 참석하기 위해 상하이에서 모스크바로 향하던 중에 몽골의 수도 후레(현재 울란바토르)에 잠시 머물게 되었다. 그는 동료들의 출발 준비를 기다리다가 이곳에 있다는 한 한국인의 무덤을 찾았다. 무덤은 키가 작은 나무들로 이루어진 벌거벗은 산비탈 한복판에 자리잡고 있었다. 간소한 무덤이었다. 여운형을 안내한 현지인은 부근 부락의 주민들 중에 이 조선인을 모르는 사람은 없다고 이야기했다. 훗날 여운형은 "이 땅에 있는 오직 하나의 이 한국 사람 무덤은 이 땅의 민중을 위하여 젊은 일생을 바친 한 한국 청년의 기특한 헌신과 희생의 기념비였다"고 회상했다. 이역의 흙으로 짧은 일생을 마친 한국 청년의 이름은 이태준이다.

이태준은 1883년 11월 23일 경상남도 함안에서 태어났다. 그는 어린 시절 고향에서 한학을 배웠으며 교회를 다니기도 하였다. 스무살 무렵 혼인하여 두 아이를 두었는데 부모와 아내가 연달아 사망하자 고향을 떠나 한양으로 올라온 그는 숭례문 밖 복숭아골(현재 서울역 앞 연세재단 빌딩 일대) 세브란스 병원 건너편에 있던 김형제상회에서 점원으로 일하게 되었다. 이곳에서 그는 독립운동가 김규식의 매제이자 교육자 김마리아의 삼촌인 김필순과 만나게 된다.

김필순은 이태준이 일하던 김형제상회의 경영자로 형 김윤오와 상회를 운영하고 있었지만 제중원 의학교를 다니는 학생이기도 했다. 제중원 의학교는 1885년에 문을 연 최초의 서양식 병원인 광혜원(이후 제중원으로 개칭)에 세워진 의학교로, 배재학당을 졸업한 김필순은 1899년 미국인 의료 선교사 서록스의 통역 및 조수로 일하게 되면서 제중원과 인연을 맺게 된다. 김필순은 한국인 의사 양성을 염두에 둔 에비슨의 기대를 한 몸에 받던 학생으로 캐나다인 의료 선교사 에비슨을 도와 의학 교과서를 번역하고 학생들을 가르쳤다.

김형제상회도 단순한 상회가 아니었다. 김필순은 의형제 사이였던 안창호와 함께 항일비밀결사인 신민회 회원으로 활동하면서 김형제상회 2층을 사무실로 내주었다. 안창호, 이동휘, 이갑, 유동렬, 양기탁, 윤치호 등은 이곳을 모임 장소로 활용했다.

1907년 8월 일본은 대한제국 정부 내 친일파와 결탁하여 정미 7조약(한일신협약)을 체결한 뒤 대한제국 군대를 해산시킨다. "군인으로서 나라를 지키지 못하고 신하로서 충성을 다하지 못하였으니, 만번 죽은들 무엇이 아깝겠는가"라는 유언을 남긴 채 자결한 박승환 참령(현재 소령)을 시작으로 군대 해산에 분개한 장병들은 숭례문에서 소의문(현재 서소문)에 이르는 거리를 메운 채 일본군을 상대로 시가전을 벌였고, 세브란스 병원은 넘쳐나는 부상자와 시체 때문에 아수라장으로 변했다. 이때 부상병을 밤낮으로 간호하던 김필순의 활동을 옆에서 생생하게 지켜본 이태준은 자신도 의사가 되기로 결심한다. 1907년 10월 이태준이 제중원 의학교에 입학한 이유다. 이듬해 6월 김필순은 제중원 의학교 제1회 졸업생으로 한국 최초의 의사 일곱 명 중 한 명이 되었으며, 그 후 제중원 의학교 교수로 임명되어 이태준과 선생과 제자로서의 연을 이어가게 된다.

안창호와의 운명적인 만남과 중국 망명

이태준은 의학교 재학 시절부터 국권회복운동에 참여했다. 1909년 10월 만주 하얼빈에서 안중근이 이토 히로부미를 사살하자 안창호는 일본 헌병대에 체포되어 곤욕을 치르고 1910년 2월 석방되어 세브란스 병원에 입원하게 되었다. 이때 이태준을 만난 안창호는 그에게 신민회의 자매단체이자 훗날 흥사단의 모체가 되는 청년학우회에 가입할 것을 권했다. 당시 안창호는 청년학우회를 이끌던 최남선에게 이태준을 추천하고 회비를 대신 내줄 만큼 이태준을 마음에 들어 했다. 청년학우회는 일본의 감시를 피하기 위하여 대외적으로는 청년들의 수양을 위한 단체임을 내세웠으나 전국 각지의 유능한 청년들을 선발하여 국권회복운동의 대들보로 양성하고자 조직된 단체였다. 이태준은 김필순과 안창호를 통해 격동하는 시대적 상황 속에서 민족의식을 키워나갔다.

1911년 6월 이태준은 제중원 의학교에서 이름을 바꾼 세브란스 의학교를 졸업하고 제92호 의술개업인허장을 수여받았다. 꿈꿔왔던 의사가 되었지만 일본의 식민지로 전락한 조국의 현실은 참혹했고 핍박받는 동포들의 모습을 외면할 수 없었다. 졸업 후 세브란스 병원에서 근무하며 김필순과 함께 독립운동의 방향을 모색하던 그에게 중국 대륙에서 일어난 신해혁명은 자극제가 되었다. 대륙에서 일어난 혁명에 동참한다면 그 경험이 조국의 독립운동에 큰 도움이 되리라고 판단한 것이다. 그러던 차에 김필순이 105인 사건에 연루되어 체포될 위기에 처하게 된다.

105인 사건은 1911년 조선 총독부가 독립운동을 탄압하기 위하여 데라우치 마사타케 총독의 암살미수 사건을 조작하여 105인의 독립운동가를 1심에서 유죄 판결을 내린 사건이었다. 실제로 조선 총독부는 이를 계기로 신민회 회원이 대거 포함된 항일지식인 6백여 명을 구속했다. 체포 사실을 사전에 알게 된 김필순은 그해 12월 "신의주에 난산을 겪고 있는 임산부가 있어 전보로 내게 왕진을 요청한 까닭에 외출한다"라는 메시지를 남기고 경의선 열차를 타고 중국으로 떠났다. 상황을 지켜본 후 김필순의 뒤를 따르기로 결심한 이태준은 이미 병원에 김필순과 함께 중국으로 간다는 소문이 퍼진 것을 확인하고 황급히 망명 길에 올랐다. 우여곡절 끝에 쑨원이 신해혁명으로 중화민국 임시정부를 세운 난징에 도착한 이태준은 안창호에게 보낸 편지에서 당시의 심경을 다음과 같이 적고 있다.

"우리는 어느 때에 국난과 자유를 어떻게 회복하올지 생각이 막막합니다. 동포를 이별하고 조국을 떠나서 이와 같이 원통한 회포를 어찌 능히 견디어 이기겠습니까. 그러나 적극적 개념으로 기쁨과 즐거움의 희망을 스스로 생각하오니 이제 우리가 이와 같이 마음과 뜻이 통하며 국사를 도모하야 조국을 광복하고 자유권을 회복한 후 영년 행복을 생각하온즉 상쾌한 정신이 의기를 얻은 듯합니다."

중국에 도착했지만 막상 이태준은 김필순과 연락이 되지 않았다. 여비는 떨어지고 말도 통하지 않는 낯선 땅에서 홀로 쓸쓸한 처지에 놓인 이태준은 중국인 기독교도의 도움으로 기독회의원 의사로 취직하게 되면서 안정을 찾는다. 이후 그는 중국 혁명가들과 교류하고 중국 혁명군에 가담한 한인 유학생들과 친분을 맺으면서 다시금 독립운동에 대한 열정을 되살렸다.

같은 뜻을 가진 동지들의 병원

1914년 가을, 이태준은 난징을 떠나 몽골의 후레로 갔다. 이번 여정은 혼자가 아닌 김규식, 유동렬, 젊은 학생들과 함께였다. 이들은 몽골에 독립군 양성을 위한 군관학교를 세울 계획이었다. 한반도와 멀리 떨어져 있어 만주나 연해주와 달리 일본의 간섭이 미치지 않았던 몽골의 드넓은 초원은 독립군을 양성하기에 최적의 입지였다. 김규식은 직접 중국혁명군에 가담했던지라 무장투쟁의 필요성을 잘 알고 있었고, 유동렬 역시 대한제국 무관 출신의 군인으로 몽골을 항일운동의 근거지로 삼아야 한다는 뜻을 품고 있었다. 하지만 국내의 지하조직에서 약속한 자금이 도착하지 않아 계획이 무산되자 다른 동지들은 몽골을 떠나고 만다. 이태준은 혼자 몽골에 정착하기로 결심하고 후레에 병원을 개업했다. 병원의 이름은 '같은 뜻을 가진 동지들의 병원'이라는 뜻의 동의의국이었다. 이태준은 이름처럼 자신의 병원이 몽골에서 독립운동의 거점이 되기를 원했다. 1918년 김규식은 사촌 여동생 김은식과 함께 다시 몽골을 찾아와 이태준과 재회하였는데 이 만남으로 이태준과 김은식은 결혼을 하고 이태준과 김규식은 동지이자 가족이 되었다.

이태준이 몽골에 정착할 무렵 국제 정세는 격변을 겪고 있었다. 1917년 10월 러시아 페트로그라드(현재 상트페테르부르크)에서 볼셰비키의 무장 봉기가 성공을 거두면서 유라시아 전역으로 사회주의 혁명의 물결이 퍼져나갔다. 서구 열강에 철저하게 외면당하던 독립운동가들은 전제정치를 타도하고 민중의 평등과 모든 민족의 자결을 주창하는 러시아 혁명에 한껏 고무되었다. 민족주의 독립운동가 박은식조차 『한국독립운동지혈사』에서 러시아 혁명을 '세계 개조의 첫 신호탄'이라고 평할 정도였다. 그 결과 신민회에 참여했었고 한일병합 이후 만주에서 무장투쟁을 전개하던 혁명적 민족주의자들을 중심으로 사회주의 사상이 확산되었다. 1918년에는 이동휘, 유동렬, 김립 등이 러시아 하바로프스크에서 한국 최초의 사회주의 정당인 한인사회당을 창당했다. 이태준도 한인사회당의 비밀당원이었다.

몽골 또한 격동기를 겪고 있었다. 1688년 청나라에 복속되어 2백여 년 동안 지배를 받은 몽골인들은 1912년 청나라가 멸망하자 독립을 선언하고 티베트 출신의 외몽골 라마교 지도자로 제8대 활불活佛 젭춘담바 호탁트를 몽골 황제인 복드칸Bogd Khan으로 추대했다. 하지만 몽골을 중국 영토의 일부로 여긴 중화민국은 몽골의 독립을 인정하지 않았고, 1915년 몽골, 중국, 러시아의 3국 협정에 따라 몽골의 자치만이 인정됐다.

중국으로부터 독립을 원했던 몽골은 일본의 식민통치로 고통받고 있는 조선에 대해 관심이 많았다. 당시 몽골의 신문이나 간행물에는 조선의 식민지화에 반대하며 한국인들의 독립투쟁을 지지하는 기사들이 많이 실렸다. 몽골의 수도에 병원을 연 이태준은 몽골의 현실이 조선과 별반 다르지 않음을 느꼈을 것이다.

조선의 의료 환경이 열악했다지만 몽골의 상황은 조선보다도 더욱 심각했다. 불완전한 위생시설과 더불어 몽골인 대다수가 라마교와 샤머니즘을 믿고 있어 병에 걸리면 기도나 주문으로 치료하고자 했다. 당시 몽골은 외래 문명과의 접촉이 활발해지면서 각종 전염병이 유입되고 있었다. 특히 매독은 몽골인의 70~80퍼센트가 감염자였을 정도로 심각했다. 이태준의 근대적 의술과 헌신적인 노력으로 많은 몽골인 환자들이 회복됐다. 이태준의 명성은 어느새 후레 일대에 널리 퍼져 몽골인들은 이태준을 '신인神人'이나 '극락세계에서 강림한 여래불'로 여겼다. 이태준의 뛰어난 의술은 복드칸에게까지 전해져 이태준은 젭춘담바 쿠툭투 8세의 주치의로 임명됐다. 1919년 7월 복드칸은 이태준이 근대 의술을 몽골인들에게 널리 베푼 공로를 인정하여 국가훈장인 에르테닌 오치르 훈장과 제1등급의 관리 자격증을 하사하라 명했다.

이태준은 몽골인들의 존경과 신뢰를 발판으로 많은 자금을 모을 수 있었다. 그는 자금이 모이는 대로 독립운동 지원에 대부분을 사용했다. 1919년 신한청년당 대표로 파리강화회의에 파견됐던 김규식에게 경비를 지원하기도 했으며 중국과 몽골, 러시아를 오가는 독립운동가들에게 숙식과 교통을 비롯한 갖가지 편의를 제공했다. 그의 병원은 독립운동가의 중간 연락 거점이자 군자금 유통경로로도 활용됐다. 특히 이태준은 1920년 러시아 혁명정부가 상하이 임시정부에 제공한 40만 루블을 모스크바에서 상하이까지 옮기는 일을 도왔다.

성공적으로 자금 운송을 마친 직후 이태준은 베이징에서 의열단 단장인 김원봉을 만나 서로의 혁명적 열정에 크게 공감하여 즉석에서 의열단에 가입했다. 일제의 무력에 대항하여 암살과 파괴 공작을 활발하게 펼쳐나갔던 항일비밀결사였던 의열단은 질이 좋지 않은 폭탄으로 단원들의 희생이 커지자 우수한 폭탄을 제조할 수 있는 기술자가 절실히 필요한 상황이었다. 이에 이태준은 몽골에 있는 헝가리인 마자르를 김원봉에게 추천한다.

이태준이 몽골로 돌아간 지 얼마 지나지 않은 1921년 2월, 러시아 백군의 운게른 스테른베르크 장군의 부대가 후레를 점령하였다. 운게른은 철저한 반볼셰비키주의자이자 열렬한 군주론자로 아시아 대륙의 민족들로 구성된 중앙제국을 꿈꾸던 잔혹한 인물이었다. 후레를 점령한 운게른 부대는 대대적인 약탈과 살육을 자행했다. 이태준은 마자르와 함께 상하이 임시정부에 전달할 자금을 갖고 후레를 빠져나와 베이징으로 향했지만, 얼마 못 가 운게른 부대에 체포되고 후레로 압송되어 가택연금에 처해졌다. 당시 운게른 부대에는 볼셰비키의 세력 확장을 우려한 일본의 지원으로 일본군 장교들이 참모로 있었다. 이태준이 독립운동에 깊숙이 관여하고 있다는 사실을 알고 있었던 이들은 이태준의 처형을 부추겼다. 결국 이태준은 운게른의 부하들에 의해 공산주의자들과 관련되어 있다는 혐의로 처형되었다. 그의 나이 불과 서른여덟이었다.

이태준이 처형된 후 마자르는 이태준과의 약속을 지키기 위해서 홀로 베이징으로 향했다. 김원봉과 재회한 마자르는 성공적으로 폭탄을 제조했고 마자르의 폭탄은 미수로 끝난 황옥경부사건과 김시현 사건을 비롯한 의열단의 각종 파괴 공작에 활용됐다.

의사들의 독립운동

"의사가 나라도 치료하는 것입니까?"

"상의上醫는 나라를 치료하고 그다음은 사람을 치료합니다. 이것이 의원의 일입니다."

중국 춘추전국시대 역사서인 『국어』 「진어편」에 나오는 대화다. 옛사람들은 의사가 사람을 치료하는데 그치는 것이 아니라 나라의 병폐까지도 고칠 수 있다고 보았다. 이태준은 의사로서 안정된 삶을 뒤로 하고 조국의 광복을 위해 누구도 강요하지 않은 가시밭길을 스스로 걸어갔다. 상의의 길이었다. 이태준과 같이 동시대를 살았던 많은 의사들도 쓰러져가는 조국을 보고만 있지 않고 독립운동의 최전선에 과감히 뛰어들었다.

이태준과 망명 길에서 헤어졌던 김필순은 서간도 통화에 적십자병원을 세우고 모든 수입금을 독립군의 군자금으로 보냈다. 통화에 일제의 영향력이 미치자 그는 몽골 근처 치치하얼로 옮겨가 북제진료소를 열고 독립군 양성의 거점으로 삼을, 한국인을 위한 이상촌 건설에 힘썼다. 하지만 1919년 의사로 가장한 일본군 특무요원이 건넨 한 봉지의 우유를 마시고 독살당하고 말았다.

김구의 손윗동서인 신창희는 1910년 국권을 일본에 빼앗기자 중국으로 망명하여 독립운동에 나섰다. 중국 안동에서 평산의원을 운영하면서 상하이 임시정부 교통국 요원으로 활동하며 군자금을 모은 그는 자신의 병원을 상하이와 국내를 연결하는 독립운동의 거점으로 활용했다. 1921년 중반부터 1923년까지 상하이 임시정부의 군의로도 활약하던 신창희는 당시 상하이에 머물고 있던 주현측, 신현창 등 세브란스 의학교 동창들과 함께 적십자사 상의원 직책을 맡아 활동하였다.

백정 출신의 박성춘의 아들 박서양은 1919년 만주 용정으로 건너가 구세병원과 숭신학교를 세우고 어린 학생들에게 독립정신을 심어주고자 노력하였다. 숭신학교는 불온사상을 고취한다는 이유로 일본 경찰에 의해 강제 폐교되었으나 그는 이후 간도에서 무장투쟁을 주도하던 대한국민회 군사령부의 군의로 활동했다.

이태준의 활약상이 세상에 알려진 것은 최근의 일이다. 대한민국 정부는 이태준이 죽은 지 60여 년이 흐른 뒤에야 1980년 대통령 표창을 하고 1990년 애족장을 추서했다. 여운형이 찾았던 이태준의 무덤은 오랜 세월이 흘러 지금은 흔적조차 남아 있지 않다. 대신에 무덤이 있었다고 추정되는 자이승 승전 기념탑 자락 아래에 이태준 기념 공원이 조성되었다. 기념 공원은 2001년 몽골한인회와 이태준이 졸업한 세브란스 의학교의 후신인 연세대학교 의료원이 주축이 되어 몽골 정부가 제공한 울란바토르의 부지 위에 세워졌다. 현재 이태준

기념 공원은 몽골을 방문한 한국인들이 찾는 명소가 됐다.

과거 이태준의 행적과 같이 현재 한국의 많은 의사들이 의료 혜택을 받지 못하는 환자들을 돌보기 위해 봉사단을 꾸려 몽골로 향하고 있다. 조국 광복에 헌신하고 국적과 인종을 넘어 인술을 베풀던 청년 의사 이태준은 한국과 몽골 친선의 상징적 인물로 부활하고 있다.

冊

『1923 경성을 뒤흔든 사람들』 김동진, 서해문집, 2010.

『김규식』 이준식, 역사공간, 2014.

『도산안창호자료집 2』 독립기념관 부설 한국독립운동사연구소, 1991.

『여명기 민족운동의 순교자들』 반병률, 신서원, 2013.

『초기 사회주의 운동』 임경석, 독립기념관 부설 한국독립운동사연구소, 2009.

『한국근대서양의학 교육사』 박형우, 청년의사, 2008.

『한국·몽골 교류사 연구』 박원길·S. 촐몬, 이매진, 2013.

07 어린이들의 별

애독자분들과

자제를 두신 학부형께 고함

1923년 소파 방정환에 의해
세상에 모습을 드러낸
최초의 월간 아동잡지 『어린이』

일제에게 갖은 박해를 겪으면서도
우리가 무언가를 구하기 위해 노력하는 이유는
오직 '내일 잘 살 수 있겠지'라는
희망이 남아 있기 때문입니다

그 희망이란
내일의 주인, 내일의 조선 일꾼
소년 소녀들을 잘 키우는 것밖에 없습니다
–『어린이』 창간 광고

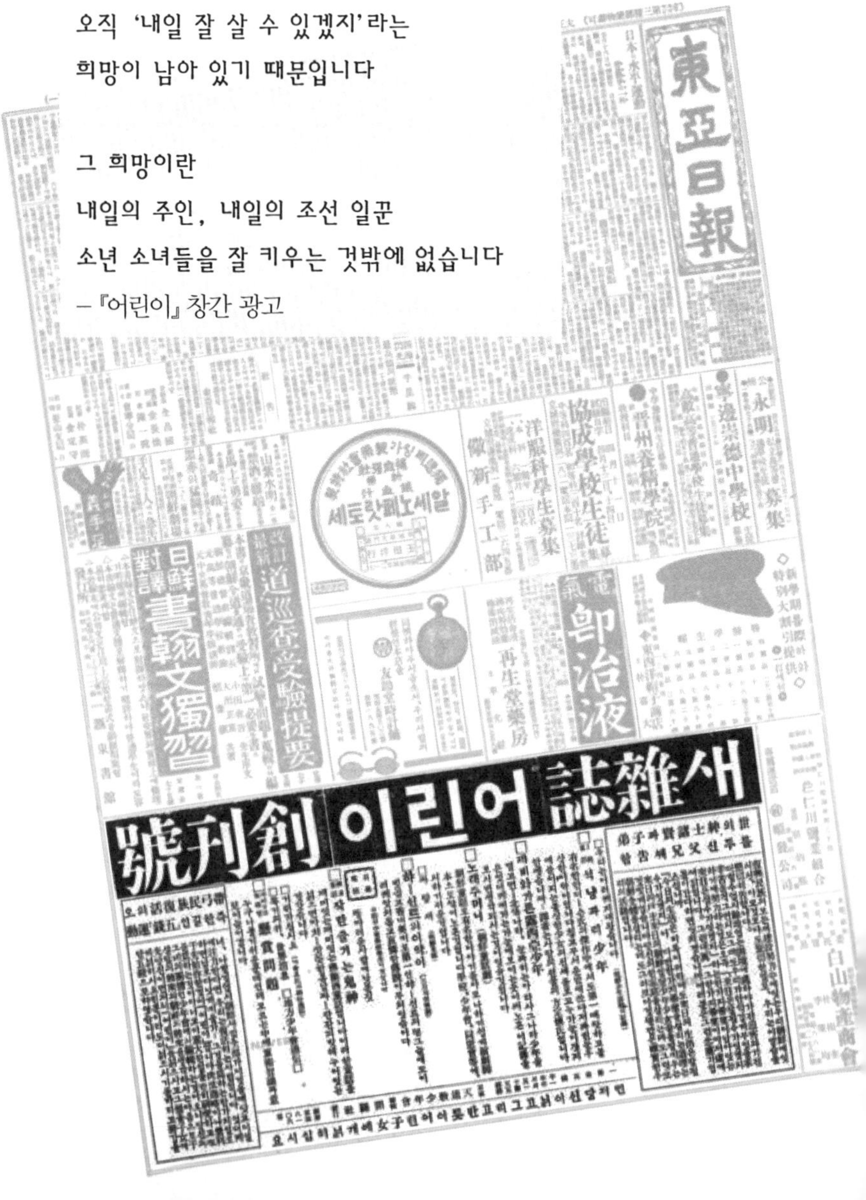

"1판, 재판을 거쳐 3판을 발행한 것이
또 7일 만에 없어졌습니다.
그래도 주문하시는데 4판까지는
인쇄할 시일이 없어 보내드리지 못하였습니다."

–『어린이』, 1925년 2월호

1925년 서울 인구
30만 명

1925년 잡지『어린이』판매량
10만 부

창간 이후
어려운 시대 속에서도
인기를 거듭한 잡지『어린이』

독자를 사로잡은 잡지 『어린이』의 특별한 구성

1. 필명 사용

유머 칼럼을 쓸 때는 '깔깔 박사'
탐정 소설을 쓸 때는 '북극성'
외국 동화를 번역할 때는 '몽중인'

약 39개에 이르는 필명을 사용하며
직접 잡지 연재에 참여했던 방정환

어린이를 위한 글을 쓸 작가가 부족한 상황에서
다양한 필명 사용은
독자의 흥미를 증폭시키는 역할을 했다

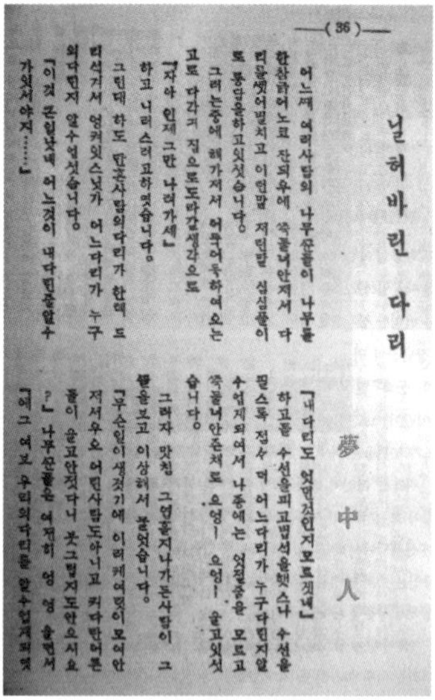

—(36)—

닐허바린 다리

夢中人

어느때 여러사람의 나무군들이 나무를 한참하여노코 잔듸우에 죽─늘어안저서 다리를뻣어벌치고 이런말 저런말 섯심들이 또 롱담을하고잇섯슴니다。

그러는중에 해가저서 어둑어둑하여오는고로 다각기 집으로도라갈생각으로

「자아 인제 그만 나려가세」

하고 니러스려고하엿슴니다。

그런데 하도 만흔사람의다리가 한데 드리섯거저서 엉키어잇스닛가 어느다리가 누구의다린지 알수업섯슴니다。

「이것 큰일낫네 어느것이 내다린줄알수가잇서야지……」

「내다리도 엇던것인지모르겟네」

하고들 수선을피고법석을햇스나 수선을필스록 점々 더 어느다리가 누구다린지알수업게되여서 나종에는 엉엉울을 모르고 죽─늘어안즌채로 으엉─ 으엉─ 울고잇섯슴니다。

그러자 맛참 그엽흘지나가든사람이 그꼴을보고 이상히서 물엇슴니다。

「무슨일이 생겻기에 이러케여럿이 모여안저서우오 어린사람도아니고 커다란어른들이 울고안젓다니 꼿그럿지도안으시요?」 나무군들은 여전히 엉 엉 울면서

「여그 여보 우리의다리를 알수업게되엿

"첫 호부터 지금까지 유익한 이야기를 쓰셔서
몇 만 명 독자에게 사랑받는 필자 몽중인
그는 누구일까요?"

– 『어린이』, 1923년 8월호

"몽중인은 소파 방정환 씨였습니다."

– 『어린이』, 1923년 9월호

방정환은 상품을 주는 퀴즈에 수시로 등장하며
『어린이』의 스타 역할을 도맡았다

편집 일이 없는 날에는 밖으로 나가
정기적으로 동화회를 열었던 방정환

동화 구연에도 능통했던 그를 보기 위해
1천 명 이상의 청중들이 모여들었다

"금년 봄 보통학교 학생들에게
산드룡(신데렐라) 이야기를 해주는데 많은 학생들이
손으로 얼굴을 받들고 큰 소리로 울기 시작했다.
울려놓았지만 울지 말라고 할 재주는 없어
한동안 먹먹히 서 있었다."

–『별건곤』, 1930년 10월호

4. 특별 부록 증정

조선 팔도 윷놀이 판, 금강산 게임 말판
세계일주 말판 놀이 등
어린이의 흥미를 자극하는 다양한 부록을 증정

이 부록들은 단순한 놀이가 아닌
조선의 지리를 공부해 민족정신을 키우고
나아가 온 세계를 알아갈 수 있게끔
흥미와 교육이 결합된 특별한 구성이었다

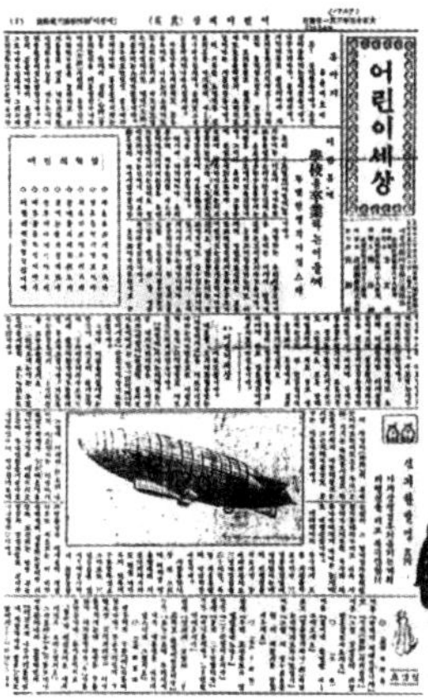
어린이세상

「어린이」의 부록으로 만들어진 신문
〈어린이세상〉

그러나

"총독부로부터 압수 명령이 내려져
본사와 경성의 50여 개 책방은 물론 조선 300여 곳에서
책을 모두 몰수당하였습니다."

– 『어린이』, 1928년 3월호

당시 일제의 탄압에 의해
어른을 상대로 한 독립운동은
불가능했던 조선

"그래서 우리는 일본인들의 경계를 피해
겉으로는 소년 문제를 연구하는 단체처럼 보이게 하고
실제로는 우리 어린이들에게 민족의 자주독립 정신을
배양해주자는 것을 목표로 삼았습니다."

– 진장섭의 회고 중에서

소년 단체들은 독립운동의 중추 역할을 했고
잡지 『어린이』 역시
독립 정신을 담은 글들을 연재했다

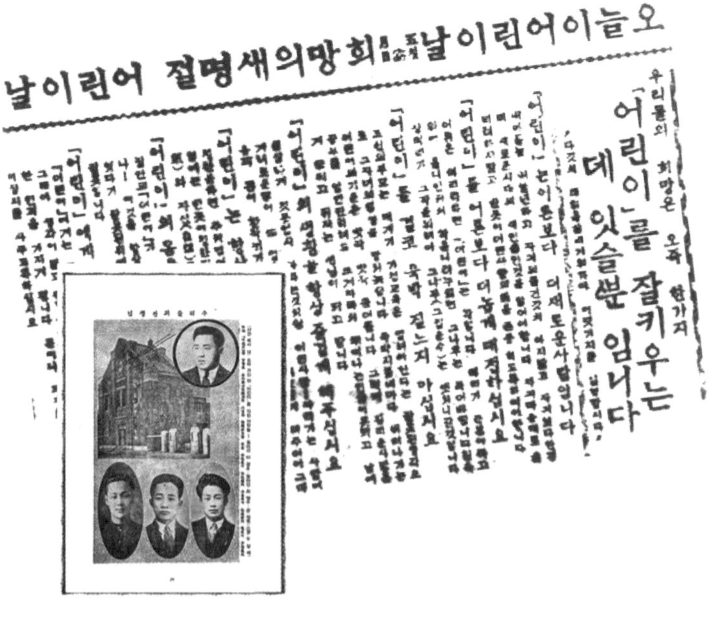
오늘이어린이날 희망의새명절 어린이날

「어린이」를 잘키우는 데 잇슬뿐 임니다

계속되는 잡지『어린이』에 대한
일제의 사전 검열

그럴 때마다 방정환은
총독부에 불려가 조사를 받아야 했고
매달 1일 발행하던『어린이』는
발행일자를 못 지키기 일쑤였으며
통째로 삭제당한 원고들은 수없이 많았다

삭제 34회
게재 중지 9회
압수 2회

매서운 일제의 탄압 속에서도 출간을 이어간 최초의 월간 아동잡지『어린이』

『어린이』의 발행인 방정환은
딸년, 아들놈, 애새끼로 불리던 아이들에게
'어린이'라는 수식어를 안겨준 어린이들의 별이었다

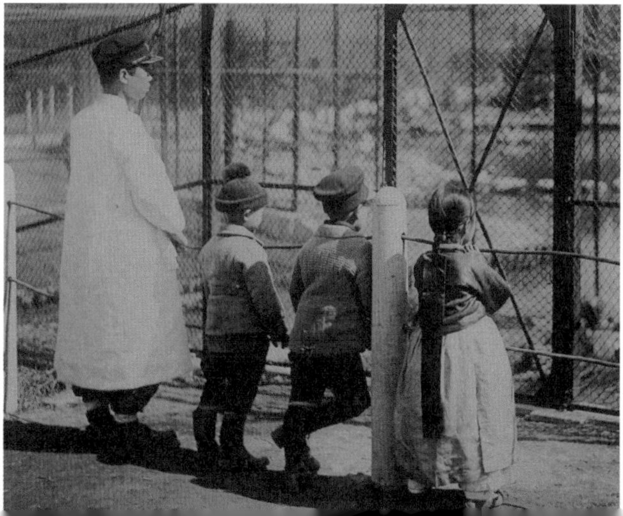

우리나라 최초의 아동잡지 『어린이』

"신사제현과 자제를 두신 부형께 고함. 더할 수 없이 여지없는 곤경에 처하여 갖은 박해와 갖은 고해를 겪으면서도 그래도 우리가 안타깝게 무엇을 구하기 위해 노력하는 이유는 오직 '내일은 잘 될 수 있겠지, 내일은 살 수 있겠지' 하는 한 가지 희망이 남아 있는 까닭입니다. (…) 한 가지 희망을 살리는 도리는 내일의 호주, 내일의 조선 일꾼 소년 소녀들을 잘 키우는 것밖에 없습니다."

1923년 3월 22일 동아일보 1면에 커다랗게 실린 이 광고는 나라의 미래는 어린이에게 있다는 신념을 가지고 창간된 최초의 월간 아동잡지 『어린이』에 대한 광고였다.

소파 방정환은 1899년 11월 9일 한성 야주개(현재 서울특별시 종로구 당주동)에서 아버지 방경수와 어머니 손성녀 사이에서 태어났다. 할아버지와 아버지가 야주개에서 어물전과 미곡상을 경영하고 있었기 때문에 어린 시절 그의 집은 유복한 편이었다. 그러나 그가 아홉 살 되던 무렵에는 가세가 완전히 기울어 어린 정환이 이 집 저 집으로 쌀을 꾸러 다녀야 하는 형편이 되었다. 그런 그의 일생에서 커다란 전환점이 된 사건은 그의 나이 열아홉에 손병희의 셋째딸 손용화와 결혼한 일이었다. 방정환의 아버지 방경수는 권병덕이란 인물과

의형제를 맺을 만큼 친했는데, 권병덕은 3·1운동 당시 독립선언서에 서명한 '민족대표 33인' 중 한 명으로 천도교 내에서 명망이 높았던 인물이었다. 방정환은 권병덕의 중매로 역시 '민족대표 33인' 중의 한 명이자 당시 조선 최대의 종교 천도교의 3대 교주였던 손병희의 셋째딸과 결혼하게 된다. 이미 아버지의 영향으로 천도교에 몸담고 있었던 방정환은 손병희의 사위가 되면서부터 본격적으로 천도교 조직에서 활동했고, 천도교의 자금과 조직, 인맥은 이후 그의 활동의 주요한 기반이 되었다.

천도교의 인간관은 방정환의 어린이관 형성에 많은 영향을 끼쳤다. 천도교에서는 사람은 태어나는 순간부터 반상의 귀천, 남녀노소의 차별 없이 모두 평등하게 한울님天主의 성품을 부여받으며, 한울님의 성품은 한없이 맑고 깨끗하다는 믿음으로 사람을 바라보았다. 방정환은 어린이에게서 한울님의 본모습을 발견하였으며, 그 세계를 지키고 넓혀주고자 했다. 그 때문에 그는 다분히 감상적인 표현으로 어린이를 예찬하였는데, 이는 이후 다른 소년 운동가들에게 '동심주의' 혹은 '천사주의'로 비판받기도 했다.

혼인 후 방정환은 손병희가 경영하던 보성전문학교에 입학하였고 이중각, 이복원, 유광렬 등과 함께 비밀결사단체 '청년구락부'를 만들어 기관지 성격의 『신청년』을 발간하기도 했다. 1919년 3·1운동 당시에는 오일철 등과 함께 호외판 〈조선독립신문〉을 등사판으로 인쇄 배부하여 경찰에 검거되었다가 풀려나기도 했다. 이후 최초의 영화잡지인 『녹성』을 발간하고, 최초의 종합여성지 『신여지』의 편집고문으로 활동하며 출판인으로서의 역할을 넓혀가던 방정환은 천도교청년회 도쿄지회 조직을 위해 1920년 9월 유학길에 오른다.

방정환의 일본 유학 생활은 그의 학문적 기반을 넓히는 것과 더불어 이후 그의 활동을 지원해줄 소중한 인연을 만드는 계기였다는 점에서 중요했다. 방정환이 머문 1920년대 초반 일본에서는 아동문화가 절정기를 맞이하고 있었다. 일본 아동문학에 결정적인 획을 남긴 『아까이도리赤い鳥』가 1918년 7월 창간된 것에 이어 1919년 『킨노후네金の船』 1920년 『도오와童話』 등 당대를 대표하는 아동잡지가 연달아 출간됐다. 도쿄 거리에 풍성하게 넘치는 아동을 위한 책이나 장난감을 보면서 방정환은 일본의 아이들과 너무도 상반된 상황에 처해 있던 조선의 아이들을 떠올렸을 것이다.

장유유서長幼有序와 부모에 대한 효도를 덕목으로 내세우던 조선에서 어린이가 설 자리는 없었다. 어린이는 어른들 틈에 끼어서 먹고 자는 존재로 부모의 소유물이자 집안일에 손을 보태는 노동력쯤으로 여겨졌다. 당연히 그들을 위한 밥상도, 공간도 없었다. 가정과 사회에서 잊혀진 채 기본권조차 보장받지 못한 어린이가 대부분이던 시대에 방정환은 조선의 어린이에게로 눈을 돌리기 시작했다.

방정환은 일본으로 유학을 떠나기 한 달 전인 1920년 『개벽』 3호에 이미 '잔물'이라는 필명으로 「불 켜는 이」라는 번역시를 실은 바 있다. 방정환의 호 '소파'는 이 '잔물'이란 필명을 한자로 옮긴 것으로 추측된다. 「불 켜는 이」라는 시는 처음으로 '어린이'라는 단어가 문자로 등장했다는 점에서 중요한 자료로 여겨진다.

도쿄에서 유학하는 동안, 방정환은 외국 동화 10여 편을 수록한 『사랑의 선물』(1922)을 출간했고, 이는 공전의 히트를 기록했다. 또한 천도교소년회와 밀접하게 연락하면서 『어린이』 창간을 준비했으며 비슷한 시기에 어린이를 위한 사업을 함께하려는 동지들을 모아 색동회를 창립했다. 색동회 창립 구성원은 방정환, 강영호, 손진태, 고한승, 정순철, 조준기, 진장섭, 정병기, 윤극영, 조재호 등이 있으며, 그 뒤에 마해송, 정인섭, 최진순, 이헌구, 윤석중 등이 참가하였다. 색동회와 『어린이』는 밀접한 관계를 맺고 있었던 터라 『어린이』는 색동회 회원들의 글로 채워지곤 했다. 특히 방정환은 "우리 어린이에게 우리말 노래를 주자"는 의도를 가지고 성악을 전공한 윤극영을 적극 설득하여 〈설날〉 〈고드름〉 〈반달〉과 같은 동요를 『어린이』에 싣게 했다. 천도교 계열 학교인 동덕여학교의 음악당담 교사였던 정순철 또한 방정환을 도와 윤석중과 함께 〈어린이 노래〉와 〈졸업식 노래〉를 지었다.

김기전은 방정환이 소년운동을 추진하는 데에 있어 가장 중요한 동지였다. 방정환이 행동으로 추진하면 김기전은 이론으로 그를 뒷받침해주었다. 두 사람은 호를 함께 지을 정도로 절친한 사이였다. 1920년 6월 『개벽』이 창간되자 김기전은 주필로 발탁되어 『천도교회월보』와 『개벽』에 거의 매호 빠짐없이 글을 실었다. 김기전은 천도교 소년회를 발족시켰으며, 1923년 5월 소년운동협회의 이름으로 첫 어린이날이 개최될 때 '개벽운동과 합치되는 조선의 소년운동'이란 글을 『개벽』 5월호에 실음으로써 이후 전개되는 소년운동에 기폭제 역할을 하였다.

『어린이』 창간을 준비할 당시 주변에서는 "어른들이 보는 잡지도 팔리지 않아 운영이 어려운데 어린애들이 무슨 돈이 있어 잡지를 사겠느냐"고 만류하는 목소리가 있었지만 방정환은 "안 될 일일수록 우리가 하지 않으면 누가 손대는 사람이 있겠소? 안 되어서 낭패하더라도 낭패하는 그날까지 억지로라도 시작해야지요"라며 『어린이』 창간을 진행하였다.

창간호 판매는 몹시 부진했다. 이름과 주소만 보내면 무료로 주겠다는 광고를 거듭했는데도 공짜로 받고 싶어 주문한 사람이 고작 열여덟 명 정도였다. 그러나 방정환의 열성과 잡지의 탄탄한 내용에 힘입어 『어린이』 독자는 눈에 띄게 늘기 시작하였다.

"1월 7일에 발행한 것이 단 7일 만에 팔려 없어졌고, 곧 뒤이어 17일에 재판을 발행한 것이 또 7일 만에 없어지고, 다시 23일에 3판을 발행한 것이 또 7일 만에 없어졌습니다. 그래도 뒤를 주문하시는데 4판까지는 인쇄할 시일이 없어 보내드리지 못하였습니다."

– 『어린이』, 1925년 2월호

『어린이』에는 어느 순간부터 '10만 독자'라는 표현이 등장하기 시작했는데, 당시 서울의 인구가 30만 명이었던 것을 감안하면 놀라운 수치가 아닐 수 없다. 이는 실제 발행부수라기보다는 소모품으로 돌려 읽기 가능한 잡지의 속성상 『어린이』를 읽는 독자 수를 의미한다. 그렇다고 해도 당시 동아일보나 조선일보의 발행부수가 5만 부 정도였던 것을 감안하면 놀라운 수치라 할 수 있다.

『어린이』의 인기 비결

창간 이후 날로 인기를 더해간 잡지 『어린이』가 독자를 사로잡은 비결은 무엇일까? 방정환은 뛰어난 아이디어와 추진력으로 독자들의 마음을 사로잡았는데 특히, '스타 마케팅'을 적절히 활용하였다. 여기서 스타란 바로 방정환 자신이었다. 유머 칼럼을 쓸 때는 '깔깔 박사', 탐정 소설을 쓸 때는 '북극성', 외국 동화를 번역할 때 '몽중인' 등 39개에 이르는 다양한 필명을 사용하며 방정환은 직접 잡지 연재에 참여하였다. 어린이를 위한 글을 쓸 작가가 부족한 상황에서 다양한 필명의 사용은 독자의 흥미를 증폭시키는 역할을 하였다. 이밖에도 방정환은 상품을 주는 퀴즈에 수시로 등장하며 『어린이』의 스타 역할을 도맡았다. '방정환 씨 미행기'라는 독자 투고가 실릴 정도로 당시 독자들에게 방정환의 인기는 대단했다.

『어린이』는 어린이들이 관심을 가질 만한 이벤트를 적극 활용하였다. 세계아동전람회 개최 같은 대형 이벤트도 있었고, '지상 독자 토론회' 등을 통해 독자들의 참여를 독려하였다. 『어린이』 창간 1주년이나 2주년 기념 행사에는 방정환의 동화회도 빠지지 않고 열렸다. 방정환에 대한 주변 사람들의 평가에서 빠지지 않는 것이 바로 뛰어난 구연동화 실력이다. 동화회에 참석한 경관까지 눈물을 흘렸다거나, 도중에 자리를 뜰 수 없는 어린이가 고무신에 오줌을 받아 누었다거나, 유치장의 간수가 교대로 파수를 보아가며 그의 동화를 열중해서 들었다는 에피소드가 전해질 정도다.

방정환은 매주 토요일에 동화회를 정기적으로 열었는데, 그의 동화구연을 듣기 위해 1천 명 이상의 청중들이 모여들었다. 방정환이 순회강연을 하기 위해 방문한 지역이 1년에 70여 곳이나 되었다.

"금년 봄에 이화여자보통학교에 끌려 가서 전교 학생에게 산드룡(신데렐라) 이야기를 할 때 (···) 그 많은 여학생들이 그만 두 손으로 수그러지는 얼굴을 받들고 마치 상갓집 곡성같이 큰 소리로 응응 소리치면서 일시에 울기 시작하였다. (···) 울려는 놓았지만 울지 말라고 할 재주는 없고 한동안 단상에 먹먹히 서 있었다."

– 『별건곤』, 1930년 10월호

『어린이』는 특별부록 증정으로 독자들을 사로잡았다. '최신 유희 호랑이 잡기' '세계일주 말판 놀이' '세계일주 사진집' '조선13도 고적 순례 말판' '금강산 게임 말판' 등 어린이들의 흥미를 자극하는 다양한 부록이 증정됐다. 이러한 부록들은 단순히 흥미를 유발하는 것에서 그치는 것이 아니라 한국을 사랑하고 동물을 사랑하고 세계를 바라보고 이해하도록 하는 흥미와 교육이 결합된 것이었다.

『어린이』 창간 6주년과 7주년을 기념하여 나온 『조선자랑호』(1929년 3월호), 『조선제일호』(1930년 3월호)는 조선의 지리, 기후, 온돌, 특산, 의복, 인정, 서화, 음악, 운동, 어학 등 조선의 풍토와 역사 및 문화에 관한 광범위한 주제를 다루고 있다. 방정환이 만드는 잡지 『어린이』가 민족정체성을 확립하고 민족의 긍지를 높이는 데 목적을 두었다는 점을 확인할 수 있는 부분이다.

"어린이를 부탁해"

『어린이』의 인기와 함께 소년운동이 활발해지자, 조선 총독부는 『어린이』를 더욱 철저하게 검열하기 시작했다.

"총독부 경무국으로부터 압수 명령이 내려 본사와 경성 50여 책방은 물론 온 조선 300여 곳에서 책을 모두 몰수당하였습니다."

– 『어린이』, 1928년 3월호

"압수를 당하여서 인쇄를 못하게 된 고로 곧 새로 편집을 고쳐하여서 다시 허가를 받느라고 날짜만 많이 걸려서 (···) 오늘까지 궁금히 기다려주신 여러분에게 미안하기 그지없습니다."

– 『어린이』, 1928년 5월호

1919년 3·1운동 이후 일제는 이른바 문화통치를 표방하며 헌병경찰 제도를 폐지하였지만 실제로 경찰 수는 더 늘어났으며, 언론 출판의 자유를 보장하였지만 그에 대한 검열과 통제 역시 게을리하지 않았다. 오히려 회유책을 통해 독립운동 세력을 분열시키고, 국내에 유입되기 시작한 사회주의운동을 철저히 탄압하였다. 그런 상황에서 어른을 대상으로 하는 독립운동의 장은 더욱더 좁아질 수밖에 없었다.

"우리는 일본인들의 경계를 피해 겉으로는 소년 문제를 연구하는 단체처럼 보이게 하고 실제로는 우리 어린이들에게 민족의 자주독립 정신을 배양해주자는 것을 목표로 삼았습니다."

– 방정환의 친우 진장섭의 회고 중에서

실제로 당시 나라의 미래를 담당한 소년들에 대한 관심이 높아졌고 이에 부응하듯 전국 각지에서 많은 소년회가 조직되었다. 『어린이』는 이러한 소년들을 대상으로 민족의식을 고취시키고, 독립에 대한 의지를 불어넣어주는 역할을 자임했다. 때문에 『어린이』에 대한 일제의 사전검열도 점점 철저해질 수밖에 없었다. 총독부의 검열은 처음에는 몇 행을 삭제하는 정도였으나, 점점 원고를 통째로 삭제하거나 게재를 중지하는 경우가 잦아졌다. 이런 강제조치가 이루어질 때마다 『어린이』의 편집 책임자인 방정환은 총독부 경무국에 수시로 불려가 경위 설명을 하느라 진땀을 흘려야 했다. 매달 1일 발행이었던 『어린이』는 발행일자를 지키지 못하는 일이 많아졌다. 삭제 34회, 게재 중지 9회, 압수 2회라는 총독부 당국의 꾸준한 간섭 속에서 통째로 삭제당한 원고의 수도 적지 않았다.

『어린이』지의 인기가 높아질수록 방정환의 건강은 악화되었다. 방정환은 몸이 자주 피로해짐을 느꼈다. 코피도 자주 쏟았고 코피를 한 번 쏟으면 쉽사리 멈추지 않았다. "며칠 쉬면 될 일이지 입원은 무슨 입원이냐?"며 병원행을 사양하는 방정환을 주변 사람들이 억지로 끌고 가 입원시켰으나 입원 이후 방정환의 병세는 더욱 악화되었다. 1931년 독립운동가이자 소년운동가였으며, 아동문학가이자 잡지인, 언론인이자 교육자이며 구연 동화가이기도 했던, 그러나 무엇보다 어린이의 친구였던 방정환은 서른세 살의 나이로 세상을 떠난다. '늙은이' '젊은이'라는 용어와 대등한 용어로 높여 부르는 '어린이'라는 호칭을 통해 '딸년', '아들놈', '애새끼'로 불리던 조선의 아이들을 하나의 인격체로 인정하고자 했던 그가 떠나기 전 마지막으로 남긴 말도 "어린이를 부탁해"였다.

"우리는 또한 현재에도 존재하고 있다"

1923년 5월 1일 조선소년운동협회 주최로 열린 첫번째 어린이날 기념식에서 다음과 같은 내용의 선전문이 배포되었다.

"어린이를 가까이 하시어 자주 이야기하여 주시오."
"잠자는 것과 운동하는 것을 충분히 하여 주시오."
"산보와 소풍 같은 것을 가끔가끔 시켜주시오."
"어린이를 책망하실 때에는 쉽게 성만 내지 마시고 자세히 타일러 주시오."

이 선전문의 내용은 현재까지도 시사하는 바가 크다. 어린이날이 되면 놀이공원이며 거리에 사람들이 넘쳐나고, 어린이들을 위한 갖가지 장난감들이 장바구니를 채운다. 그러나 어린이날을 제외한 날들에 어린이들은 무엇을 하고 있을까? 놀이터에 아이들이 사라진 지 이미 오래고, 아침 일찍부터 밤늦게까지 짜여진 스케줄에 따라 적게는 2, 3군데 많게는 5, 6군데 학원을 다니는 것이 일상이 되었다. 좋은 대학과 좋은 직장을 위해 어린아이들이 마땅히 누려야 할 현재 행복은 미래에 저당잡혀 있다. 방정환이 아이를 부모의 소유물이나 단순한 노동력이 아닌 하나의 인격체로 인정하고 대우하기 위해 '어린이'라는 수식어를 설정했을 때보다 상황은 크게 나아지지 않은 듯하다. 1923년 5월 1일 조선의 첫 어린이날 행사에서 제창된 내용은 90여 년이 지난 지금까지도 하나의 인격체로서 어린이들을 어떻게 대하여야 하는가에 대해서 다시금 생각하게 한다.

유엔아동권리협약에서는 아동이 "본인에게 영향을 미치는 모든 문제"에 의견을 표시할 권리(제12조)를 규정하고 있다. 2002년 5월, 150여 개가 넘는 나라의 18세 미만 어린이 400여 명이 유엔어린이특별총회에 모였다. 어린이들은 어린이 포럼을 개최하여 어린이가 행복한 세상을 만들기 위해 스스로가 해야 할 일에 대해 토론하였으며, 개회식에서 그 결과물을 모아 성명서를 채택했다. 총회에 참석한 400여 명의 어린이들의 손에는 다음과 같은 성명서가 쥐어 있었다.

"우리는 단순히 어린 사람이 아닙니다. 우리는 이 세상의 사람이고 시민입니다. (…) 어른들은 우리들을 미래라고 부르지만, 우리는 또한 현재에도 존재하고 있습니다."

冊

「당신이 미래라 부르는 것: 아동 인권의 현재」 이선주, 창비어린이 제6권, 2008.
『사랑의 선물–소파 방정환의 생애』 이상금, 한림출판사, 2005.
『소년운동을 민족운동으로 승화시킨 방정환』 조성운, 역사공간, 2012.
『소파 방정환 평전』 민윤식, 스타북스, 2014.
『어린이 문화 운동사』 이주영, 보리, 2014.

羅州地圖
建置沿革
本百濟發羅郡一云通義新羅改錦山郡一云錦城羅季甄萱
稱後百濟盡有其地來錢郡人附于後高麗王弓裔弓
裔命高麗太祖爲精騎太監師攻取今名成宗十四年置
節度使號鎭海軍隷海陽道顯宗元年避契丹南巡
至州留旬日契丹師敗退王乃還都九年陞爲牧
本朝因之
北至京都七百四十里
北至監營二百四十里
南至兵營一百十里
東至左水營二百九十里
南至右水營二百二十里
東至統營五百二十里

3부

기록하다

記

01 조선의 신문

매일 아침
전국 곳곳에 전해지는
귀중한 소식

"어제 조보朝報를 보니 과거시험이
이달 28일로 정해졌다고 합니다."

– 『이재난고』, 1765년 3월 7일

"지금 조보를 보니 통제사 원균이
왜선 2척을 포획하여 65명의 목을 베었다니
심히 기쁜 일이다."

– 『쇄미록』, 1597년 4월 5일

"계를 올렸다가 임금이 성을 내며 꾸짖으셨다.
조보에는 그런 내용이 없어
나는 그런 사항도 모르고 있었는데…"

– 『집중본』

"폭은 35센티미터, 길이가 일정치 않은
낱장의 종이에 초서체로 쓰인다."

– 프랑스인 모리스 꾸랑의 기록, 1890년 5월

미국의 언론학자
미첼 스티븐스 교수가 제시한
신문의 조건

1876년(고종 13년)에 발행된 조보

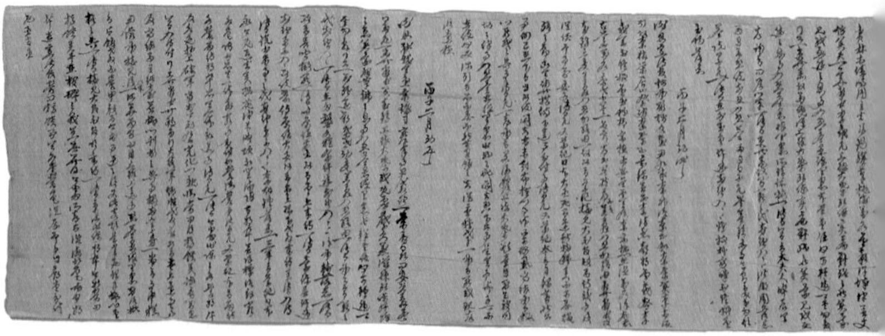

1. 정기적인 정보 전달

매일 아침, 승정원에서 발행

2. 지면을 채우는 기사 수가 다양할 것

천재지변부터 임금의 전교 내용까지 여러 분야의 기사 수록

3. 일관성을 갖춘 일련번호 혹은 형식

매일 발행하는 날짜 표기

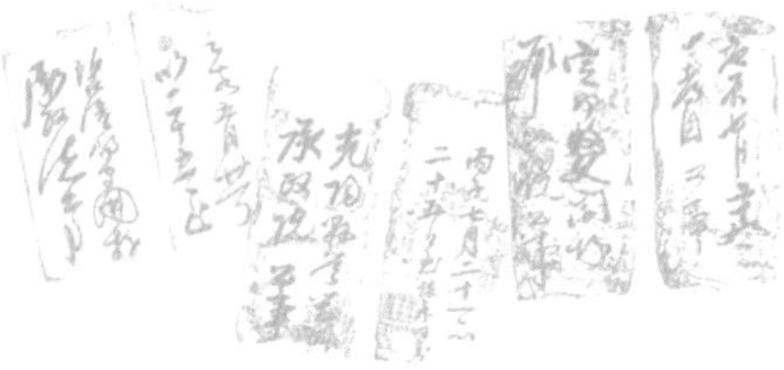

조정의 주요 인사이동
정책의 시행과 철폐

과거시험 날짜 공지와
합격자 명단 공개

임금에게 올린 상소문과
그 답변인 비답批答

기이한 자연현상을 다룬 기사와
중국과 일본 등 해외 소식까지

고위 관료와 양반계층에 한해
배포되는 관보官報

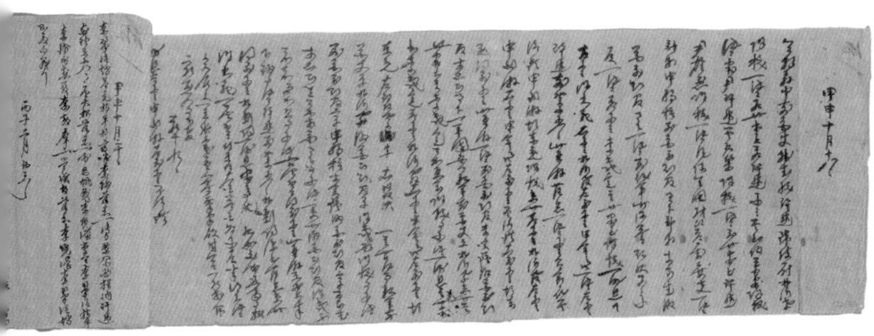

"매일 아침 승정원에서 내놓은 원본을
기별서리奇別書吏들이 직접 베껴 쓴 다음
기별군사奇別軍士가 고위 관리들과 지방관청으로 직접 전달,
멀리 변방에 있는 이들에게는
일주일에 한 번씩 소식을 묶어 전달하니
귀양을 간 사람도 조보를 구해 읽고
나라의 소식을 알 수 있었다."

그리고
세상 돌아가는 이야기가 궁금했던
나머지 사람들

"기인(향리 출신의 중인 계급)들이
활자를 새겨 조보를 인쇄해 판매하니
사대부들이 모두 편리하게 여겼다."

–『선조실록』, 1578년(선조 11년) 2월 1일

초서체로 직접 베껴 쓴 조보를 관청에서 얻어다가
목판활자를 이용해 대량인쇄하여 돈을 받고 판매한다

세계 최초
민간 주도의 활자 신문

그러나

"누가 이 일을 주장했는가?"

–『선조실록』, 1578년(선조 11년) 2월 1일

백성들에게 조정의 일이
알려지는 것을 극도로 꺼린 선조

조보의 인쇄를 허락한 관리들은
모두 엄벌에 처해졌고

백성들의 신문 제작은
3개월 만에 막을 내린다

조선은 지배계층 내부에서만
조보를 공유하도록
구한말까지 필사 방식을 고수하였고
1883년 〈한성순보〉 발행 전까지
근대적 형태의 대중신문은 등장하지 않는다

漢城旬報
博文局

〈한성순보〉

숨겨야 할 일은 조보에 내지 말라

"숨겨야 할 일들은 조보朝報에 내지 말라고 임금께서 전교하였다."

– 『광해군일기』, 1616년(광해군 8년) 2월 28일

2012년 개봉되어 1200만 관객을 동원한 영화 〈광해, 왕이 된 남자〉의 모티브가 된 것은 『광해군일기』에 나오는 이 한 줄의 문장이었다. 작가는 한 줄의 기록을 근거로 광해군이 당시 비밀리에 어떤 일을 추진했을 것으로 짐작하고 평민 중 자신과 비슷한 외모를 가진 사람을 찾아 가짜 왕 노릇을 하게 했을 것이라는 역사적 상상력을 발휘해 시나리오를 완성했다.

여기서 조보란 조정의 소식을 알리는 문서로서 전근대적인 관보官報 겸 신문을 일컫는다. 조보에는 국왕이 내리는 명령과 지시, 유생이나 관리들이 올리는 소장疏狀, 관리의 임명 소식 등이 담겼다.

숨겨야 할 일은 조보에 싣지 말라는 광해군의 지시는 위 내용 외에도 1608년인 즉위년부터 시작해 『광해군일기』에 여러 차례 등장하는데, 대부분 중국 명나라 사신들이 조선에 와 있을 때였다. 명나라는 광해군의 세자 책봉 때부터 광해군이 선조의 장자長子가 아니라는 명분을 내세워 광해군의 즉위를 반대했다. 사신을 보내 광해군의 즉위 과정을 면밀히 조사하게 할 정도였다. 약소국의 국왕으로서 즉위 과정에서 겪은 설움도 설움이지만, 당시 명과 후금 사이에서

중립외교를 펼치던 광해군으로서 명나라 사신에게 나라의 속사정을 자세하게 드러내고 싶지 않은 전략적인 판단도 있었을 것으로 짐작된다.

"임금께서 전교하기를, "중국 사신과 관계되어 숨길 필요가 있는 일은 대간의 말이라고 하더라도 조보에 싣지 말라. 상소에 답하는 임금의 말도 그렇게 하라. 어제 간원의 상소도 역시 조보에 싣지 말라. 이러한 일을 명심해 살피도록 하라"라고 하였다."

– 『광해군일기』, 1609년(광해군 1년) 6월 2일

"임금께서 전교하기를, "선조先朝 때에 모든 중국 장수 및 중국 조정의 일에 관계되는 기별과 남북 변방의 정세와 군사 기밀에 대한 일을 모두 비밀로 하게 했던 것은 의도한 바가 있었던 것이다. 더구나 중국 사람들이 관館에 머무르고 있는 날에 어찌 비밀리에 할 일이 없겠는가. 이 뒤로는 승정원이 일일이 살펴서 옛 전례에 의하여 시행하되 조보에 내지 못하게 하라"라고 하였다.

– 『광해군일기』, 1610년(광해군 2년) 2월 11일

또한 광해군은 "벼슬아치에 대한 임명과 해임의 내용을 적은 조보의 정목政目과 국가기관에 관한 일을 남몰래 써서 다른 나라에 누설한다는 고변이 전부터 있었다. 더구나 지금은 왜인들이 국경을 드나

들고 중국의 사신이 자주 오가는 처지이니, 반드시 남몰래 교통하는 무리가 있을 것이다. 엄한 법령에 따라 중히 다스려서 뜻밖의 변고를 막아야 한다. 이 뜻을 비밀리에 경상도·평안도 등의 관찰사에게 알리도록 하라"고 명하면서 군사적 용도로 활용될 우려가 있는 정보에 대해서도 엄격히 통제했다.

이처럼 광해군을 비롯해 조선의 국왕들은 조선의 내부 상황, 특히 국방과 군사 기밀에 관련된 내용이 다른 나라에 알려지는 것을 경계하여 조보 발행을 통제했다.

중종 대에 이르러서는 조보와 관련해 비밀이 유지되지 않는다는 이유로 조보의 발행을 금지하자는 대신들의 주장이 있었다. 중종은 비밀을 요하는 것은 승정원에서 검열을 거치면 된다며 조보 발행을 중지할 의사가 없음을 강조했다. 조보는 오늘날 정부에서 발행한 관보와 비슷한 성격과 기능을 가지고 있는 정부의 공보 매체로서, 봉건통치의 보조적 수단으로의 기능을 충실히 담당했기 때문이다. 또한 조보는 조정의 결정과 지시사항만 전달하는 것에서 그치지 않고, 조선왕조가 사회질서의 유지를 위해 내세웠던 유교적인 윤리관을 전파하는 수단으로서의 기능도 담당했다. 조보는 조정의 소식을 전달하는 행정 보조수단으로서의 역할과 더불어 성리학적 통치 이념을 바탕으로 백성의 패륜이나 벼슬아치의 가혹한 통치를 계도하는 역할도 수행했다.

조보의 주요 내용은 국왕의 명령이나 상소문의 내용, 과거 합격자 명단, 조정의 결재 사항, 인사 발령 내용, 관리의 징계 등 관보 성격의 뉴스들이 대부분이었으나 천재지변과 기이한 소식 등도 종종 실리곤 했다. '혜성의 출현', '달에 점이 나타난 현상', '네 발과 네 개의 날개를 가진 병아리의 출현', '큰 우박이 내려 날아가는 새와 사람을 죽인 사건', '흰 무지개가 태양을 꿰뚫었던 천체 이변' 등에 관한 기사가 대표적인 예이다. 이러한 사실을 조보에 게재한 것은 단순히 해당 사실을 알리기 위해서라기보다는 천재지변이 일어난 원인이 관료의 가혹한 통치나 백성의 반인륜적인 행위의 결과임을 암시하여 관민들이 스스로 반성하게 하고 봉건질서를 유지하도록 하려는 의도였다고 해석되기도 한다. 이외에도 '측우기로 잰 강우량', '첫 서리 내린 날' 등 농사에 관한 내용들도 실렸는데, 이는 조선이 농업중심의 사회였기 때문에 농경에 대한 통치자들의 관심이 반영된 결과로 볼 수 있다.

조보를 받아볼 수 있는 계층은 정승이나 한성판윤漢城判尹을 비롯한 중앙 관청의 책임자들과 지방의 감사, 그리고 퇴임한 고위 관료 등 매우 제한적이었다. 그러나 실제로는 비공식적인 경로를 통해 전국으로 퍼져 많은 사대부들이 조보를 볼 수 있었다. 조보는 오늘날의 신문처럼 사대부들의 중앙정치에 관한 관심이나 호기심을 어느 정도 만족시켜주었기 때문이다. 당시 지방의 사대부들도 조보를 통해 조정의 소식을 들었다는 사실은 임진왜란 중에 지방으로 피난한 오희문이 일기체로 작성한 『쇄미록瑣尾錄』의 내용을 통해서 확인할 수 있다. 오희문의 일기 내용을 보면 그가 조보를 통해 조정의 움직임을 훤히 알고 있음이 엿보인다.

"이제 조보를 보니 왜적은 중국 조정과 강화했기 때문에 얼마 지나지 않아 마땅히 제 나라로 돌아갈 것이고, 중국 사신은 3월 사이에 나올 것이라고 한다. 이산해를 석방하여 직함을 도로 주도록 임금의 말씀이 있었고, 좌의정 유홍은 지난 섣달에 죽었는데 반대 의논을 받은 지 오래지 않아서 죽었다."

— 『쇄미록』, 1595년 1월 22일

"조보를 보니 (왜와 협상을 하던 장수) 심유경이 지난달 12일에 강을 건너갔으니, 가까운 시일 안에 마땅히 남쪽으로 내려갈 것이요, 왜를 봉하는 중국 사신도 또한 이미 요동에 도착해 있다고 한다는 내용이 있다."

—『쇄미록』, 1595년 4월 7일

근대적 신문과 조보의 기원

15세기 중반 독일의 구텐베르크에 의해 발명된 활판인쇄술은 정보 전달 기술에 일대 혁명을 가져왔다. 덕분에 15세기 말에는 인쇄물을 통한 뉴스 전달이 가능해졌다. 당시 독일에서 발행된 대표적인 신문으로는 〈푸거 차이퉁겐*Fugger Zeitungen*〉과 〈플루크블라트*Flugblatt*〉를 꼽을 수 있다. 〈푸거 차이퉁겐〉은 독일 아우크스부르크의 상인 집안인 푸거 일가가 유럽 각 지역에서 보내온 여러가지 흥미로운 소식들을 수집하여 만든 일종의 뉴스레터(한정된 독자들에게 특정 정보를 제공하는 간행물)였고, 〈플루크블라트〉는 그림이 포함된 한 장짜리 신문으로 부정기적으로 발행됐다. 이와 같은 뉴스레터나 부정기적인 인쇄물은 17세기 초에 들어와 정기 발행되는 근대적인 형태의 신문으로 발전해갔다. 마침내 1609년 독일에서 세계 최초의 주간 신문인 〈렐라치온*Relation*〉과 〈아비소*Aviso*〉가 발행됐고, 1660년에는 최초의 근대적 일간 신문인 〈라이프치거 차이퉁겐*Leipziger Zeitungen*〉이 발행됐다.

신문의 기원은 아주 오래전으로 거슬러 올라간다. 신문의 원시적 형태는 고대 로마에서 찾을 수 있는데, 당시 로마에서는 원로원과 의회에서 어떤 일을 결정하고 나서 그 결정을 시민들에게 알리기 위해 게시물을 작성해 로마 광장에 내걸었다. '악타 디우르나Acta Diurna'라고 불린 이 게시물은 결정된 정책에 관한 내용 이외에도 검투 경기 소식, 유명 인사의 경조사, 공직 인사 등의 소식이 실려 있어 내용면에서 근대적인 신문의 형태를 띠었다. 그러나 집권자들이 자의적으로 선택한 뉴스만을 실었다는 점에서 관보라는 한계를 지닌다.

중국에서도 8세기경 당나라에서 지방 관료들에게 공문서를 전달하기 위해 〈저보邸報〉를 발행했다. 송나라 때에는 〈조보朝報〉라 부른 관보가 발행됐다. 이후 여러 왕조를 거치면서 제호와 형식이 변하고 필사본에서 목판 인쇄물 형태로 발행형식이 바뀌었지만, 이 같은 관보 형식의 인쇄물은 1천 년 이상 지속됐다. 청나라 때 발행된 〈경보京報〉도 그 후신이라 할 수 있다.

15세기에 발행된 우리나라 최초의 신문인 조보는 삼국시대의 기별寄別제도에서 그 원류를 찾을 수 있다. 기별은 중앙정부에서 서울과 지방의 관청에 보내는 일체의 통신문을 말한다. 기별은 '다른 장소에 있는 사람에게 어떤 사실이나 소식을 전하여 알게 한다'라는 뜻으로 우리가 너무 적은 양의 음식을 먹었을 때 '간에 기별도 안 간다'라고 말할 때의 기별이 바로 그 기별에서 유래한 단어이다.

조보에 대한 최초의 기록은 1392년(태조 즉위년) 9월 14일 예문춘추관을 두어 사관으로 하여금 조정의 결재사항 등이 담긴 문서를 서울과 지방의 각 관청에 보냈다는 실록의 내용에서 찾아볼 수 있다.

"예문춘추관藝文春秋館에서 세 가지 일에 대해 글을 올렸다. (…) 춘추관으로 하여금 서울과 지방의 크고 작은 관청에 직접 문서를 보내 시행할 것이 정령政令에 관계되고 훈계하여 전할 만한 것은 명백히 공문서로 보내게 하소서. (…) 이에 임금이 윤허하였다."

태조 때에는 기별 또는 기별지奇別紙라고 해서 예문춘추관 관리가, 태종 때에는 예문관의 한림翰林(전임 사관)이 참여하여 조정의 소식지를 작성했다. '조보'라는 이름을 갖추고 승정원에서 발행된 것은 세조 이후의 일이다. 승정원은 오늘날의 대통령 비서실과 유사한 기능을 하는 기관으로서 왕의 명령을 국가기관에 전달하고, 국가기관에서 보고하는 보고서나 상소문을 모아 왕에게 전달하는 출납 업무를 하는 기관이었다. 조보 발행은 승정원이 담당하던 중요한 업무 중 하나로, 승정원은 그날 있었던 일을 정리해 다음날 오전에 조보를 발행해야 했다.

조보 발행을 위한 필수 과정은 오늘날의 취재기자처럼 기사를 작성하는 일이었다. 이 일은 승정원의 실무를 담당했던 주서注書가 담당했다. 주서가 밤새 기사를 작성하면 승정원의 하급 관리들이 그 내용을 아침까지 베껴 써서 여러 장의 조보를 만들었다. 때때로 주서가 임금의 저지나 대신들의 방해로 취재 현장에 들어가지 못했다는 기록이 전해지는 것을 보면 당시 승정원의 주서도 오늘날의 현장기자 못지않은 기자 정신을 발휘했던 모양이다. 태종 즉위년인 1400년 7월 임금이 편전에 앉아 있을 때 주서는 들어오지 말라고 하자 문밖에 앉아 몰래 동정을 살피다가 발각되는 일도 있었고, 임금이 참석하는 잔치 자리에 들어가려다 주서가 문지기에게 저지당하는 일도 있었다는 기록도 남아 있다. 이는 조선시대에도 취재 제한 조치가 있었음을 짐작하게 한다.

승정원이 조보의 편집국 역할을 했다면, 승정원에 속한 조보소는 인쇄 제작을 담당했다. 오늘날로 치면 승정원이 발행처, 조보소가 인쇄처라고 할 수 있다. 승정원 주서가 정리하고 승정원 하급 관리들이 직접 베껴 쓴 조보의 필사본은 매일 오전에 조보서에 게시되었다. 게시된 조보의 내용은 여러 관청에서 온 담당 관리들이 재빨리 다시 필사하여 소속 관청에 돌아가 전달했는데, 이때 전달책 역할을 한 이들을 기별서리奇別書吏라고 불렀다.

한편 필사된 조보는 오늘날의 신문배달부 역할을 했던 기별군사를 통해 해당 관청이나 고위 관료를 비롯해 지방관의 서울 대리인인 경주인 등에게 배달되기도 했다. 조정과 지근거리에 있던 한양의 관청들은 조보를 당일에 받아 봤지만, 지방 관청의 경우에는 5일 분량의 조보를 묶은 것을 한 번에 받아 보았다.

당시 필사된 조보들은 필사자에 따라서 그 내용과 체제가 조금씩 달랐다. 관청에 따라 필요한 부분만 필사해갔기 때문이었다. 프랑스의 동양학자 꾸랑은 그의 저서 『조선서지朝鮮書誌』에 "조보는 모두 동일하지 않으며 높은 관리들이 보는 것일수록 더 완전하다"라고 기록했다.

조보, 민간에서도 발행하다

당시 조정은 조보의 내용을 국가 기밀로 인식했다. 때문에 조보에 담긴 정보가 국내외로 급속히 확산되어 후일 화근이 되거나 악용될 것을 우려해 제한적으로 조보를 발행하고자 했다. 조선 건국 초기에 발행되기 시작한 조보가 150년이 넘는 기간 동안 인쇄되어 보급되는 대신 필사본 형태로 복사되어 전파된 이유다.

그런데 16세기 후반 선조 대에 이르러 승정원이 발행한 조보에 만족하지 못하고 직접 조보를 인쇄하겠다는 무리들이 나타났다. 1577년(선조 10년) 8월의 어느 날, 향리 출신 중인층인 기인其人으로 추정되는 한 무리의 백성들이 의정부와 사헌부에 잇달아 상소문을 올려 조보의 민간 발행을 요청했고, 마침내 조보의 민간 발행 허락을 받아냈다. 이후 민간 조보가 발행된 상세한 과정에 대한 기록은 전해지는 바가 없어 명확히 알 수는 없으나, 추정컨대 매일 오전에 조보소에서 발행한 조보 중 하나를 얻어 해당 내용을 금속활자로 인쇄한 후 돈을 받고 판매했던 것으로 짐작된다. 이 과정에서 읽기 어려운 조보의 기별초를 쉬운 한문으로 풀어서 인쇄했으며, 주독자층인 양반 사대부들이 원하는 소식을 앞쪽에 배치하거나 취사선택하여 넣거나 빼는 등의 편집도 이루어졌을 것으로 짐작된다. 당시 민간에서 발행된 조보는 정보에 목말라 있던 양반 사대부들로부터 큰 인기를 얻었다.

"몇 달 전 놀고 먹는 서울의 식자識字들이 중국에서 통보通報를 발행한다는 소문을 듣고 그것을 모방하여 조보를 발행하여 판매해서 생계의 밑천으로 삼으려고 의정부와 사헌부에 상소를 올렸는데, 모두 허락했었다. 그러자 기인들이 활자를 새겨 조보를 인쇄해서 각 관청과 지방의 서리들에게 판매를 하니 사대부들이 모두 편리하게 여겼다."

–『선조실록』, 1578년(선조 11년) 2월 1일

당시 민간에서 발행된 조보는 세계 최초로 활자를 활용해 만들어진 민간 신문으로 평가할 수 있다. 이는 세계 최초의 활자 신문으로 인정받는 독일의 〈렐라치온〉과 〈아비소〉보다도 30여 년이나 앞선 것이며, 1633년 목판으로 처음 인쇄된 중국의 〈저보〉보다도 50여 년이나 빠른 것이었다.

당시 지식인들로부터 큰 호응을 얻던 조보의 민간 발행은 시작된 지 몇 달이 채 지나지 않아 큰 시련을 맞이하고 만다. 1577년(선조 10년) 11월 28일, 우연찮게 민간에서 발행된 조보가 선조의 손에 들어가면서 파국은 시작됐다. 조정의 일이 민간에 알려지는 것을 꺼렸던 선조는 조보의 민간 발행을 금지하는 동시에 누가 조보의 인쇄를 허락했는지 추궁하였다. 지난 8월에 허락했다는 신하들의 말을 들은 선조는 관련자들을 잡아들이라 명하였고, 관련자들은 의금부에서 엄중한 조사를 받았다. 붙잡힌 사람들은 대부분 생계를 목적으로 조보를 팔았다고 항변했다. 사헌부를 비롯한 조정의 관리들은 중국에도 민간 조보가 있다면서 처벌할 것까지야 있느냐는 의견을 내비

쳤지만, 선조의 노여움은 쉽게 가라앉지 않았다. 결국 해를 넘긴 조사 끝에 관련자 30명 모두가 유배를 가면서 민간 조보 발행 사건은 일단락되었다.

"조보의 민간 발행을 허락한 지 두어 달 만에 임금께서 우연히 보고 진노하기를, "조보를 간행하는 행위는 역사를 기록하는 관청을 사사로이 만든 것과 무엇이 다른가. 만약 조보가 다른 나라에 흘러 나가면 국가의 나쁜 점을 폭로하는 행위가 될 것이다" 하고, 대신에게 묻기를, "누가 이 일을 주장했는가?" 하자, 대신들이 황공하여 명확하지 않다는 말로 아뢰었다. 그러자 임금께서 제일 먼저 허락한 사람을 찾아내서 극형에 처하라 하였다. 그러나 기인 등이 여러 차례 심문을 받으면서도 자백하지 않았다. 대신과 대간이 다시 그들을 위하여 변호하니 비로소 심문을 그만하고 먼 지방으로 유배하라고 명하였다."

– 『선조실록』, 1578년(선조 11년) 2월 1일

이후 약 2백여 년이 지난 정조 즉위년에 조보의 활자 인쇄가 다시금 논의됐다. 정조가 승정원의 승지 유당에게 조보를 활자로 인쇄하는 것이 어떻겠느냐고 묻자, 유당은 선조 시절의 사례를 들어 반대했다. 이에 정조가 선조와 달리 감출 것 없이 떳떳하다고 하였으나, 유당이 극구 만류하면서 조보의 활판 인쇄는 없던 일이 되고 말았다.

민간 조보의 발행은 계속해서 금지되었지만 승정원에 의한 조보 발행은 이후에도 지속되다가 1894년(고종 31년) 갑오개혁 때 〈관보〉라는 이름으로 바뀌어 발행됐다. 관보는 1894년 6월 21일부터 6월 28일까지의 것을 모아 한꺼번에 발행했고, 그다음부터는 거의 매일 발행했다. 관보는 대개 오후 1시까지 접수된 내용을 모아 발행했고, 일요일이나 공휴일은 발행하지 않았다. 그 내용은 오늘날 행정자치부에서 발행하는 관보와 거의 비슷한데 인사발령 사항이나 법령공포 사항 등은 지금과 동일하나 외국의 동향, 우편선 출발표, 학생모집 광고 등은 현재에 이르러 없어진 내용이다.

19세기 말, 비로소 근대 신문이 등장하다

개항 이후 조정은 백성들을 계몽하기 위해 1883년 박문국을 설치하고 〈한성순보〉를 간행했다. 〈한성순보〉는 국내 소식을 비롯하여 외국의 사건도 번역하여 소개했고, 세계 각국의 정치·법률·재정·과학에 관한 이야기를 실어 백성들에게 알렸다. 이를 통해 조정의 개화 정책을 적극적으로 홍보하고자 했다.

아관파천 이후에는 더욱더 많은 근대적인 의미의 신문들이 간행됐다. 1896년에 창간된 〈독립신문〉은 조정의 개혁 정책을 널리 알리는 한편, 여론을 수렴하여 조정 정책에 반영하려고 노력했을 뿐만 아니라 서양의 문물과 제도를 조선의 백성들에게 소개했다. 1957년부터 언론계는 우리나라 신문 역사에 큰 획을 그은 〈독립신문〉의 창간일인 4월 7일을 '신문의 날'로 정하여 그 뜻을 기리고 있다.

1898년에 창간된 〈황성신문〉은 민권 신장을 도모하고 관민의 단결을 강조하였으며, 제국주의의 침략을 비판하면서도 서양 문물을 받아들일 것을 주장한 매체이다. 영국인 베델이 양기탁과 함께 1904년에 창간한 〈대한매일신보〉는 의병투쟁에 호의적이었고, 국채보상운동을 전국적으로 확산시키는 데에 공헌했다. 이밖에 당시 간행된 여러 종류의 신문들은 19세기 말 제국주의의 그림자가 드리워져가는 구한말 조선의 백성들을 계몽하고 국권 회복을 위해 힘을 모으는 데에 큰 기여를 했다.

조선의 개혁 군주 정조는 "언로言路는 국가의 혈맥이다. 혈맥이 막히면 원기가 어떻게 두루 통할 수 있겠는가. 광필匡弼(잘못을 바로잡아 보필함)의 책임이 있는 신하들은 나의 잘잘못에 대해 직언해달라. 대신들은 바른말 하는 것을 망설이지 말고 크면 천만언千萬言, 적어도 열 가지는 아뢰어 부족한 나를 도와야 한다"라고 일갈한 바 있다.

흔히 언론은 '국민의 눈과 귀'로 비유된다. 국민들의 바른 눈과 귀가 되어야 하는 언론의 핵심적인 역할인 정론직필의 자세는 조선시대의 조보에서부터 그 본류를 찾을 수 있을 것이다. 記

冊

『**조선직업실록**』 정명섭, 북로드, 2014

記

02 왕비의 자격

평균나이 12세
노랑 저고리와 다홍치마
평상복 차림에
화장기 없는 얼굴

"최고의 여인을 가려 뽑아라."

전국의 13~20세 전후
처녀에게 내려지는 금혼령

"모든 사대부 처자는
사주와 가문 내력을 적은
간택(처녀) 단자를 올려라."

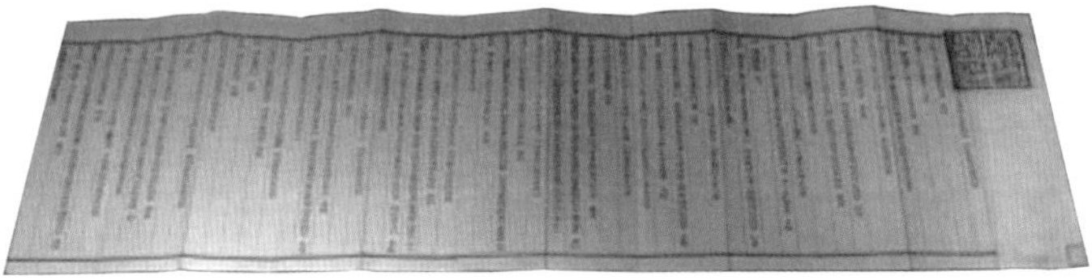

왕실의 어른, 대비의 지휘 아래
전국의 단자 후보 중
약 15명을 가려 뽑는다

© 지나인

1. 초간택 初揀擇

노랑 저고리에 다홍치마
수수한 복장으로 치르는
첫번째 면접심사

처자들을 한 줄로 세우고
용모와 걸음걸이, 절하기 등
기본예절을 심사하는 상궁

그리고
먼발치에서 후보의
일거수일투족을 살피는 왕족들

이들의 심사를 거쳐
5~7명이 선발된다

2. 재간택再揀擇

초간택의 수수한 복장에 결마기를 입고
연지, 곤지 화장으로 더 화려하게 치장
매무새와 식사 예절로 최종 3인 선별

3. 삼간택三揀擇

왕족과의 면담을 거쳐
최후의 왕비 간택

왕비 후보의 가문, 인품과 더불어
중요하게 여겨진 조건
용모

"복스러운 얼굴, 둥글고 큰 턱, 가느다란 눈,
가지런한 눈썹의 견실하고 반듯한 모습"

순정효황후

의친왕비

"세계世系•와 부덕婦德은 본래부터 중요하나
혹시 인물이 아름답지 않다면 또한 불가할 것이다."

–『세종실록』, 1429년(세종 11년) 8월 4일

•세계: 가문의 내력

가슴이 크거나 양미간이 좁고
입술을 자주 적시면 감점 요인이었으며
주걱턱은 착한 심성의 소유자로 간주되어
가산점을 받았다

그러나 무엇보다 중요했던
성품과 현명함

영조

"무슨 꽃이 가장 아름다운가?"

소녀

"옷이 되어 백성(천하)을 따뜻하게 하는
면화입니다."

–『한중록 연구』

현명한 답변을 한 15세 소녀는
66세 영조의 계비, 정순왕후로 간택된다

전국에서 간택 단자를 올린 사대부 처녀
25~30여 명

그러나 딸의 나이를 속이거나 몰래 혼인시키는 등
간택을 피하는 경우가 많았다

왕비 간택은 형식상 절차로
대부분 내정된 처자가 있었기 때문이다

"재간택에 임하니 (…)
영조대왕께서 다른 처자와 다르게 대하시며
'내 아름다운 며느리를 얻었도다' 하셨다."

–『한중록』, 혜경궁 홍씨

게다가 입궁을 위한 의복, 가마 마련 등
간택 준비에 따른
높은 경제적 부담

"내 집이 극히 빈곤하여 새 옷을 해 입을 수 없고 (…)
다른 차비는 선비(아버지)께서 빚을 얻어 차려주셨다."

–『한중록』, 혜경궁 홍씨

또한

정쟁의 희생양

외척을 경계했던 시아버지 태종
세종의 비 청송 심씨(소헌황후)는
간택 후 왕실 정쟁에 휩싸여 가문이 멸문지화를 당한다

최종 삼간택에서 떨어진 처녀는
평생토록 혼인이 금지되어
스스로 후궁이 되기도 했다

훌륭한 인품과 현명한 지혜를 지닌
최고의 여인을 뽑고자 했던 왕비 간택

하지만 대부분의 간택은 정략결혼을 통해
세력을 지키려는 자들의 정치적 도구로 이용됐다

조선 팔도 처녀들의 혼인을 금하라

조선은 공개 구혼을 통해 국왕이나 왕세자의 배우자를 선택하는 간택으로 왕실의 혼사를 이어나갔다. 간택은 예조가 조선 팔도 처녀들의 혼인을 금지하는 금혼령을 전국에 선포하는 일로부터 시작됐다. 왕실의 배우자가 될 수 있는 신분은 『경국대전』에 따라 양반 사대부에 국한되었지만 금혼령 기간 동안 서민들도 혼례를 치를 수 없었다.

금혼령이 적용되는 처녀들의 연령은 가례를 치르는 왕세자나 국왕의 나이를 고려하여 정해졌다. 보통 8~20세까지의 처녀들이 금혼의 대상이 되었다. 1610년(광해군 2년) 세자빈 간택 때에는 당시 열세 살이었던 왕세자의 나이를 고려해 8~14세까지의 처녀가 금혼 대상으로 정해졌고, 예순여섯 살의 영조가 재혼할 때에는 16~20세까지의 처녀들이 금혼의 대상이 되었다.

금혼 대상이 된 처녀들은 의무적으로 본인의 사주와 4대조의 이력이 적힌 단자單子를 제출해야 했다. 물론 예외도 있었다. 왕실과 본관이 같은 전주 이씨 처녀, 전주 이씨가 아닌 이씨 처녀, 국왕의 이성異姓 8촌 이내의 처녀, 대왕대비의 동성 7촌과 이성 6촌 이내의 처녀, 왕대비의 동성 5촌 이내의 처녀, 부모가 모두 살아 있지 않거나 한 명만 살아 있는 처녀 등의 단자는 왕실에서 받지 않았다. 또한 4대조 중에 관직을 역임한 사람이 없는 경우에도 단자를 받지 않았으며 먼 곳으로 귀양을 간 죄인의 자제임이 밝혀지면 받았던 단자를

도로 돌려주었다. 작은 흠결이 있다고 판단되는 가문은 서류 접수 과정에서 전부 탈락시켰다.

단자 접수가 끝나면 본격적으로 배우자 선발을 위한 간택이 진행됐다. 예조에서 단자를 살펴본 후 30명 안팎의 처녀를 초간택 후보로 선발했고, 하늘의 변이變異로 국가나 사람의 길흉을 점치던 관상감의 일관日官이 점을 쳐서 길일을 골랐다. 후보로 선발된 처녀들은 초간택이 거행되기 전에 도성으로 올라와 대기해야 했으며, 기한 내에 올라오지 못하는 경우에는 처녀의 아비가 죄를 받기도 했다.

초간택 날이 되면 일관이 길시라고 점친 시간에 맞춰 곱게 치장한 처녀들이 사인교 가마를 타고 궁으로 향했다. 재력 있는 집안의 처녀는 몸종과 유모 이외에 미용사인 수모까지 따라갔다. 초간택에 참여하는 처녀들은 모두 동일한 의상을 입었다. 다홍치마에 연한 노랑 저고리, 그리고 저고리 위에 겹쳐 입는 예복용 덧저고리인 초록 겉마기를 입었으며 치마 앞에는 4대조의 이름을 쓴 패를 찼다. 또한 얼굴빛을 잘 살필 수 있도록 별다른 치장 없이 분만 발랐다. 가난한 사대부 집안은 가마를 빌리고 치장하는 비용만 해도 경제적으로 큰 부담이 되었다. 혜경궁 홍씨(헌경왕후)가 남긴 『한중록』에는 그와 같은 사정이 잘 나와 있다.

"그때 내 집이 극히 빈곤하여 치마저고리를 해 입을 길이 없으니, 치마는 오빠 혼수에 쓸 베로 만들고, 옷 안에 넣을 것이 없어 저고리안은 낡은 옷을 내어 입으니라. 지금도 당시 우리 집이 청빈한 일이 생각나며, 어머님 애쓰시던 일이 눈앞에 떠오르니라."

궁에 다다른 처녀들은 가마에서 내려 부친의 관직이나 신분에 따라 차례로 궁문 턱에 놓인 솥뚜껑의 꼭지를 밟고 조심스레 궁 안으로 들어섰다. 장차 한 집안의 살림을 맡게 될 안주인이 부엌신인 조왕신에게 인사를 고하던 민간의 풍속이 왕실의 가례에까지 영향을 준 것이다.

간택이 치러질 전각에 도착한 처녀들은 초간택 전에 간단한 차와 과자가 놓인 다담상을 대접받았다. 이윽고 처녀들이 발이 드리워진 대청 너머 임시로 마루의 폭을 넓힌 보계 위에 한 줄로 늘어서면 대비와 종친, 외척들이 발 너머에서 처녀들의 모습을 하나하나 살펴보며 이따금 질문을 던지기도 했다. 이 자리에 혼례의 당사자는 참여하지 않는 것이 관례였다.

선보이기를 마친 처녀들에게는 국수장국을 비롯해 신선로, 화채 등을 차린 점심 진지상이 대접됐다. 이것 역시 심사의 일부로 그 옆에서 시중을 드는 상궁들이 처녀들의 밥상머리 예절을 주의 깊게 살펴보았다. 초간택의 모든 절차가 끝나고 나면 처녀들은 왕실이 내린 푸짐한 선물과 함께 집으로 돌아갔다. 한편 왕실에서는 그날로 간택 전교를 내려 다음번 재간택에 참여할 5~7명의 명단을 발표했고 곧 이어 국혼을 관장하는 임시 관청인 가례도감을 설치하였다.

재간택에 앞서 초간택에서 선발된 처녀들을 대상으로 천연두를 앓았는지 여부에 대한 검사도 이루어졌다. 당시 많은 사람들의 목숨을 앗아간 천연두는 '마마'라는 극존칭으로 불릴 정도로 별다른 대책이 없었던 공포의 질병이었다. 왕실의 자손들도 천연두에 감염되어 많은 희생이 있었기에 재간택 후보로 오른 처녀들이 천연두를 앓아 면역력이 있는지를 미리 확인했다.

재간택은 초간택이 있은 지 보름 뒤에 진행되었다. 재간택 후보에 오른 처녀들은 다시 궁에 들어가 왕실 어른들의 면접을 보았다. 간택자는 대개 이 단계에서 내정되었으며, 눈에 띄게 특별 대우를 받았다. 혜경궁 홍씨가 쓴 『한중록』에는 간택 절차가 아직 남았음에도 불구하고 혜경궁 홍씨가 시아버지인 영조로부터 "아름다운 며느리를 얻었다"라는 말을 들은 일이 있다고 적혀 있다. 초간택과 같은 방식으로 간택 절차를 마치고 나면 바로 삼간택에 참여하게 될 3명의 최종 후보가 결정되었다. 내정자는 궁으로 올 때와 달리 육인교 가마를 타고 각 궁방의 일을 맡아보던 차지내궁을 비롯한 50여 명의 호위를 받으며 집으로 돌아갔다.

재간택을 치르고 보름 후, 간택의 마지막 관문인 삼간택에 오른 처녀들은 칠보족두리에 초록 당의를 입었으며 노리개와 장신구로 화려하게 치장했다. 최종적으로 한 사람이 선발되면 비로소 전국에 내려졌던 금혼령이 해금되었고, 초간택과 재간택에서 탈락한 처자들 역시 혼인이 허락됐다. 왕은 선발된 처자를 전·현직 관료들이 대기하고 있는 빈청賓廳에 알려 형식적인 동의를 얻었다. 삼간택에서 낙점을 받은 처자는 '비씨妃氏'라고 불렸으며, 이후 집으로 돌아가지 않고 대례복으로 갈아입은 뒤 공주나 옹주가 타던 가마인 덩을 타고 별궁으로 들어가 정식으로 혼례를 올릴 때까지 궁중 예법을 익히며 왕비로서 갖추어야 할 것들에 대한 수업을 받았다.

왕비가 되기 위한 조건

1926년 강효석이 편찬한 야사집인 『대동기문』에는 정순왕후의 간택에 얽힌 일화가 실려 있다. 영조의 정비인 정성왕후가 사망하자 1759년(영조 35년) 6월에 새 중전을 뽑기 위한 간택이 있었다. 영조는 친히

간택이 이루어지는 창경궁 명정전에 거동하여 직접 규수들의 면접을 보았다. 여러 간택 후보자들과 달리 김한구의 딸만이 홀로 방석을 치우고 앉아 있는 것을 본 영조가 괴이하게 여겨 그 이유를 묻자 김한구의 여식은 "아비 이름이 여기에 있는데 어찌 감히 자리에 앉겠습니까?"라고 답했다. 방석 끝에 간택 후보 규수들의 부친 이름을 적어 놓았기 때문이었다.

이윽고 영조가 "어떤 물건이 가장 깊은가?"라고 처녀들에게 묻자 저마다 산이 깊다 혹은 물이 깊다고 답했지만 김한구의 딸은 물건의 깊이는 측량할 수 있지만 사람의 마음은 예측할 수 없기에 사람의 마음이 가장 깊다고 답하였다. 또한 "어떤 꽃이 가장 좋으냐?"는 영조의 물음에 복사꽃, 모란, 매화 등 여러 꽃의 이름이 나왔지만 김한구의 딸은 다른 꽃들은 일시적으로 좋을 수 있지만 오직 목화만이 옷으로 천하의 사람들을 입혀 따뜻하게 하는 공이 있으니 목화꽃이 가장 아름답다고 대답하였다.

지혜와 덕성으로 영조의 마음을 사로잡은 열다섯 살 소녀 김한구의 딸이 영조의 계비로 간택되어 정순왕후가 되었다는 이 야담은 정순왕후의 지혜로움을 드러내는 이야기이기도 하지만, 국왕의 배필로 어울릴 만한 훌륭한 인품과 덕성을 갖춘 여인을 뽑고자 했던 당시 조선 왕실의 간택 절차를 엿볼 수 있는 이야기이기도 하다.

규수의 용모 역시 간택에서 빼놓을 수 없는 심사 조건이었다. 세종은 세자빈을 간택하기 위한 방식을 신하들과 의논하는 자리에서 다음과 같이 말하였다.

"이제 동궁을 위해 배필을 간택할 때이니 마땅히 처녀를 잘 뽑아야 하겠다. 세계世系와 부덕婦德은 본래부터 중요하나, 혹시 인물이 아름답지 않다면 또한 불가할 것이다. (…) 잠깐 본 나머지 어찌 곧 그 덕을 알 수 있으리오. 이미 덕으로서 뽑을 수 없다면 또한 용모로서 뽑지 않을 수 있겠는가."

–『세종실록』, 1429년(세종 11년) 8월 4일

판중추부사 허조는 용모가 아니라 덕으로 간택해야 한다고 주장하였지만 세종은 짧은 시간 안에 규수의 덕성을 알기는 어려우니 용모로 뽑더라도 문제될 것이 없다고 보았다. 이후에도 아름다운 외모는 간택에서 중요한 기준으로 고려되어 영조 때 과거시험 답안지에서 "어느 세대에서 시작되었는지는 알지 못하겠으나 비루하고 또 불경하여 단지 용모의 예쁘고 누추함과 언어의 조용하고 우아함으로써 취한다"라는 비판이 나올 정도였다.

용모를 볼 때 아이를 잘 낳고 양육할 수 있는지도 살폈다. 왕비의 가장 중요한 임무 중 하나가 왕위를 계승할 왕자를 생산하는 일이었기 때문이다. 조선 후기의 실학자 서유구가 집필한 『임원경제지』에는 좋은 부인감을 알아보는 방법이 적혀 있는데 왕비를 간택함에 있어서도 동일한 기준이 적용되었을 것으로 미루어 짐작할 수 있다.

"부인의 좋은 상은 얼굴에 화색이 돌고 머릿결이 검고 가늘며 매끄럽고, 눈은 길고 흑백이 분명하며 정신 상태가 나쁘지 않으며 인중이 바르고 균형이 잡혀 있으며 입술이 붉고 치아가 희며 광대뼈가 품위 있고 뺨이 통통한 사람이다. 또 몸이 유연하고 뼈가 부드럽고 크지 않으며 피부가 희고 매끄러우며 말하는 목소리가 조화롭고 성품과 행동이 유순하면 남자에게 이익이 된다."

균형 잡힌 얼굴에 머리카락이 검고 가늘며, 피부가 백옥같이 희고 매끄러운 여인을 미인의 조건으로 보았으나 이와 더불어 좋은 부인의 조건으로 조화로운 목소리와 유순한 성품을 포함시킨 것은 훌륭한 아이를 낳고 양육하기 위해 어머니가 반드시 갖추어야 할 자질이라고 생각하였기 때문이다.

간택이 되기 위해서는 성품이나 외모도 중요했지만 무엇보다 어느 가문의 딸인지가 큰 영향을 미쳤다. 왕실의 혼인은 국왕의 울타리가 되어줄 우호 세력을 확보할 수 있는 좋은 수단이었기에 간택 후보자 가문의 정치적 배경을 우선적으로 고려하지 않을 수 없었다. 외척에 의해 세손 시절부터 목숨을 위협받았던 정조도 세자빈을 간택할 때 세자의 앞날을 위하여 노론 명문가 중 하나인 김조순 가문의 딸을 미리 세자빈으로 내정해두고 간택을 진행했다. 초간택만 끝났을 뿐인데도 정조는 김조순을 '나라의 원구元舅(장인)'라고 부르며 장차 왕실의 든든한 버팀목이 되어주기를 바랐다.

간택을 둘러싼 왕실과 양반 사대부의 동상이몽

명망 있는 사대부 가문과 사돈을 맺으려 했던 왕실과는 달리 사대부들은 왕실을 좋은 혼처로 생각하지 않았다. 혼기가 꽉 찬 처녀를 둔 사대부 집안에서는 나이를 속여 단자를 올리려 하지 않았다. 왕실에 혼인 적령기의 자녀가 있으면 금혼령이 내려지기 전에 자녀들을 서둘러 결혼시키려 했다. 그 결과 한성부와 각 도에서 제출되는 단자의 숫자는 생각보다 적어 많아야 20여 장을 넘지 않았고 각 도의 관찰사들은 간택단자 대신에 적합한 처녀가 없다는 탈보단자를 올리는 일이 비일비재했다. 양반들이 단자 제출을 주저한 까닭은 무엇일까?

인조반정 이후 권력을 잡은 서인 세력은 '국혼을 잃지 말자無失國婚'라는 다짐을 하며 왕실과의 혼인을 자신들의 정치적 기반을 다지는 도구로 활용했다. 이러한 정치적 이해관계에 따라 간택 절차는 왕비나 왕세자빈으로 미리 내정된 규수가 있는 상태에서 형식적으로 진행됐다. 숙종의 계비인 인현왕후가 간택될 때에는 불과 2주 만에 삼간택의 절차가 이루어졌는데, 서인이자 노론의 중진이었던 민유중의 딸이 차기 왕비로 이미 내정되어 있었기에 가능했던 일이다.

정치적 생리에 민감했던 사대부들은 굳이 많은 비용을 들여가며 형식적인 간택에 참가할 필요성을 느끼지 못했다. 왕실도 간택을 기피하는 분위기를 알고 있었지만 왕실의 권위와 체면을 고려해 내정자가 있다고 하여 단자 받는 일을 생략하거나 삼간택의 절차를 축소하지 않았다. 오히려 단자 제출을 독려했다. 관할 지역의 단자 제출 실적이 좋지 않은 수령은 엄중한 문책을 받거나 심지어는 파직을 당했다. 엄명을 내렸는데도 불구하고 단 한 장의 단자도 올라오지 않자 화가 난 영조는 가례가 끝나더라도 5년간 한성부의 금혼령을 유지하겠다고 엄포를 놓기도 했다.

혜경궁 홍씨의 어머니도 처음에는 양반가에 팽배했던 분위기에 따라 "선비 자식이 간택에 참여치 않는다 해서 무슨 해로움이 있으리오"라며 단자 제출을 망설였지만, 정작 간택에 있어 왕세자빈으로 내정되어 있던 규수는 혜경궁 홍씨였다. 사도세자의 생모인 선희궁과 누나인 화평옹주는 초간택이 진행되던 전각 계단 위로 혜경궁 홍씨가 올라서기도 전에 그를 불러다가 예절 교육까지 시켰으며, 재간택에 참여하기 위해 궁에 들어갔을 때에는 혜경궁 홍씨마저 "궐내에서는 이미 결정하신 것처럼 대접하는 도리가 다른 이들과 달라 놀랍더라"는 말을 남길 정도였다.

삼간택의 과정을 통과해 왕비나 세자빈이 되고 나면 그 영화로움 뒤에 또다른 문제들이 존재했다. 왕실과 사돈을 맺어 외척이 되면 권력의 중심부에 다가갈 수 있는 기회를 얻게 되지만, 한편으로는 정쟁에 휩쓸려 한순간에 멸문될 수 있는 정치적 부담도 매우 컸기 때문이다. 왕실에서는 외척을 정치적 동반자로 볼 때도 있었지만, 한편으로는 권력을 남용하고 왕권을 위협하는 존재로 바라보기도 했다.

외척을 왕권을 위협하는 세력으로 여겨 멸문지화 시켰던 대표적인 인물은 조선 태종이다. 태종 이방원은 보위에 오르고 권력을 잡는 과정에서 처가인 여흥 민씨 가문의 도움을 많이 받았다. 장인 민제는 이방원에게 책사 하륜을 소개시켜 정도전 세력을 제거하는 데에 큰 도움을 주었고 정비 원경왕후는 사병이 혁파되는 상황에서도 이방원이 군사를 유지할 수 있도록 도와주었다. 원경왕후의 네 명의 남동생들은 왕자의 난이 일어났을 때 매형인 이방원을 위해 직접 선봉에 나서서 싸우기까지 했다. 여흥 민씨 일가가 모두 나서서 이방원을 보위에 올리기 위해 노력했지만 외척이 왕권을 위협하는 것을 용납하지 못했던 이방원은 왕위에 오른 뒤 생사고락을 함께 하던 원경왕후의 남동생들을 사사賜死하거나 스스로 목숨을 끊게 하여 처가를 멸문지화했을 뿐만 아니라 이에 반기를 들었던 원경왕후마저 폐비하고자 했다.

태종의 외척에 대한 경계는 세종의 처가인 청송 심씨 가문의 몰락으로도 이어졌다. 세종에게 보위를 양위하고 상왕이 된 태종은 외척이 발호하기 전에 먼저 뿌리를 제거해야 한다는 생각을 갖고 있었다. 태종은 세종의 장인 심온을 국왕의 장인이라는 이유로 일인지하 만인지상의 영의정부사에 임명하여 권력을 쥐어주고 안심시킨 뒤, 심온이 사은사謝恩使로 명나라에 간 사이 대역죄를 뒤집어씌우고 자결하게 만들었다. 결국 심온 일족은 모두 노비로 전락했고 세종의 비 소헌왕후가 죽을 때까지도 심온의 관직은 회복되지 못했다.

남성 중심의 사회였던 조선에서 왕비는 여성이 오를 수 있었던 최고의 지위였다. 왕비의 자리는 최고 권력자인 국왕의 배우자이자 내명부의 수장으로서 내·외명부 여성들의 존경을 받는 지극히 영광스러운 자리였다. 그럼에도 불구하고 권력의 중심에 서 있었기에 본인의 의사와는 관계없이 권력 투쟁의 소용돌이에 쉽게 휘말리기도 했다. 나이 어린 세자가 왕위에 오르게 되면 왕실의 최고 어른인 대비로서 수렴청정을 하여 권력을 쥘 수도 있었지만, 그러한 기회를 가질 수 있었던 왕비는 조선의 역대 정비 45명 중에 고작 여섯 명에 불과했다. 오히려 왕위 계승 과정에서 빚어진 권력 투쟁에 휘말려 남편과 부모를 잃기도 하고 자신이 서인庶人으로 강등되거나 사사를 받는 비극적인 삶을 산 경우가 더 많았다. 조선의 왕비는 화려한 궁중에서 살아남기 위해 끊임없이 왕실과 자신의 가문 사이를 저울질하며 외줄 타기의 삶을 살아야 했던 가련한 여인들이었다. 記

冊

『66세의 영조 15세 신부를 맞이하다』 신병주, 효형출판, 2001.
『조선의 왕세자 교육』 김문식·김정호, 김영사, 2003.
『조선의 왕비로 살아가기』 심재우 외, 돌베개, 2012.
『조선의 역사를 지켜온 왕실여성』 신명호 외, 글항아리, 2014.
「조선후기 왕비 삼간택의 문화심리」 임민혁, 『한국사학보』 제48호, 2012.
『한중록』 혜경궁 홍씨 저, 정병설 역, 문학동네, 2010.

記

03 1872년 조선의 초상화

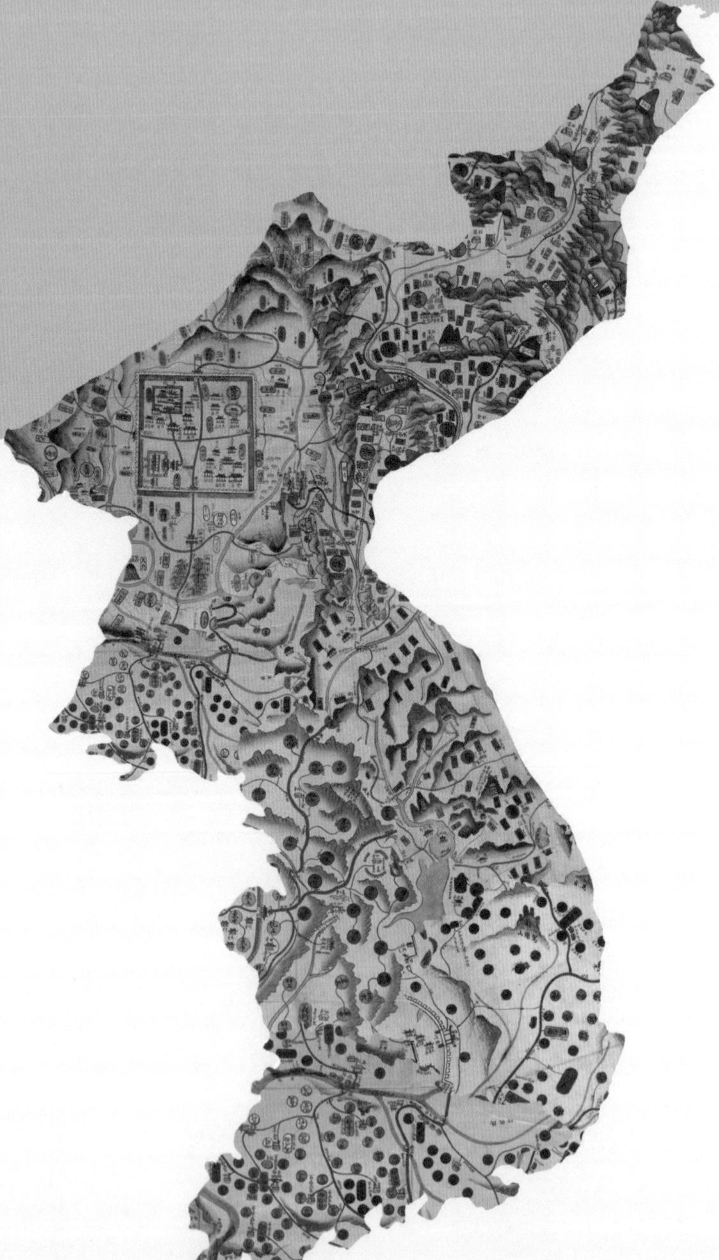

가로 80센티미터

세로 110센티미터

총 459장

1868년(고종 5년)
충청남도 덕산(예산)군

흥선대원군의 아버지
남연군의 묘 일부가
파헤쳐진 채 발견된다

도굴미수범은
독일 상인 E. 오페르트

연이은 조선과의 교역 불발로
앙심을 품은 서양인이 벌인 사건이었다

병인양요, 신미양요 등
잇따른 서양의 침략을 겪으며

부국강병을 위해
특별한 지도 제작을 명한
흥선대원군

"전국의 각 지방 지도를
정확하고 세심하게 그려 올려라!"

1872년 3월부터 6월까지

전국에서 그려 올린 지방 지도

총 459장

평균 크기

가로 80센티미터, 세로 110센티미터

한 권의 책이 아닌

한 읍당 한 장씩 그려진

낱장 지도

지리학자, 수학자의 이론에

각 관청 소속 화공의 솜씨가 더해져

조선 팔도 각 지방의 특색을

화려한 색채로 담아낸

그림 지도

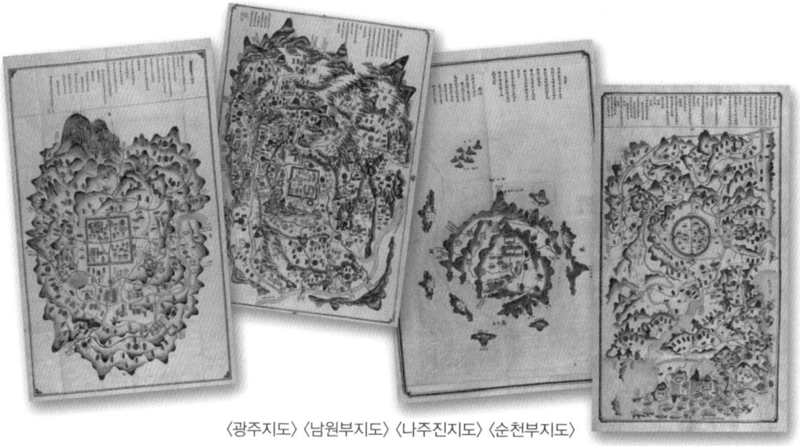

〈광주지도〉 〈남원부지도〉 〈나주진지도〉 〈순천부지도〉

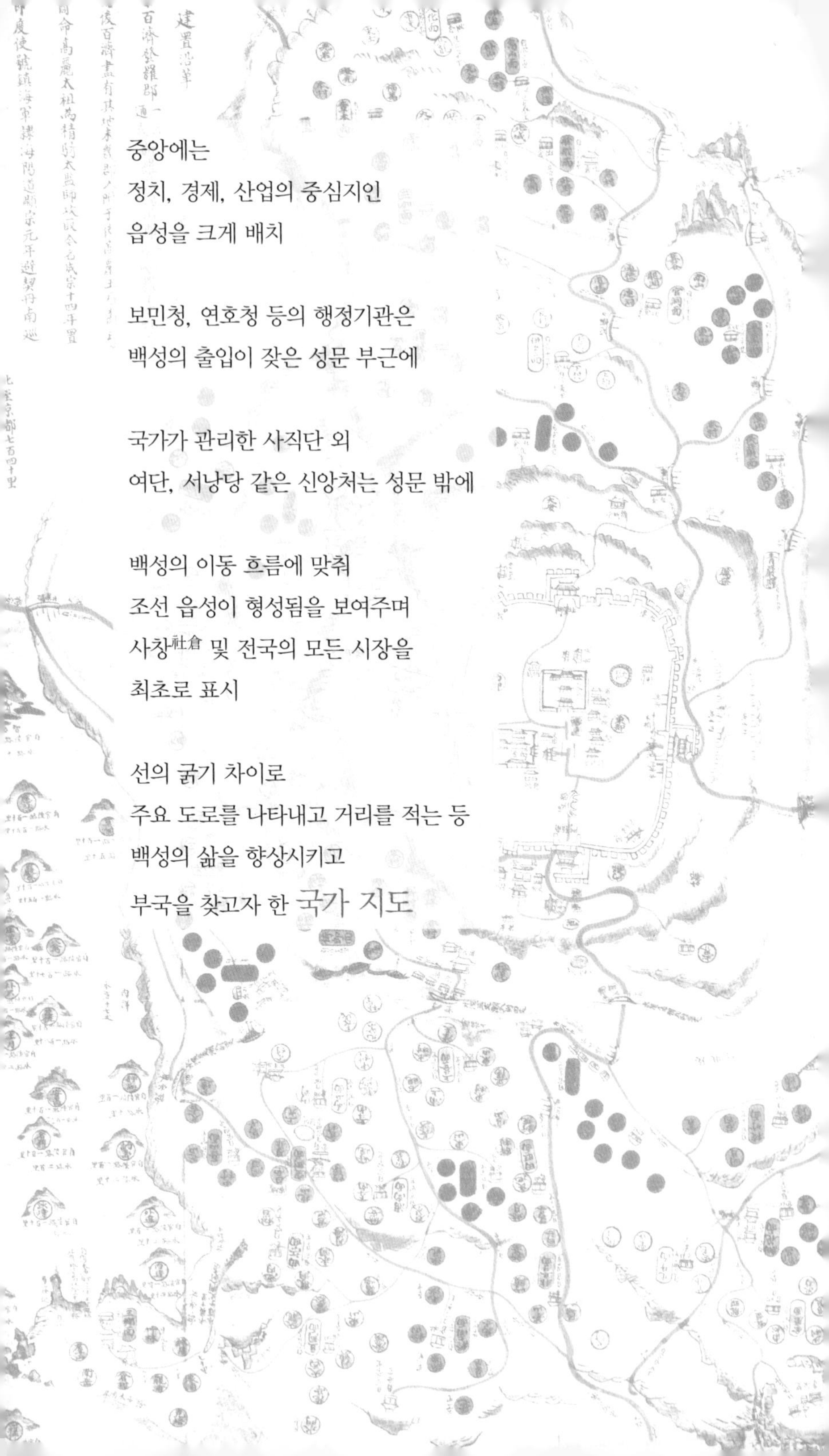

중앙에는
정치, 경제, 산업의 중심지인
읍성을 크게 배치

보민청, 연호청 등의 행정기관은
백성의 출입이 잦은 성문 부근에

국가가 관리한 사직단 외
여단, 서낭당 같은 신앙처는 성문 밖에

백성의 이동 흐름에 맞춰
조선 읍성이 형성됨을 보여주며
사창社倉 및 전국의 모든 시장을
최초로 표시

선의 굵기 차이로
주요 도로를 나타내고 거리를 적는 등
백성의 삶을 향상시키고
부국을 찾고자 한 국가 지도

그중 별도로 제작된
139장

각 지방에 세운 척화비, 산성,
요망대(감시초소), 포대, 발사대 등
전국의 군사 시설을 세세히 묘사하고

해안가 섬들의 거리와 수심, 해로,
바닷속 암초까지 정확히 기록

〈흑산도지도〉

중요한 섬의 경우 추가 확대 제작은 물론
이양선(서양배)이 지나간 바닷길까지 표시했다

조선의 해방海防 정책이 반영된
국방 지도

뿐만 아니라
배의 형태와 개수까지 자세히 그려
조선 수군의 상황을 파악했고

해남, 순천, 진도 등
중요 해안지방 지도에 그려진 거북선
임진왜란 후 약 3백 년이 지난 1872년에도
거북선이 중요한 군함이었음을 보여준다

“거북선이 1894년까지
경상도에 9척, 전라도에 3척 있었다.”

– 『조선시보』

〈진도부지도〉

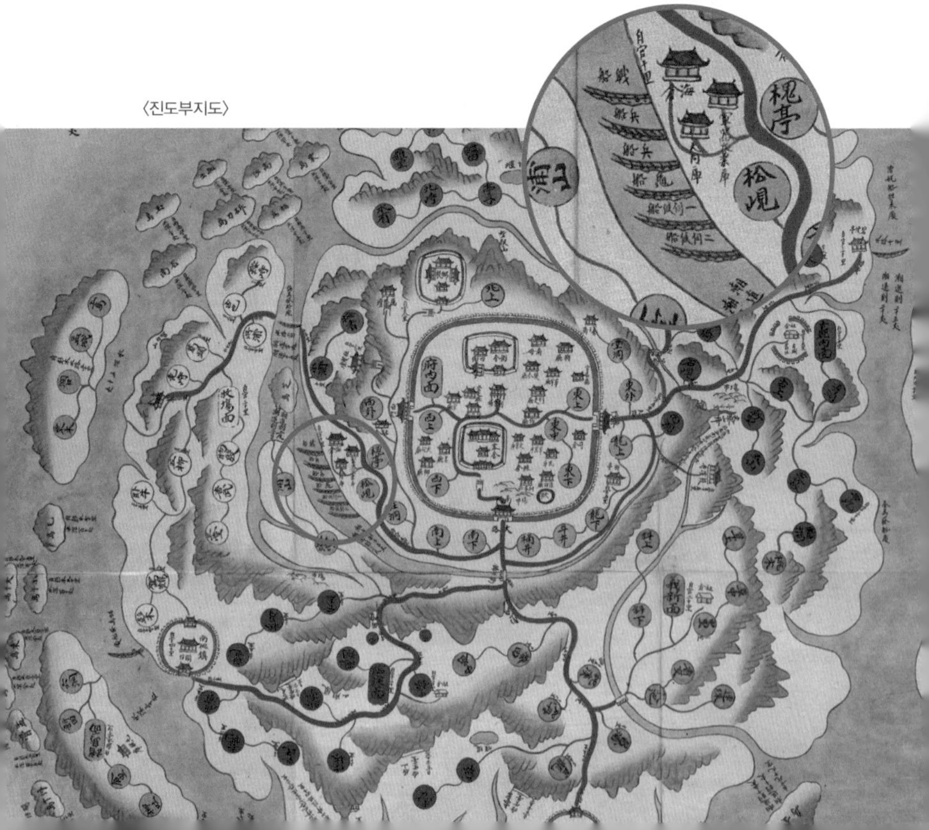

개항 직전의 급변하는 사회 분위기와
외세의 위협으로 위기에 처했던
1872년의 조선

459장의 지방 지도는
필름처럼 생생하게 기록한 국토의 초상화이자
나라와 백성을 지키기 위한 마음과
조선의 개혁 의지가 반영된
보물지도였다.

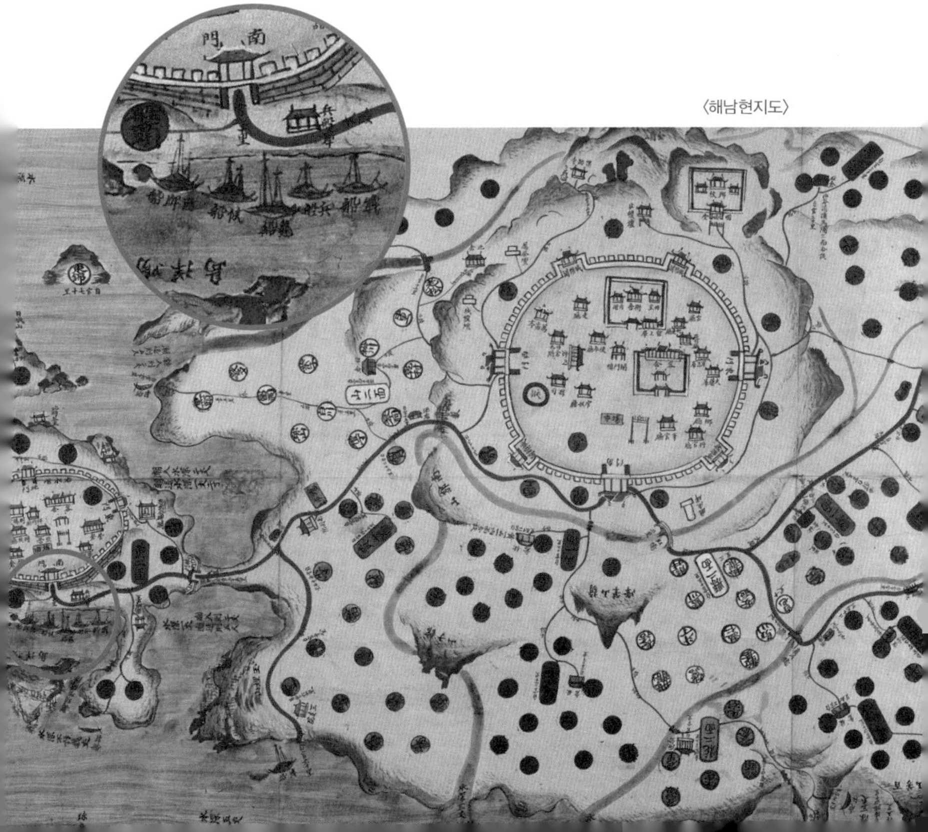

〈해남현지도〉

낯선 배들이 몰려오다

"이해 여름과 가을 이래 이양선이 경상·전라·황해·강원·함경 다섯 도의 넓은 바다에 보일 듯 말 듯 출몰하였다. 혹 아득하게 멀리 있어서 추적할 수 없었고, 혹은 뭍에 상륙하여 물을 긷기도 하고 고래를 잡아 양식으로 삼기도 했는데 그 수가 헤아릴 수 없이 많았다."

–『헌종실록』, 1848년(헌종 14년) 12월 29일

19세기 조선의 바다에서 서양의 배를 보는 것은 낯선 풍경이 아니었다. 서양의 배가 처음 조선의 연해에 나타났을 때만 하더라도 조선인들은 조선의 배와 다른 형태의 정체를 알 수 없는 배를 보고 이양선異樣船이라 부르며 호기심 어린 눈으로 바라보았다. 조난이나 표류에 의해서나 우연찮게 볼 수 있었던 이양선은 19세기 중반이 지나자 빈번하게 출몰하기 시작했다. 18세기 후반 이후 산업혁명이 전개되어 본격적으로 자본주의 경제체제에 들어선 서구 열강은 자국의 산업 발전을 위해 상품을 생산하는 데 필요한 원료를 공급받고 상품을 판매할 수 있는 식민지를 확보하고자 아시아로 끊임없이 배를 보냈다.

이양선을 타고 온 서양인에 대해 조선 조정은 우호적으로 대응했다. 조선은 바다를 통한 일체의 대외 활동을 금지하는 폐쇄적인 해금정책을 펼치고 있었으나 먼 곳에서 온 사람들을 후하게 대접해 돌

려보내야 한다는 '유원지의柔遠之義' 방침에 따라 이양선을 타고 한반도에 상륙한 서양인들에게 식량을 제공하고 무사 귀환을 보장해주었다. 그러나 1832년(순조 32년) 영국 동인도회사의 상선 로드 암허스트 호가 황해도 몽금포 앞바다에 나타난 이후 서양인들이 통상을 요구해오는 횟수가 점차 늘어나자 조선 조정은 긴장하기 시작했다. 조정은 날로 거세지는 서양의 통상 요구에 대해 매번 "조선은 물산이 풍부하지 못하고, 중국의 속방이기 때문"에 함부로 교역할 수 없다는 이유를 들며 단호히 거절했다. 고종이 왕위에 오르면서 조선의 새로운 권력자로 등장한 흥선대원군도 서양과의 통상은 거부하되 인도적 대우는 아끼지 않는 기존의 정책을 고수하기로 결정한다. 먼저 나라의 힘을 기른 뒤에 교류를 해도 늦지 않다는 판단이었다.

조선이 나라의 빗장을 닫아건 사이 서구 열강은 이전과는 다른 형태로 조선을 자극해왔다. 1866년(고종 3년) 프랑스가 조선의 천주교 탄압(병인박해)을 빌미로 7척의 군함을 파견해 강화도를 유린하더니(병인양요) 그로부터 5년 후인 1871년(고종 8년)에는 미국이 제너럴 셔먼 호 사건의 책임자 처벌을 요구하며 5척의 군함으로 강화도를 다시금 침략했다(신미양요). 군함을 파견한 대외적인 명분은 저마다 달랐으나 프랑스와 미국의 실질적인 목적은 조선과의 통상이었다. 아시아의 미개척지로 남아 있던 조선은 그들에게 기회의 장소였다. 하지만 무력을 앞세운 통상 요구는 조선인들의 서양에 대한 반감만 불러일으킬 뿐이었다. 병인양요가 발생하자 호남의 대표적인 유학자 기정진은 서양을 금수와도 같은 오랑캐로 규정하며 이들을 강력하게 배척해야 한다는 상소를 올리기도 했다.

"그들이 가진 끝없는 탐욕은 우리나라를 자신의 속국으로 만들고, 우리의 산하를 자신의 것으로 하고, 우리나라의 백관을 자신의 노복으로 만들며, 우리의 예쁜 소녀들을 잡아가고, 우리의 백성들을 금수와 같이 만들어버릴 것입니다. 만일 통상의 길이 한 번 트인다면 2, 3년 안에 전하의 백성으로서 서양화되지 않을 사람이 거의 없을 것입니다. 따라서 절대로 그대로 내버려둘 수 없으며 조금의 관용도 베풀어서는 안 되는 것입니다."

1868년(고종 5년) 조정은 충청도에서 올라온 한 장의 계문啓聞으로 인해 발칵 뒤집어진다. 고종의 할아버지이자 흥선대원군의 아버지인 남연군의 묘가 서양인에 의해서 파헤쳐졌다는 보고였다. 두 차례에 걸쳐 통상을 요구했으나 번번이 조선 조정이 이를 거절하자 독일 상인 오페르트가 남연군의 시신을 볼모로 삼아서 통상을 요구하고자 벌인 일이었다. 남연군의 관 주위를 둘러싼 단단한 회곽灰槨으로 인해 오페르트의 시도가 미수에 그치고 말았지만 조상의 묘를 신성시하는 조선에서는 상상도 할 수 없었던 일이 벌어졌기에 이 일이 흥선대원군을 포함한 조선인에게 준 충격과 파장은 매우 컸다.

병인양요와 신미양요, 오페르트 도굴 미수 사건을 차례로 겪으면서 백성들은 분노했다. 서양 오랑캐를 물리치자는 위정척사爲政斥邪의 기운이 온 나라에 가득했고 나라의 빗장을 더욱 단단하게 걸어 잠그게 했다. 이러한 분위기에 편승해 흥선대원군은 신미양요 직후 전국 각지에 '서양 오랑캐가 침범하는데 싸우지 않는 것은 화친하는 것이요, 화친을 주장하는 것은 나라를 파는 것이다'라는 글을 새긴 척화비斥和碑를 세워 백성들의 정신을 무장시키는 한편, 서양의 침략에 대응하기 위한 적극적인 대책을 하나하나 마련하기 시작한다.

이 지도를 만들지 않아서는 안 될 것이다

국방 강화의 필요성이 대두되자 흥선대원군은 1871년(고종 8년) 전국적으로 읍지를 편찬하는 사업을 진행하는 동시에, 이듬해에는 각 지방의 지도를 제작하도록 지시했다. 전 국토의 실정과 군사력에 대한 현황을 정확하고 상세하게 파악하기 위한 정보 수집의 일환이었다. 그 결과, 1872년(고종 9년) 3월에서 6월에 걸쳐 각 군현의 모습이 고스란히 담긴 총 459장의 지도가 완성된다.

한 지역의 다양한 정보를 한눈에 파악할 수 있는 지도는 국가를 경영하는데 중요한 기초자료였다. 그런 이유로 지도 제작은 일찍부터 국가적인 사업으로 추진되어 왔다. 조선 전기에는 전국지도나 도별지도가 많이 제작되었고, 조선 후기에는 연이은 전쟁으로 파괴되어버린 국토를 복구해가면서 지역의 실정을 구체적으로 파악할 필요성이 커지자 지방 행정의 기본 단위였던 부·목·군·현의 모습을 자세히 그린 군현지도의 제작이 활발하게 이루어졌다. 정약용은 『목민심서』에서 수령으로 부임한 후 가장 먼저 해야 할 일로 군현지도의 제작을 꼽았는데, 이는 지역의 정보를 파악하는 수단으로 군현지도가 가진 기능을 잘 보여준다.

"수령은 취임한 지 10일이 지나거든 노숙한 아전으로서 글을 잘하는 자 몇 사람을 불러 그 고을의 지도를 작성케 하되 (…) 먼저 읍성을 그리고 다음에 산림, 구릉, 천택川澤과 개천의 형세를 더듬어 묘사하고 다음에 촌리村里를 그린다. (…) 이를 정당政堂의 벽에 걸어 두고 항상 살펴본다면 온 고을 백성들의 주거가 바로 눈앞에 있는 듯

할 것이요, 공문서를 띄우거나 사람을 보낼 때에도 그 멀고 가까움과 가고 돌아옴을 모두 손바닥 보듯 할 것이니, 이 지도를 만들지 않아서는 안 될 것이다."

군현지도의 제작은 비변사와 홍문관에서 주도했다. 1751년(영조 26년)에서 1752년(영조 27년) 사이에 홍문관에서 회화식 군현지도인 『해동지도』를 제작했고, 비변사에서는 1750년경에 1리 간격의 눈금선方眼을 이용한 군현지도를 제작했다. 이들 지도가 완성된 후 약 20년 뒤인 1770년(영조 46년)에는 영조의 명을 받은 신경준이 20리 눈금선을 그어 보다 정확하게 만든 『여지도』를 제작했다. 이용하기 편리한 형태의 군현지도가 만들어지자 이는 민가에까지 흘러나가 널리 이용되었다. 동일한 축척을 가진 군현지도의 제작은 1861년(철종 12년) 김정호가 제작한 『대동여지도』와 같은 대축척 전국지도가 만들어질 수 있는 바탕이 되었다.

『대동여지도』가 제작된 지 11년 뒤인 1872년 흥선대원군의 명에 의해 제작된 군현지도는 축척을 고려하지 않은 회화식 지도로, 필요한 지역의 지도만을 휴대하기 간편하게 낱장 형태의 첩帖으로 분책한 것이 특징이다. 지역마다 크기가 조금씩 다르나 각 지도의 크기는 가로 70~90센티미터, 세로 100~120센티미터 정도이다. 경기도에서 북한, 제주도에 이르기까지 한반도 전 국토의 모습이 채색되어 표현됐다.

1872년의 군현지도는 4개월이라는 짧은 기간 동안 각 군현에서 독자적으로 제작되었기 때문에 전체적인 통일성은 갖추지 못했다. 지도 제작에는 중앙의 도화서에서 지방으로 파견된 화사군관을 비롯하여 지방화사 또는 지역 사찰의 화승 등이 참여했는데, 정교한 솜씨로 지역을 상세하게 묘사한 지도부터 거칠고 마른 필선으로 매우 간략하게 표현된 지도에 이르기까지 군현별로 완성도의 편차가 고르지 않았다. 하지만 읍지에 첨부된 지도보다 넓은 지면으로 제작되어 다른 지도와는 비교가 안 될 정도로 산과 하천, 도로, 고개, 성곽, 봉수, 포구, 능원, 사찰, 서원, 향교, 역, 시장 등 각 지역의 지리적 정보가 상세하고 풍부하게 담겨 있다.

군현지도에 담긴 130여 년 전 조선의 얼굴

1872년에 제작된 군현지도에는 전국 320개 군현의 지도뿐만 아니라 126장의 진영鎭營, 11장의 산성, 2장의 목장 등 군사시설을 그린 지도가 포함되어 있다. 전체 지도의 약 30퍼센트가 국방지도로 구성된 사실은 서양의 침입에 대응해 국방을 강화하고자 했던 흥선대원군의 목적을 여실히 보여준다. 군현지도에는 상세한 지역 정보와 더불어 흥선대원군이 시행했던 국가정책의 흔적이 곳곳에 남아 있다.

흥선대원군은 유생들의 거센 반발에도 불구하고 군역 회피와 탈세의 수단이자 붕당의 온상이며 백성을 수탈하던 서원을 과감히 정리하는 정책을 강행했다. 서원철폐 조치로 전국 650개의 서원 가운데 47개의 서원을 제외하고 나머지는 모두 훼철되고 만다. 1872년 군현지도 곳곳에는 이러한 시대적 상황이 반영되어 훼철된 서원의 터는 '서원훼기書院毁基' 또는 '서원고지書院告址'로 표시되어 있다.

1872년 군현지도를 통해 지역마다 사창社倉이 설치된 것도 확인할 수 있다. 사창은 춘궁기에 곡식을 빌려주었다가 가을에 이자와 함께 되갚도록 하는 민간 자치 성격의 빈민구휼제도였다. 이후 사창은 관리들의 부도덕함으로 인해 구호기관으로서의 순기능을 잃고 고리대기관으로 변질되고 마는데 이로 인해 결국 시행 20여 년 만인 1470년(성종 1년)에 폐지되고 만다. 16세기 이후 사창의 부활이 꾸준히 제기됐지만 지방 관리들과 토착 서리들의 반발로 실현되지 못하다가

1866년(고종 3년) 흥선대원군이 다시 복구를 지시해 다음해에 전국적으로 실시하게 됐다.

1872년 군현지도에는 병인양요 이후 흥선대원군이 강력하게 추진했던 해상방위 정책의 흔적도 나타나 있다. 서양의 무력에 효과적으로 대응할 수 있는 군대는 오직 포군砲軍뿐이라고 판단한 흥선대원군은 1868년 오페르트 도굴 사건이 발생한 충청도를 시작으로 이양선이 출몰하는 바닷가 지역을 중심으로 포군을 설치하라는 명을 내렸고, 1870년에는 포군의 설치를 전국으로 확대했다. 1872년 군현지도에는 포군을 증설하기 위해 설치한 화포청火砲廳과 포수청砲手廳이 그려져 있다. 이와 함께 경상도, 전라도, 황해도 지역의 진지陣地지도에는 병선과 전선이 주둔해 있는 모습이 상세하게 묘사되어 있다.

1872년 군현지도에는 흥선대원군의 국가정책과 더불어 조선 후기 새롭게 변화된 사회상도 담겨 있다. 상업의 발달로 각 지역에서 생산되는 물산 유통의 근거지에 지방 장시場市가 활성화되어 그 숫자가 비약적으로 증가했고, 장시 주변에는 편의 시설인 점막店幕, 주점酒店이 곳곳에 들어서기 시작했는데 군현지도에는 이러한 시대상이 반영되어 수많은 장시와 점막의 이름 및 위치가 표시되어 있다.

지도는 일정한 공간의 지리적 실체를 표현하는 데 그치지 않고 지도를 제작할 당시 사람들의 신념과 가치관도 담고 있다. 옛 사람들은 "하늘은 둥글고 땅은 모나다"는 동양의 전통적 천지관인 천원지방天圓地方의 사고관에 따라 『천하도』를 제작했다. 조선 태종 때에는 온 천하에 새롭게 개창한 왕조의 위엄과 문화적 자신감을 드러내려는 의도에서 『혼일강리역대국도지도』라는 세계지도를 제작하기도 했다.

19세기 조선은 날이 갈수록 거세지는 서양의 위협에 대처하고, 세도정치의 폐단으로 발생한 내부적 모순도 해결해야만 하는 상황에 처해 있었다. 오늘날 흥선대원군은 급변하는 시대의 변화를 읽지 못하고 나라의 문을 닫아 건 시대착오적인 인물로 여겨지고 있지만 1872년 군현지도를 통해 거대한 역사의 소용돌이 속으로 휩쓸리기 직전 조선의 모습과 위기를 해결하고자 고심하던 흥선대원군의 노력을 확인할 수 있다.

1876년 개항 이후 일본을 통해 근대적 지도제작술이 유입되면서 정부 조직 안에 지도 제작을 위한 전문기관이 설치되었고 근대적 방식에 따라 국토를 새롭게 측량해나갔다. 하지만 1910년 국권을 상실하면서 독자적인 지도 제작의 역사도 명맥이 끊기게 되었다. 일제는 강제병합과 함께 토지수탈과 세금징수를 위한 토지조사사업을 시행하면서 도쿄를 원점으로 한 우리 땅의 지적도를 완성했다. 이때 제작된 지적도는 광복이 된 이후에도 계속해서 사용되었다.

2015년 국토교통부는 2020년까지 도쿄측지계에서 세계가 표준으로 사용하는 세계측지계로 지적공부의 좌표를 변환하겠다고 밝혔다. 나라의 주권을 되찾고도 찾지 못했던 이 땅의 지리적 주권을 100년 만에 되찾게 된 것이다. 記

冊

「**1872년 군현지도의 제작과 회화적 특징**」 김성희, 명지대학교 박사학위논문, 2015.

「**18세기 지리서·지도의 제작과 국가의 지방지배**」 양보경, 『응용지리』 제20호, 성신여자대학교한국지리연구소, 1997.

『**이이화 한국사 이야기** 17』 이이화, 한길사, 2015.

『**한국 근대사 산책** 1』 강준만, 인물과사상사, 2007.

『**한국사 인물 통찰**』 김종성, 역사의아침, 2010.

「**조선시대 지도제작의 문화적 특성**」 오상학, 『국사관논총』 제107집, 국사편찬위원회, 2005.

「**지역문화 연구 자료로서 고지도 및 지리지**」 김기혁, 『정신문화연구』 제30권 제3호, 한국학중앙연구원, 2007.

記

04 배움의 놀이터

머리가 나쁘고 둔해
열 살이 되어서야 공부를 시작했지만

같은 책을 1만 번 이상 읽으며
성실하고 부지런히 공부한

조선 최고의 독서가

그가 학동 시절
훈장으로부터 받은 성적표
무無

학동들이 깊이 새겨야 할 가르침을
한 글자로 담은 일종의 성적표
단자수신單字修身

그곳에 적힌
無의 의미

'몽담은 성실하고 부지런하여 더 당부할 것이 없다.'

학업의 우열보다
배움의 자세와 사람다움을 중시했던
우리 전통의 공부방, 서당
그곳의 특별한 가르침

글자의 음과 뜻을 익히는 『천자문』
인간의 윤리 도덕과 역사를 배우는 『동몽선습』
사람으로서 필수적인 생활의 도리를 깨우치는 『소학』

책을 통해 지식뿐 아니라
예의범절과 도리를 가르쳤던 서당

글을 읽는 것만이 교육이 아니라 생각한
서당의 특별한 수업 방법

놀이 학습

벼슬이 적힌 판을 놓고
누가 먼저 높은 관직에 올라
퇴관하는지 겨루는

승경도 놀이

미리 벼슬을 체험하며
관직의 종류와 역할을 익히고
과거시험에 대한 학구열을 고취한다

학동 중 한 명을 원님으로 선발하고
나머지는 백성이 되어 원님의 판결을 받는

원 놀이

주어진 상황에 대한 옳고 그름을 가리는
판단력을 배양한다

책 한쪽을 펼쳐놓고
고을 이름에 해당하는 글자를 찾아
더 많이 적은 사람이 이기는

고을 모둠 놀이

가보지 못한 전국의 지명을 습득
나라의 지리를 배우고
목민관으로서의 자세와 도전 정신을 습득한다

일정한 길이의 끈에 불을 붙인 뒤
끈이 다 타기 전에 글을 짓는

화승작

촛불에 눈금을 그어놓고
초가 그만큼 탈 때까지 시를 짓는

각촉부시

순발력 향상과 더불어
빠른 글짓기와 연작 능력을 학습하는 놀이

과거시험장 모습을 담은
《평생도》 중 〈소과응시〉

서당의 또다른 특별한 수업 방법

계절 학습

봄, 가을에는

사기史記 고문古文처럼
선비의 뜻을 세우는 데
도움이 되는 글을 읽힘

〈송하수업도〉

여름에는

시를 읽고 율을 짓는 등
머리를 식히고 더위를 잊게 할
흥미 높은 학습을 시행

겨울에는

유학의 근본이 되는 경서와 역사 등
다소 어렵지만 진득이 배울 수 있는 학과 공부

계절 특성에 맞춰 교과 내용을 달리해
학동들의 학업 능률을 돕기도 했다

노는 것이 즐거울 나이
여가와 학습을 함께하는 서당 교육은
오늘날에도 유효한 체계적인 교육법이다

마을에 '서당계'를 조직하다

중국의 고전『예기禮記』에는 '사람이 태어나서 열 살이 되면 유幼라고 하여 이때에는 배운다'라고 하였다. 일찍부터 사람으로서 지켜야 할 도리를 일깨우고 잠재력을 키워야 사회질서를 유지하고 나라를 지킬 수 있다고 믿었기 때문이다. 같은 맥락에서 어린 학생들은 가르쳐야 할 대상으로 '동몽童蒙'이라 불렸다. 동몽은 아직 장가를 가지 않은 사내아이로 7~15세까지 해당됐다.

우리나라에서도 어린아이들에 대한 교육은 오래전부터 시작됐다. 고구려는 지방에 경당扃堂을 설치하여 귀족과 평민 자제에게 문자와 경전, 활쏘기 등을 가르쳤으며, 고려 공민왕 때의 문신 나흥유는 서당을 만들어 아이들을 가르친 바 있다. 조선시대에는 지배 이념인 성리학으로 백성들을 교화하기 위해 교육에 대한 관심이 높았다. 조선의 교육기관은 관학官學과 사학私學으로 나눌 수 있는데, 관학은 중등교육기관으로 한양의 동·서·남·중부에 설치된 4부학당(4학)과 지방에 설립된 향교, 국립 고등교육기관인 성균관이 포함됐다. 사림세력의 등장으로 16세기 이후 지방에서 중등교육과 제향을 주도한 서원은 사학으로 분류된다. 서당書堂은 지방의 사립교육기관으로서 주로 초등교육을 담당했다.

서당은 '서방書房', '책방冊房'이라는 명칭으로도 불렸으며 대부분 영세한 규모로 조정의 허가 없이도 설립할 수 있었다. 서당교육의 주된

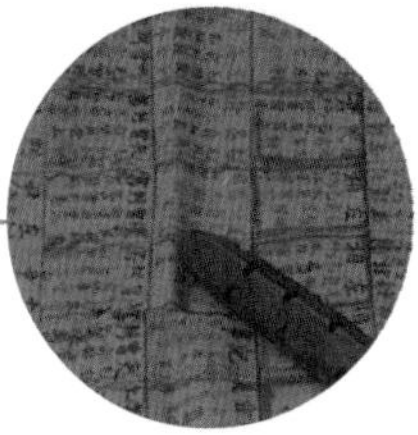

목적은 주로 양반 가문의 자제들이 향교나 4부학당에 진학하여 과거시험을 준비할 수 있도록 기초적인 학습을 받게 하고 향촌의 신분 질서를 유지시키는 일이었다. 가난한 평민과 노비의 자녀들은 서당 교육조차 받을 수 없었다. 그러다가 17~18세기 농업과 상업의 발달로 부유한 농민과 중인 계층이 성장하면서 이들이 직접 서당을 설립하기 시작했다. 향촌민들은 서당 운영에 필요한 기금을 확보하기 위해 서당계書堂契도 조직했다. 서당계는 신분을 가리지 않고 향촌민의 자식들이면 서당으로 불러 모아 배우게 했고, 이때부터 동몽들은 비교적 자유롭게 초등교육을 받을 수 있었다. 나라에서는 직접 서당을 운영하지는 않았지만 민간에서 서당교육이 잘 운영되도록 장려했다. 1632년(효종 10년)에는 서당 관리규범인 '향학사목鄕學事目'이 마련되었고 수령이 직접 서당을 찾아가 동몽들이 배운 것을 암송하게 하여 시험을 치르게도 했다.

자네는 조급하니 소를 몰고 가게

서당 운영에 있어서 훈장의 존재는 그 무엇보다 중요했다. 훈장이 반듯하고 똑똑해야 학동들이 모였기 때문이다. 훈장은 대개 향교나 서원 출신 선비이거나, 과거에 낙방한 선비였다. 서당에서는 가급적 학식과 덕망이 높은 훈장을 모시고 싶었으나, 이런 선비는 관리로 진출하거나 향교나 서원에 우선 부임하므로 좋은 훈장을 찾는 일은 생각보다 쉽지 않았다. 그 때문에 경서를 해독할 정도의 실력 있는 훈장은 드물었고, 대부분 주석서를 참고해 글의 뜻을 해석하는 수준이었다. 훈장의 신분은 명문 사족부터 몰락한 양반, 중인 등 다양했다. 서당이 널리 확산되자 직업 훈장도 등장했다. 훈장과 그 가족의 생활비는 학동들의 부모가 갹출하여 봄가을에 곡식을 내는 것이 관례였다.

서당에 입학하는 학동들의 나이는 대개 7~8세였다. 학동들의 나이를 법으로 정한 바는 없었기 때문에 스무 살 이상의 성인도 서당에 다닐 수 있었다. 신체 연령보다 공부의 정도가 중요했다. '남녀칠세부동석男女七歲不同席'이라고 해서 남녀가 일곱 살이 되면 같은 자리에 앉을 수 없기 때문에 여자들은 입학할 수 없었다. 학동 수가 많은 서당에서는 훈장 혼자서 학동 모두를 가르칠 수 없어서 학동들 중 나이가 있고 학력이 뛰어난 자를 보조교사 격인 '접장'으로 세워 하급 과정의 학동들을 가르치게 했다.

서당의 입학일은 보통 동짓날이었고, 서당에 처음 입학하는 날에는 훈장에게 술, 닭, 옷감 등의 예물을 갖추는 것이 예의였다. 서당의 하루 일과는 대개 새벽에 시작되어 취침시간까지 계속됐다. 학동들은 아침 일찍 서당에 와서 훈장에게 인사를 드렸고 훈장은 전날 마을에서 일어난 일 등을 이야기하며 학동들과의 대화를 시작했다. 본격적으로 수업에 들어가면 전날 배운 것을 평가하곤 했는데 통과하지 못하면 벌을 받고 통과할 때까지 다시 공부했다. "서당 아이들은 초달楚撻(회초리로 종아리를 때림)에 매여 산다"라고 할 정도로 학동들은 회초리를 무서워했다. 오후에는 아침에 배운 내용을 계속 암송하거나 훈장과 산책을 하며 습자도 했고 여름엔 냇가에 가 멱을 감기도 했다. 저녁에도 낭송이 이어졌고 학동들끼리 그날 배운 내용을 문답도 했다. 노는 시간 없이 거의 종일 공부하는 셈이었다. 서당에는 지금과 같은 방학이 없었지만 보통 농번기에는 수업이 없었다. 또한 설, 단오, 추석 같은 명절이나 공자 탄신일 등 유학과 관련된 날도 공부를 쉬었다. 서당의 행사 중에는 일종의 시무식인 개접례開接禮라는 행사가 있었는데 훈장과 학동들이 한자리에 모여 학업 성취를 기원하고 음식을 나누어 먹는 자리였다. 학동들이 모여 돌아가며 교재나 명언, 좋은 구절 등을 암송하는 윤강輪講도 상시로 열렸고, 달밤에 마을을 돌며 배운 것을 암송하기도 했다.

서당은 학년과 졸업이 딱히 정해져 있지 않았다. 한 권의 책을 다 떼면 다음 단계의 책을 공부하는 식이었다. 대체로 서당에서는 『천자문』, 『동몽선습』, 『아희원람』, 『십팔사략』, 『통감』, 『소학』 등을 공부했다. 보통 『천자문』으로 시작해 『소학』을 읽는 정도에서 서당교육은 마무리됐다.

『천자문』은 학동들이 한자를 배울 때 가장 먼저 익히는 책으로 각 분야에서 두루 사용되는 글자들을 추려서 뽑아놓은 책이었기에, 서당교육 이후 고등교육을 받을 기회를 갖기 어려웠던 가난한 집안의 아이들도 『천자문』만 배우면 평생 살아갈 기초적인 지식을 얻을 수 있었다. 『천자문』을 배우고 나면 주로 『동몽선습』을 공부했다. 이 책은 중종 때 박세무가 발간한 아동용 교과서로, 삼강오륜에 대한 설명과 중국과 우리나라의 역사를 담고 있다. 『아희원람』은 중인 출신인 장혼이 쓴 책으로 김매기, 누에치기, 의복, 관혼상제, 민담 등 일반 서민들의 생활과 풍속을 소개하고 있다. 『십팔사략』과 『통감』은 학동들에게 변화무쌍한 인간사를 이야기해주어 역사의 흐름을 깨우치게 했다. 유학 입문서인 『소학』은 사람이 지켜야 할 기본 덕목과 일상생활에서 지켜야 할 예의범절을 가르쳤다.

서당의 교육은 글을 읽고 뜻을 밝히는 강독講讀, 시와 글을 짓는 제술製述, 글자 쓰기 연습인 습자習字로 이루어졌고 이 과정은 모두 개별 지도로 진행됐다. 서당에서 가장 중요하게 이루어진 교육은 강독이었다. 강독 시간에 훈장이 책상다리를 하고 천천히 좌우로 몸을 흔들며 장단을 맞추어 소리 내어 글을 읽으면, 학동들은 앞뒤로 몸을 흔들며 따라 읽었다.

제술은 제목을 주고 운과 형식에 맞추어 글을 짓는 것으로 문자 학습이 일정 수준에 도달한 고학년을 대상으로 했다. 제술은 일상 생활에서 사용되는 각종 문서를 쓰기 위해서는 물론이고 과거시험을 보기 위해서라면 필수적으로 거쳐야 하는 과목이었다.

습자는 말 그대로 글자 쓰기로 점과 획 연습부터 시작했다. 자획이 갖추어지면 책을 베끼고 서찰을 쓰는 연습을 했다. 습자는 단순한 글자 쓰기 훈련이 아니었다. 한 획을 그어서 쓸 때마다 몸가짐과 마음가짐을 바르게 할 것을 강조했던 인성교육의 하나였다.

정해진 내용의 학습을 마치면 평가가 이어졌다. 소리 내어 읽는 '강講'은 학습 방법이기도 했지만 평가 방식이기도 했다. 학동들은 훈장 앞에 앉아 책을 등 뒤에 놓고 보지 않은 채 암송하는 배강背講을 하거나 책을 보고 낭독하는 면강面講을 했다. 암송이 끝나면 훈장이 묻고 학동이 답했는데 학동들 사이의 우열을 가리기 위한 목적보다는 학동 개개인의 학업성취도를 확인하고 보다 나은 학습을 도모하기 위한 목적이 더욱 컸다. 주기적으로 강이 열렸지만, 보통은 전날 배운 것을 매일 확인하는 일강日講 위주로 진행됐다.

서당에서 특별히 실시하던 강 중에 괘책례掛冊禮라는 행사가 있었다. 책 한 권을 떼고 나면 그 책을 걸어두고 책의 일부분을 암송하거나 훈장의 질문에 답하는 것으로 '책거리'라고도 불리던 괘책례는 학부모들이 조출한 잔칫상을 마련할 정도로 서당에서 가장 큰 행사였다. 학생들은 예의 있고 슬기로운 사람이 되라는 바람에서 오륜을 뜻하는 오색 송편을 먹기도 했고, 학문을 길게 이어가라는 뜻으로 국수장국을 먹기도 했다.

괘책례 때 훈장은 학동들에게 당부의 의미를 담아 한 글자씩을 적어서 건넸다. 일종의 성적표인 단자수신單字修身이다. 늦잠 자는 버릇이 있는 학동에게는 새벽녘에 깨어 우는 닭의 성정을 배우라는 의미에서 닭 '계鷄'를, 똑똑함이 지나친 학동에게는 자만하지 말라는 의미에서 어리석을 '우愚'를, 효성이 부족하다 싶으면 효성 지극한 동물로 여겨졌던 까마귀 '오烏'를, 성격 급한 아이에게는 참을 '인忍'자를 적어주는 식이었다.

남명 조식의 문하에서는 졸업을 하면 짐승에 빗댄 평을 주는 관례가 있었다고 한다. 후일 정승까지 오른 정탁이 학업을 마치고 문하를 떠날 때 남명은 "뒷간에 소 한 마리 매어놓았으니 몰고 가도록 하라"고 말했다 한다. 이는 정탁이 기가 세고 조급하여 자칫 넘어져 다칠까 걱정되니, 소를 몰고 가는 걸음으로 천천히 우직하게 걸어가라는 스승의 깊은 뜻으로 기질상의 단점을 보완하라는 의미였다. 게으르면 닭을, 야심이 많으면 염소를, 약삭빠르면 돼지를, 주의력이 산만하면 거위를, 느리면 말을 주는 식이었다.

장원례壯元禮도 서당에서 치러진 특별한 행사 중 하나다. 장원례는 그때까지 배운 내용에 대해 강을 실시하여 가장 우수한 학동을 장원으로 선발하는 행사였다. 장원으로 선발된 학동에게는 종이, 붓, 먹 등이 수여되었고, 장원을 한 학생의 부모는 기쁨과 감사의 뜻으로 작은 잔치를 베풀었다. 김구의 『백범일지』에는 강에 대한 일화가 하나 등장한다.

"매달 보는 시험(월강)을 앞두고 선생님은 나에게 은밀하게 "네가 늘 우등하였으니 이번에는 일부러 못 외는 것처럼 모른다고 대답하여라"라고 부탁한 적이 있다. 내가 선생님 부탁대로 하였더니 그날은 신존위 아들이 1등하였다고 닭 잡고 술상 차려 잘 먹었다."

— 『백범일지』

학동 개개인의 학업성취도를 확인하고자 했던 목적이 제일 컸지만 강도 일종의 평가였기 때문에 그에 따른 등급이 있었다. 평가 등급은 순純 또는 대통大通–통通–약略–조粗–불不 등 5등급으로 구분됐다. '조' 이상은 합격이었고 '불'은 불합격으로 반복 학습을 해야만 했다.

놀다보면 배우게 된다

서당의 특색 있는 교육 방법 중 하나는 놀이를 통한 학습이었다. 서당에 다니는 학동들은 한창 놀기 좋아할 나이의 아이들이었다. 서당에서는 적절한 놀이를 통해 학습 의욕을 북돋우면서도 능률적인 학습효과를 도모했다.

서당에서 행해졌던 대표적인 놀이인 승경도昇卿圖 놀이는 벼슬이 적힌 말판에서 누가 먼저 높은 관직에 오르는지를 겨루는 놀이다. 승경도는 '벼슬살이 도표'라는 뜻으로 벼슬 이름을 써놓은 넓은 종이를 말판으로 삼아, 윤목(일종의 주사위)을 굴려 나온 숫자대로 말을 이동시켜 벼슬 이름이 적힌 자리를 옮겨다니는 방식으로 진행되는 놀이다. 놀이판이 순조롭게 이어지면 벼슬이 높아지지만, 자칫하면 파직되거나 사약을 받을 수도 있었다. 상대방 말이 정승에서 파직돼 사약을 받게 되거나, 자신의 말이 영의정까지 오른 뒤 퇴임하면 놀이에서 이겼다. 학동들은 승경도 놀이를 하면서 복잡한 관직의 이름과 등급, 상호관계를 자연스럽게 익혀갔다.

원 놀이는 학동 중 한 명이 원님 역할을, 나머지가 백성 역할을 맡은 뒤 원님의 판결을 받는 놀이다. 주로 정월 초 글공부를 쉴 때에 했던 놀이로, 학동들은 원님과 이방 등의 육방관속六房官屬으로 분장해 원님이 행차하는 것처럼 마을을 돌다가 넓은 마당에서 백성의 억울한 사정을 듣고 판결을 하거나 모의 과거를 실시하고 문장력을 시험했다. 사소한 일부터 사회문제까지 시비를 가리는 판단력을 기르는 놀이였다. 때로는 두 서당의 학동들이 대립해 원 놀이를 하기도 했는데 어느 한쪽의 문장력이 부족해 놀이에서 패하면, 훈장이 이를 창피하게 여겨 훈장직을 내려놓고 서당 문을 닫는 경우도 있었다.

고을 모둠 놀이는 학동들이 정해진 책을 펼쳐 한 글자가 나오면 여기에 자기가 아는 다른 한 글자를 조합해 두 글자로 된 고을 이름을 지어내는 놀이다. 고을 이름을 누가 더 많이 지어내는지 여부로 승패를 겨루었다. 글자가 틀리거나 자신이 써낸 고을이 어디에 위치하는지 상대가 물었을 때 틀리면 오히려 점수가 깎였다. 고을 모둠 놀이로 지리적 감각을 익힌 뒤에는 남승도覽勝圖 놀이를 했다. 남승도 놀이는 명승지를 유람하는 말판을 놓고 주사위를 던져 주사위의 숫자만큼 말을 움직여 팔도 유람을 다닌 후 출발한 장소로 되돌아오는 놀이다. 출발지로 제일 먼저 귀환하는 사람이 놀이의 승자가 되었다. 놀이에 참여하는 인원이 많으면 유람객을 한량, 미인, 승려 등으로 나눠 몇몇 규칙을 추가적으로 적용했다. 임진왜란 때 전투가 있었던 진주 촉석루에 한량이 이르면 그가 특권을 얻거나, 미인이 먼저 가 있는 곳에는 승려는 가지 못한다거나 하는 식이었다. 학동들은 고을 모둠 놀이와 남승도 놀이를 통해 전국 팔도의 고을 이름을 외우고 우리나라의 지명과 지리뿐만 아니라 역사 지식을 넓혔다.

시패詩牌 놀이는 시의 어구를 완성하는 놀이다. 이 놀이는 한자가 한 글자씩 새겨져 있는 일종의 글자카드인 시패詩牌를 이용해 시조를 완성하는 놀이다. 한 글자씩 새겨져 있는 패쪽을 하나씩 집어가고 내놓고 하면서 먼저 시구를 완성하면 이기게 된다. 초初·중中·종終 놀이는 접장이 시조의 초장, 중장, 종장 중 어느 한 구절을 낭송하면 바닥에 놓인 시 구절이 적힌 종이들 중 그 시의 다른 구절을 찾아 시조 전체를 완성하는 놀이다.

학업 수준이 높은 학동들은 화승작火繩作이나 각촉부시刻燭賦詩 같은 글짓기 놀이를 했다. 화승작은 일정한 길이의 화승(줄)에 불을 붙여 놓고 그 불이 다 타기 전에 글을 짓던 놀이이고, 각촉부시는 촛불에 눈금을 그어놓고 초가 그만큼 탈 때까지 시를 짓는 놀이다. 두 놀이 모두 빠르게 글을 짓는 실력을 높이고 문학을 장려할 목적으로 이루어진 놀이였다.

계절에 따라 교육 내용을 달리했던 계절 학습도 서당교육만의 특징이었다. 서당에서는 봄과 가을에는 사기史記나 고문古文 같이 비교적 덜 딱딱한 책을 읽게 했다. 글을 읽고 난 오후에는 서예를 하여 졸음과 게으름을 쫓도록 배려했다. 봄가을에는 밤이 짧기 때문에 야독夜讀을 하지 않는 대신, 시를 짓게 했다. 여름에는 더워서 학습 의욕이 떨어지므로 머리를 많이 쓰는 경서나 역사책에 대한 강독을 피하고, 흥취가 있는 시와 율을 읽거나 지으면서 머리를 식혔다. 여름엔 하과夏課와 같은 피서 교육도 있었다. 하과는 매년 여름철이면 고요하고 시원한 산방山房을 빌려 시회詩會도 열고 조촐한 잔치를 여는 행사였다. 겨울에는 본격적으로 유학의 근본이 되는 경서나 역사와 같이 다소 어렵지만 진득하게 배울 수 있는 학과를 공부하게 했다.

인간의 도리를 깨우쳐가는 학습의 주체

강독과 제술을 개인별 수준에 맞게 진행했던 서당의 교육 방식은 상급 교육기관인 향교와 서원, 그리고 성균관에서도 공통적으로 적용됐다. 글을 소리 높여 읽고 의문점을 문답하는 강은 서원에서도 줄곧 행해지던 전형적인 교육 방식이었다. 향교교육 역시 교생들이 강의실인 명륜당에 모여 개별 학습을 하고 스승 앞에서 읽고 뜻을 풀이하며 스승이 묻는 말에 대답하는 강을 중심으로 이루어졌다. 성균관에서 공부하는 유생들의 궁극적 목표는 과거에 합격하여 관리가 되는 것이었는데 과거시험은 '강경'과 '제술'로 평가했기에 교육과정도 그에 맞춰졌다. 강경은 구술시험으로 배강, 배송을 비롯해 본문을 보고 물음에 답하는 임문고강으로 이루어졌다. 이는 학동들이 서당에서부터 이미 몸으로 체득해온 평가 방식이다. 상급 교육기관에서도 매일 평가를 받는 일강을 했고, 평가 결과가 미흡한 경우 벌을 받거나 회초리를 맞았던 것도 서당과 동일했다.

상급 교육기관에서 이루어지는 경학 교육은 과거시험을 준비하는 것이 주된 목적이었지만, 이들 기관은 교육의 목적을 단순히 사서오경을 읽고 암기하여 뜻풀이하는 것에 한정짓지 않고, '의로운 이치義理'를 밝히고 통달하여 응용하는 데 두었다. 경전을 읽고 그 이치를 밝힌다는 것은 단순히 지식을 얻는 것에 그치는 것이 아니라, 그 속에 깃든 철학적 깨달음을 실천으로까지 이어나가야 함을 의미했다. 이같은 조선 당대의 교육철학은 수준별 맞춤 학습과 자기주도적인 학습, 전인교육을 실천했던 서당에서부터 구현되었다. 덕분에 서당에서 초보적인 교육을 마치면 그뒤에 상급 교육기관을 거치지 않더라도 마을에서 최소한 교양인으로 살아갈 수 있었다. 자기수양과 몸가짐의 방법을 배워 수신제가할 수 있었고, 각종 축문과 서신 나아가 관가에 자신의 뜻을 적어내던 소장 등 다양한 종류의 문서를 쓰고 읽을 수 있었다.

서당은 초급 교육기관임에도 개인의 출세와 영달이 아니라 인간으로서의 도리를 깨우쳐가는 공부를 해나가는 주체로서 한 사람을 교육시켰다.

『배움과 가르침의 끝없는 열정』 국사편찬위원회, 두산동아, 2005.
『우리 학생들이 나아가누나』 김태웅, 서해문집, 2006.
『조선시대 사람들은 어떻게 살았을까(1,2)』 한국역사연구회, 청년사, 2005.

05 태교신기

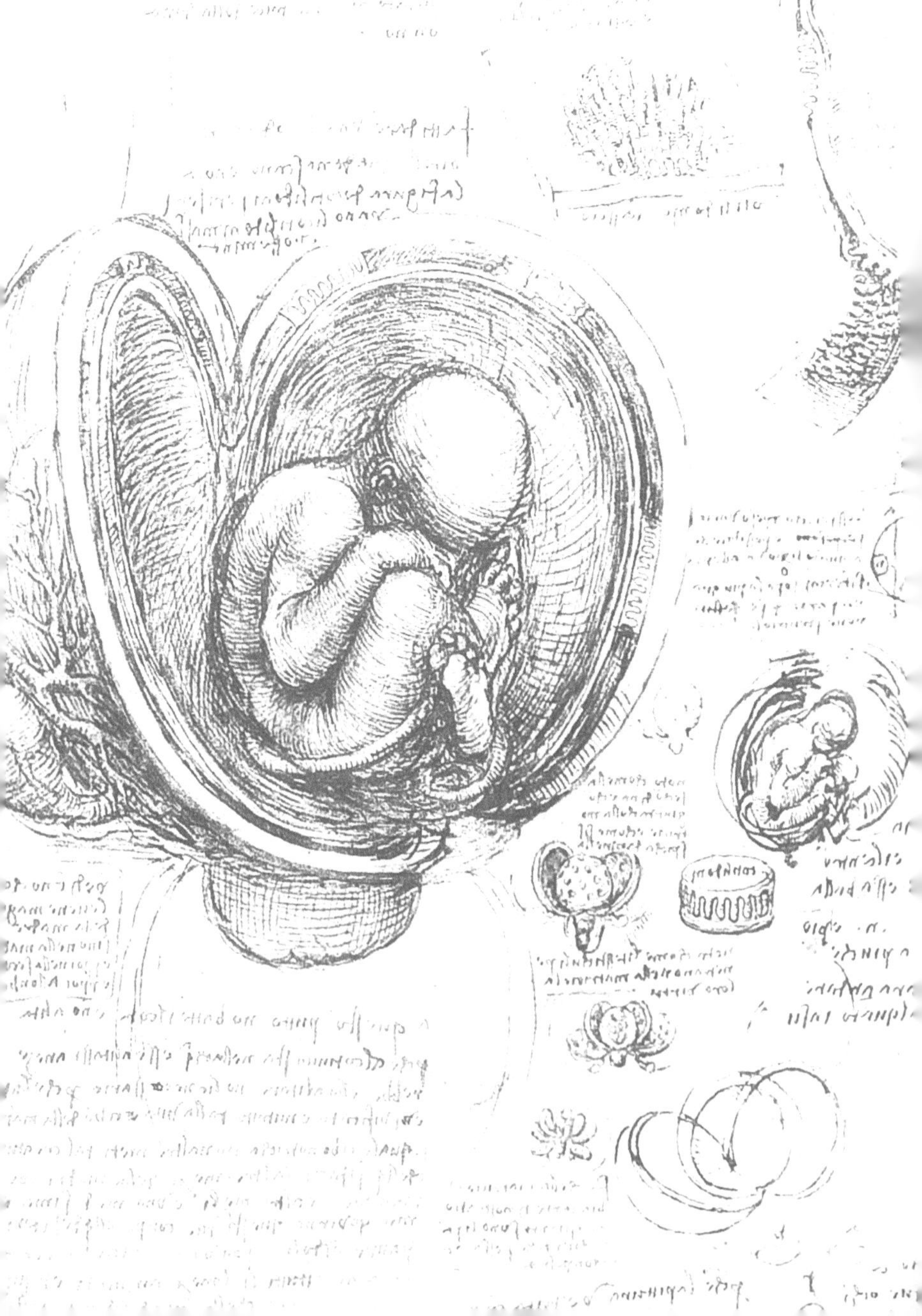

"그것은 내 영혼의 가장 깊은 곳까지 충격을 주었다."

1973년 미국
7만 5천 건의 낙태 시술을 했던
산부인과 전문의 버나드 나탄손

초음파 기계를 사용해
처음으로 자신의 낙태 수술을 관찰하다가
수술 도구를 피해 도망치는 태아를 보며
태아도 고통과 두려움을 느낀다고 믿게 된다

"태아는 세상에 태어난 아이와 다른 것이 하나도 없었다.
나는 이제야 비로소 태아 역시
하나의 인간 생명체라는 사실을 믿게 되었다."

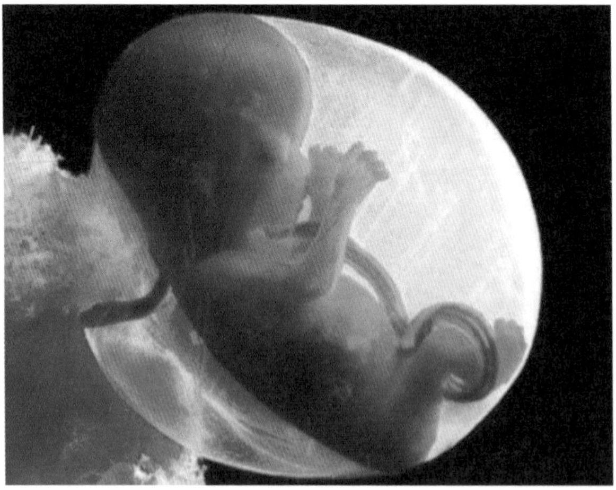

170여 년 전
조선 여인이 펴낸
임산부 지침서의 내용

"태아는 잉태된 후부터
사람으로서 본래 가진 성품과 성질이 있으니
(뱃속에서부터) 태아를 가르치는 것은
그 완성이 되느니라."

동양 1세
서양 0세

어머니 태중에 있었던 10개월을
모두 합해 한 살로 셈하는 동양

세상에 태어난 뒤부터
나이의 의미를 부여하는 서양

1960년대 중반부터
태아에 관심을 갖기 시작한 서양과 달리

수백 년 전부터 태아를 한 인간으로 여기며
태교의 필요성을 인식해온 동양

그리고
18세기 중엽 조선

네 명의 아이를 출산하고
이름난 학자로 키워낸 조선의 여인
사주당師朱堂 이씨 1739~1821

일찍이 학문에 눈을 떠
실학자로 이름을 알린 그는

임산부와 그 가족을 위한 태교법을 저술,
아들 유희가 이를 한글로 번역하여
조선 팔도의 여인과 그 가정이
책을 읽고 태교에 힘쓰기를 권했다

태교의 이념과 원리부터
임산부가 지켜야 할
구체적인 행동까지 망라한

세계 최초의 태교법 단행본
『태교신기 胎教新記』

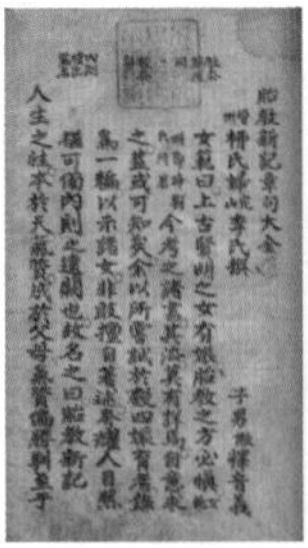

현대 과학보다 수백 년 앞서
태교의 주요 이론을 담아낸
『태교신기』의 내용

"뱃속의 자식과 어머니는
혈맥이 붙어 이어졌으니
(어머니가) 기쁘며 성내는 것이
자식의 성품이 되고…"

– 『태교신기』 4장 중에서

"태아는 어머니의 감정 상태에 반응한다."

– 이스라엘 연구진 (1982년)

"듣는 것이 자식의 기운이 되며
마시며 먹는 것이 자식의 살이 된다."

– 『태교신기』 4장 중에서

"인간의 지능지수를 결정하는 데 있어
유전자의 역할은 48퍼센트에 불과하며
나머지 52퍼센트는 태내 환경이 차지한다."

– 피츠버그 대학 연구진 발표(1997년)

"(임신을 준비하는) 부부는
공경하는 마음으로 서로 대하며
우스갯소리로도 낮추어 대하지 말아야 한다."

–『태교신기』 1장 중에서

생명의 잉태를 기다리며
부부가 서로 아끼고 존중하는
임신 전 태교

"어머니의 열 달 기름이
아버지의 정심正心만 같지 못하다."

–『태교신기』 1장 중에서

어머니뿐만 아니라
아버지가 태교에 적극 참여하는
부성태교

"태아를 기르는 임산부뿐만 아니라
온 집안사람이 항상 거동을 조심해야 하며…"

–『태교신기』 4장 중에서

가족의 협조와 배려를 강조하는
가족태교

"시를 읽고 글을 외우며
거문고나 비파를 타게 하여
임산부의 귀에 들려주어야 한다."

–『태교신기』 4장 중에서

독서태교, 음악태교 등
오늘날 주목받는 다양한 태교법

20세기에 이르러서야
태교의 중요성을 알게 된 현대인들

그보다 훨씬 앞선 시기부터
태아를 위한 교육을 강조한
『태교신기』

"스승의 십 년 가르침이
어머니가 임신하여
열 달 기르는 것만 못하다."

–『태교신기』 1장 중에서

'초자연적으로 나이를 먹는' 나라

『고요한 아침의 나라, 조선』이라는 여행기를 통해 조선을 미국에 널리 알렸던 천문학자 퍼시벌 로웰은 자신의 책에서 서양과는 다른 동양의 시간관을 설명하며 조선만의 독특한 특징으로 '나이 계산법'을 언급한다.

"조선에서는 인생에 대해 프로크러스티안Procrustean(개개의 사정을 무시한)식 측정법이 사용되고 있다. (…) 아기는 태어나는 순간부터 한 살이다. 그리고 셈하기 간편하게 다음 새해가 될 때까지 계속 한 살이다. 새해 첫날이 되면 아이는 다른 모든 사람과 함께 한 등급 더 올라가 두 살이 된다. 새해 바로 전날 태어났다 해도 갑자기 두 살이 되기는 마찬가지이다. 이런 식으로 아이는 태어날 때부터 초자연적으로 나이를 먹는다."

사람이 태어난 후 일 년이 지나야 비로소 한 살이 되었다고 생각하는 서구인의 관점에서 태어나면서부터 나이를 먹는다는 것은 이해할 수 없는 셈법이었다. 사실 로웰이 '초자연적으로 나이를 먹는' 법이라고 표현한 나이 계산법은 당시 조선뿐만 아니라 중국과 일본 등 동아시아 문화권에서는 일반적으로 통용되던 나이 계산법으로 어머니 태중에 있던 10개월을 모두 합해 한 살로 셈하는 방식이

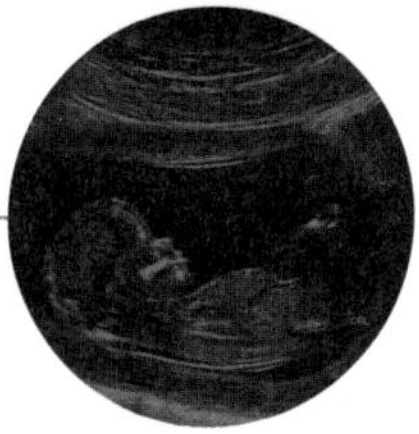

다. 태어나자마자 한 살이 된다는 것은 아직 세상의 빛을 보지 못한 태아도 하나의 인격체로 여겼음을 의미한다. 동양에서 태아 시기를 인성이 형성되는 중요한 기간으로 인식해 태중교육 즉 '태교'에 주목했다.

동양에서의 태교의 역사는 약 3천 년 전인 중국 주나라 시대까지 거슬러 올라간다. 중국 한나라 때 유향이 편찬한 『열녀전』에는 주나라를 세운 문왕의 어머니 태임이 행한 태교 이야기가 담겨 있다. 유향은 "태임이 문왕을 임신하였을 때 눈으로는 나쁜 것을 보지 않았고, 귀로는 음란한 음악을 듣지 않았으며, 입으로는 오만한 말을 하지 않았다"고 기록하며 "이처럼 자식을 낳으면 모습이 반듯하고 재덕이 남보다 뛰어난 법"이라고 태교의 중요성을 강조했다.

『열녀전』에 수록된 태임의 태교는 유교 문화권에서 이상적인 태교의 전범典範이 되어 여성이 실천해야 할 덕목 중 하나로 자리잡는다. 조선 성종의 어머니 소혜왕후가 집필한 『내훈』, 율곡 이이의 『성학집요』, 이빙허각의 『규합총서』 등에는 『열녀전』의 내용이 그대로 수록되어 있는데 태임의 태교를 답습하는 수준에 머무르며 태교의 모든 책임을 여성에게로 돌렸다.

이후 조선 후기에 이르러 기존의 전통적인 태교론에 당당하게 문제를 제기하는 한 권의 태교 지침서가 저술된다. 자신의 경험을 바탕으로 태교의 주체를 어머니에서 아버지로 확장하고, 나아가 주변 환경의 영향도 무시할 수 없음을 주장하는 책이었다. 태교의 이념과 원리에서부터 구체적인 실천 방법까지 담고 있는 세계 최초의 태교 전문서로 기록되는 이 책은 이사주당이 저술한 『태교신기』이다.

이사주당이 보여준 여성 실학자로서의 면모

이사주당은 1739년(영조 15년) 태종의 서자 경녕군에 뿌리를 둔 전주 이씨 가문에서 태어났다. 할아버지 이함부와 아버지 이창식이 모두 관직에 나아가지 못했기에 이사주당의 집안 형편은 여유롭지 않았다. 이사주당은 조선시대 여느 여성들과 마찬가지로 길쌈과 바느질 같은 집안일을 익혔으나 한편으로는 대단한 독서광이기도 했다. 길쌈하는 틈틈이 『여사서』와 같은 여훈서뿐만 아니라 『논어』, 『맹자』, 『중용』, 『대학』 같은 경전도 공부했다. 아버지 이창식은 이를 나무라기는커녕 "옛날 이름 있는 선비들을 보면 그 어머니가 글을 모르는 자가 없었다"며 격려를 아끼지 않았다. 이사주당이 열다섯 살이 되었을 때에는 학문의 경지가 문중의 남자들도 따르지 못할 정도에 이르렀다는 말을 들을 정도였다.

이사주당은 자신보다 스물두 살이나 연상인 유한규의 네번째 부인으로 혼례를 올렸다. 초혼이었음에도 나이 많고 자식도 딸린 홀아비에게 시집을 간 배경에는 이사주당의 아버지가 그의 학문에 대한 열정을 이해해줄 수 있는 사람을 배필로 삼고자 했기 때문인 것으로 짐작된다.

순조 시절의 유학자 신작이 쓴 이사주당의 묘지명에 따르면 유한규는 다시 장가갈 생각을 하지 않고 있다가 이사주당이 경서에 능통하고 행동과 태도가 남다르다는 소문을 듣고 나서 청혼했다고 전해진다.

슬하에 1남 3녀를 둘 정도로 부부 사이의 금슬이 남달랐으나 이들

부부는 무엇보다 서로를 학문적 동지로 여겼다. 부부는 경서를 같이 읽고 의문이 나는 점은 서로 물어 이치를 깨달을 때까지 토론했다. 이사주당은 결혼 직후 당호를 '어질기를 바란다'는 뜻의 희현당希賢堂에서 '주자朱子를 스승으로 삼았다'는 뜻인 사주당으로 바꿀 만큼 경서와 역사서를 두루 탐독했다. 이사주당은 학문을 익히는 것에만 그치지 않았고 배운 것을 실천하려 노력했다. 아버지가 돌아가셨을 때에는 장례를 예법대로 치르기 위해 고기를 멀리하고 솜옷을 입지 않으며 상복을 제대로 갖추었다. 이론과 실천을 모두 아우른 이사주당의 명성은 날로 높아져 호조참판 등의 조정 요직을 역임한 이양연과 진사 3등으로 소과에 합격한 이면눌 같은 선비들이 직접 그를 찾아와 가르침을 청할 정도였다.

이사주당은 현실 정치에 대해서도 쓴소리를 아끼지 않았다. 서인이 노론과 소론으로 갈라서게 된 '회니시비懷尼是非'의 원인을 남에게 이기기를 좋아하며 원망한다는 의미의 '극원克怨'으로 진단하며 노론의 영수 송시열과 소론의 거두 윤증을 모두 비판했다. 이사주당의 분석은 조선 말기 이건창이 『당의통략』에서 "시비가 불분명한 일로 거국적인 붕당 시비가 2백 년간 계속됐다"고 지적한 것과 같은 맥락이었다.

자식이 당쟁에 휩쓸리는 것을 염려해 이사주당은 아들 유희가 출사하는 것을 말렸다. 유희도 어머니의 뜻에 따라 과거를 보지 않고 일생을 학문 연구에 힘써 『언문지』, 『물명유고』 등의 한글 연구서를 저술하는 조선 후기 대표적인 한글 음운학자로 성장했다.

1800년(정조 24년), 환갑을 맞은 이사주당은 막내딸의 궤짝에서 20여 년 전 자녀들을 가르치기 위해 자신이 만들었던 책을 발견한다. 옛 인물들의 생활, 음식에 관한 규범과 의서, 임산부의 금기를 모으고 아이에게 가르칠 만한 경구를 함께 엮은 책으로 남편 유한규는 이 책에 『교자집요教子輯要』라는 이름을 붙여주었다. 이사주당은 이

책을 그냥 버리지 못하고 태아를 기르는 부분만을 따로 떼어내어 내용을 보충해 새로운 책을 완성하였다. 여기에 아들 유희가 일 년에 걸쳐 다시 열 개의 장으로 나누어 주를 달고 우리말로 해석하여 펴낸 책이 바로 『태교신기』다. 『태교신기』는 1930년대 한학자 정인보가 이사주당의 후손인 유근영을 통해 책의 존재를 전해듣고 해제를 작성하면서 세상에 알려졌다.

동서양을 아우르며 으뜸으로 꼽히는 태교의 백과사전

이사주당이 살았던 18세기~19세기 초는 실학의 전성기였다. 실학은 청나라 고증학의 영향을 받아 실사구시實事求是의 방법론을 강조했는데 당대의 새로운 학풍은 이사주당에게도 큰 영향을 주었다. 이사주당은 『태교신기』의 서문에서 "옛 현명한 여인이 잉태함에 태교를 하였다 하나 모든 글을 상고해보아도 상세한 법을 전한 데 없었다"고 말하며 아이를 임신하여 기른 자신의 경험을 바탕으로 책을 저술했음을 밝히고 있다. 태교에 관한 이론을 집대성하여 체계화했을 뿐만 아니라 자신이 직접 실천해보았던 결과물을 상세하게 정리하여 실용적인 태교 지침서를 집필한 것이다.

『태교신기』는 총 열 개의 장과 서른다섯 개의 절로 구성되어 있다. 1장에서는 태교의 필요성과 원리 등을 언급하며 사람의 성품은 선천적이나 기질은 후천적인 것으로 정의하고, 기질을 형성하는 데에 있어 부모의 역할이 중요함을 강조했다. 2장에서는 태교의 효능을 설명하고 사람의 성품은 임부의 마음가짐에 달려 있다고 말하며 태중 환경과 수태 시의 중요한 지침들이 담겨 있다. 3장에서는 태교를 게을리 하면 변변찮은 자식을 낳기 때문에 태교를 반드시 실천해야 한다고 역설한다. 4장은 가장 많은 비중을 차지하고 있는 부분이자 『태교신기』의 가장 핵심이 되는 부분으로 태교의 구체적인 방법을 언어생활, 행동, 식생활, 생활환경, 금기사항 등으로 구분하여 정리했다. 임부가 임신하고부터 출산하기까지 열 달 동안의 모든 일상생활에서 삼가야 할 일을 구체적으로 설명했다. 5장에서는 임부가 태교에 성의를 다하면 군자를 낳을 수도 있고 나아가 자식이 성인이 될 수도 있음을 이야기하며 태교에 힘쓸 것을 말했다. 6장에서는 태교를 행하지 않으면 발생하는 해로운 점을 언급했고, 7장에서는 부적이나 주문 등과 같은 미신과 사술은 태교에 전혀 도움이 되지 않는다고 설명하며 남을 미워하거나 시기하지 말고 마음과 정신을 수양하도록 권유한다. 8장은 2장의 내용을 다시 보충하여 임부의 건강과 행동이 아기에게 미치는 영향을 재차 설명하고 알맞은 섭생과 더불어 바른 마음가짐을 강조하며 태교의 실천을 역설했다. 9장에서는 옛사람들이 실행했던 태교 방법들을 인용하면서 태교의 중요성을 다시 한번 강조했다. 마지막 장인 10장에서는 어진 배우자를 선택하여 태교를 잘 실행할 것을 권하고 장차 부모가 될 남녀의 교육을 강조하며 끝맺었다.

전통적인 태교의 규범은 태임의 태교를 바탕으로 임신 후부터 출산 때까지 임부의 올바른 생각과 자세를 강조했다. 이사주당의 『태교신기』도 상당히 많은 부분에서 임부의 역할과 책임을 강조하고 있다. 하지만 이사주당은 임부가 태교 중에 삼가야 할 행동들을 나열하는 것에 그치지 않고 임부가 도덕적인 개인 수양, '수신修身'을 하여야 한다고 적극적으로 주장하며 끊임없는 실천을 요구했다. 생활 속의 실천규범으로 머물러 있던 태교를 도학을 실현할 수 있는 도구로 한 차원 끌어올린 것이다.

"마음이 바르지 못하면 자식의 이루어짐도 바르지 못하니, 임부의 도리는 경敬으로써 마음을 지켜, 혹시라도 사람을 해치거나 산 것을 죽일 뜻을 갖지 말며, 간사하며 탐하며 도적질하며 시기하며 훼방할 생각일랑 마음속에 싹트지 못하게 해야 하는 것이다. 이런 후에라야 입에 망령된 말이 없고, 얼굴에 불만스런 빛이 없으니, 만일 잠깐이라도 경을 잊으면 이미 피가 잘못 흐른다. 이것이 임부의 마음가짐이다."

『태교신기』에서 가장 주목할 만한 부분은 태교를 담당하는 주체를 확장한 점이다. 이사주당은 전통적으로 임부만의 일로 치부되던 태교를 부부와 온 가족이 함께 참여해야 하는 작업으로 탈바꿈시켰다. "어미 열 달 기름이 아비가 하루 잉태하도록 하는 것만 같지 못하다"고 말하며 아버지의 책임을 강조했고, "태를 기르는 사람은 자신뿐만 아니라 온 집안사람이 항상 거동을 조심하여야 한다"고 하면서 가족 모두의 협조가 필요함을 일갈했다. 남성 중심의 유교 사회에서는 결코 생각할 수 없었던 태교의 새로운 패러다임을 제시한 것이다.

사주당이 『태교신기』를 저술한 지 2백 여 년이 흐른 지금, 과거와는 비교할 수도 없을 정도로 다양한 태교법이 넘쳐나고 있다. 태아의 두뇌와 정서 발달에 도움이 된다는 이유로 모차르트 음악을 들려주던 태교법이 한때 유행하더니 요즘은 태담胎談을 영어로 나누는 영어 태교와 어려운 수학 문제를 푸는 수학 태교까지 등장하고 있다. 조기교육의 열풍이 영유아기를 넘어 태아기까지 불기 시작한 것이다.

오늘날 대한민국에서는 똑똑한 아이를 낳기 위한 태교만이 강조되고 있다. 하지만 태교의 본질은 태아에게 좋은 영향을 주기 위하여 마음을 바르게 하고 언행을 삼가는 데에 있다. 똑똑한 아이보다는 올바른 인성을 갖춘 아이를 낳을 수 있도록 태교에 있어 부부와 온 가족의 노력이 필요하다고 역설한 사주당의 『태교신기』는 오늘날에도 중요한 가르침을 준다. 記

冊

『내 기억 속의 조선, 조선 사람들』 퍼시벌 로웰 저, 조경철 역, 예담, 2001.

『조선의 여성, 역사가 다시 말하다』 정해은, 너머북스, 2011.

「청주의 여성학자 사주당 이씨」 이은경, 『충북학』 제14집, 충북학연구소, 2012.

「역주 『胎敎新記』 연구」 나영숙, 한국교원대학교 석사학위논문, 2013.

記

06 어머니의 선물

"이것은 엄청난 보물입니다."

1960년
한 종갓집 서가에서 우연히 발견된
책 한 권

340여 년 전
한 여성이 남긴 양반가 주방의 비밀

조선 양반가의
손님 접대용 146가지 요리 비법

"17세기 조선 양반가 접대 문화를
알 수 있는 귀한 자료입니다.
지금도 그대로 따라할 수 있을 정도로
자세히 설명된 과학적이며
창의적인 요리서입니다."

한글로 쓰인 최초의 요리서
『음식디미방飮食知味方•』
•음식의 맛을 아는 방법

17세기

강화된 남녀 내외법으로
엄격히 구분된 성 역할

순부順婦 순한 며느리
숙처淑妻 어진 아내
현모賢母 현명한 어머니로

한평생 살아야 했던
조선의 어머니

시집가기 전 스스로 자신이 지은
글과 그림을 태우며 학문을 접었지만
많이 아는 것이 중요한 것이 아니라
선하게 살아야 함을
음식에 담아 실천한다

기근이 참혹할 때마다
사람들을 살린 도토리죽

노비들이 아플 때마다
직접 만들어 먹인 보양 음식

"나는 너희를 노비가 아닌
우리 식구라 생각한다."

그리고

“남이 넉넉할 때 내 재물이 많은 것은
자랑과 여유가 되지만
남이 모두 없는데 홀로 많이 가진 재물은
재앙일 뿐이다.”

식구들의 불평에도
곳간 문을 열어
어려운 이웃을 돕고

밥 짓는 연기가 나지 않는 집에
한밤중에 몰래 두고 온
양식 꾸러미

앎과 삶이 따로인 세태를 탄식하며
공부를 벼슬 수단이 아닌
선행의 수단이 될 수 있도록 자녀를 교육한다

"아들아, 너희가 비록
글 잘한다는 소리가 들린다 해도
나는 귀하게 생각하지 않는다.
다만 착한 행동 하나를 했다는 소리가 들리면
아주 즐거워하며 잊어버리지 않을 것이다."

7남 3녀 모두를
존경받는 대학자로 키운
어머니

장계향1598~1680

그는 조선사 5백 년을 통틀어
군자君子로 불린 유일한 여성이었다

최초의 한글 조리서 『음식디미방』

1960년 국문학자 김사엽 박사는 자신의 논문에서 한 종갓집에 전해 내려오는 약 340여 년 전에 지어진 것으로 보이는 『규곤시의방閨壼是議方』이라는 한 권의 책을 소개한다. 이 책의 다른 이름은 '음식의 맛을 아는 방법'이란 뜻의 『음식디미방飮食知味方』이었다.

"이 책을 이렇게 눈이 어두운데 간신히 썼으니, 이 뜻을 알아 이대로 시행하고, 딸자식들은 각각 베껴가되, 이 책을 가져갈 생각일랑 절대로 내지 말며, 부디 상하지 않게 간수하여 빨리 떨어져버리게 하지 말아라."

마지막 장에 필사된 위의 내용은 몸이 불편한 가운데 어두운 눈으로 간신히 책을 쓴 뜻을 잘 헤아려 쓰인 대로 시행하고, 책은 본가에서 간수해 대대손손 전하라는 당부였다. 이 당부가 후손들에 의해 이루어져 『음식디미방』은 오늘날까지 온전한 모습으로 전해진다.

한글로 쓰인 최초의 조리서인 『음식디미방』은 여러 방면으로 중요한 가치를 지닌 사료이다. 국어학자들은 이 책에 적힌 17세기 한글 표기법을 통해 당시 실생활에 쓰이던 한글 용어를 짐작할 수 있었다. 전통 요리 전문가들은 17세기 조선 양반가의 음식을 재현할 수 있다는 점에서 이 책의 의미를 찾는다. 뿐만 아니라 『음식디미방』은

당시 사람들의 생활상을 짐작하게 하는 긴요한 생활사 사료로서의 가치도 지닌다.

『음식디미방』에는 면병류 18가지, 어육류 74가지, 주류 및 초류 54가지 등 총 146가지의 음식 만드는 방법이 소개되고 있는데 이중 51가지가 다양한 술을 빚는 방법이다. 제사 모시기와 손님 대접은 물론 일상의 밥상 차리기에서도 술은 요긴한 쓰임이 있었던 만큼 조선시대 여성들에게 술 빚기는 매우 중요한 일상이었음을 짐작할 수 있다.

『음식디미방』의 가치는 이 책을 저술한 저자의 과학적인 기술 태도에서 비롯된다. 『음식디미방』의 내용은 일목요연한 분류체계에 따라 서술되고 있는데 그 때문에 3백여 년이 지난 지금도 책 속의 내용을 그대로 따라하면 당대의 음식을 고스란히 재현해낼 수 있다. 그동안 조선에서 편찬된 조리서들의 경우, 남성 문인이 중국 조리서의 내용을 한문으로 옮겨놓은 것이 대부분이었다. 그러나 『음식디미방』은 요리의 주체인 여성이 시댁과 친정 양가에서 전해내려온 조리법과 스스로 개발한 조리법을 한글로 기록해낸 책이라는 점에서 주체적인 면모가 돋보인다.

여중군자 장계향

『음식디미방』의 저자는 경북 안동에서 태어나 여든 평생을 양반가의 여인으로 살아온 장계향이라는 인물이다. 장계향의 삶은 그녀의 셋째 아들 이현일이 남긴 『선비증정부인장씨 행실기』를 통해 비교적 자세하게 되짚어볼 수 있다. 장계향은 1598년 퇴계의 제자인 학봉 김성일의 문하에 들어가 공부한 장흥효와 안동 권씨 사이의 무남독녀 외동딸로 태어났다. 어릴 때부터 남다른 총명함을 드러내던 딸을 눈여겨본 장흥효는 딸에게 『소학』과 『십구사략』 등을 직접 가르치기도 했다. 어린 장계향은 시를 짓기도 하고 직접 글씨를 쓰기도 했는데 그녀의 초서는 당시 명필인 정윤목에게 칭찬받을 정도였으며, 그녀가 열 살 무렵에 그렸다는 〈맹호도〉는 지금까지도 남아서 전해진다. 이외에도 그녀가 열네댓 살 즈음 집필한 〈경신음〉, 〈소소음〉, 〈학발첩〉 등의 시문이 『전가보첩』을 통해 전해지고 있다. 전해내려오는 장계향의 시와 그림은 모두 그가 열댓 살 이전에 창작한 것들로 시집갈 나이에 이르러서는 스스로 시화 창작을 접은 것으로 짐작된다.

장계향은 열아홉 살 되던 해에 장흥효 문하에서 오랫동안 수학해오던 이시명의 재취再娶로 혼인하여 재령 이씨 가문에 들어간다. 장계향은 이시명과의 사이에서 얻은 6남 2녀를 비롯해 이시명의 전실 김씨 부인 소생의 1남 1녀까지 더해 7남 3녀를 키워냈다.

그녀는 자식들의 공부가 학문 그 자체에만 매몰될 것을 염려하여 늘 "너희들이 글을 잘한다 하여 특별히 귀히 여기지 않는다. 대신 한 가지라도 착한 일을 배워 실천함으로써 너희 어진 행실을 듣는다면 비록 그 일이 아무리 작더라도 나는 크게 기뻐할 것이다"라고 가르쳤다. 그녀의 가르침을 따라 장계향의 아들들은 모두 훌륭한 대학자로 장성했으며 그중 이휘일, 이현일은 영남학파의 거두로 성장했다.

슬하의 자식들을 모두 훌륭하게 키워 재령 이씨 가문의 부흥에 기여한 장계향은 친정 일에도 소홀하지 않았다. 결혼한 지 몇 해 지나지 않아 모친상을 당했을 때 친정에 혼자 남아 계실 예순의 아버지 생각에 마음이 편치 않았던 그녀는 남편과 시댁의 재가를 받아 자식들을 데리고 친정으로 돌아가 3년 정도 머무르며 친정을 보살피는 일에 매진한다. 서른다섯 살이 되던 해에 아버지 장흥효마저 돌아가시자 그녀는 자기보다 열 살이나 어린 새어머니와 동생들을 염려하여 남편과의 의논 끝에 친정 식구 모두를 거두어들여 보살피기로 결정한다. 여자가 출가를 하면 친정 부모를 섬겼던 효를 옮겨 시부모를 섬긴다고 믿었던 시대에 당대의 고정관념을 거스르며 가족에 대한 사랑과 책임을 보인 장계향을 두고 아들 이현일은 "사람들이 모두 아버지의 의로움과 어머니의 효성에 대해 감탄했다"고 기록하고 있다.

장계향의 자애로움은 이웃에까지 미쳤다. 그녀는 "남이 넉넉할 때 내 재물이 많은 것은 자랑과 여유가 되지만 남이 모두 없는데 홀로 많이 가진 재물은 재앙일 뿐이다"라는 생각으로 기근이 참혹했던 시절, 집 밖에 솥을 걸고 도토리 죽을 쒀서 하루에도 수백 명을 먹여 살렸다. 굶주린 이들에게 적선을 할 때도 받는 사람이 마음 상하지 않게 미리 똑같은 주머니를 만들어뒀다가 일일이 정성스럽게 양식을 담아서 건넸다.

이 모든 미담들은 장계향의 실천적인 삶의 태도를 고스란히 보여준다. 집안에서 부리는 노비를 향한 마음 씀씀이부터 자식들에 대한 교육 철학, 남편을 대하는 태도, 일상 속 언행, 그리고 부엌에서 음식을 만드는 손길에 이르기까지 장계향은 매사에 일관되게 지극한 경敬을 추구했다. "글을 잘한다는 말보다는 어진 행실을 했다는 말을 듣게 해달라"는 그녀의 가르침은 훗날 장계향의 자손들이 영남학파를 대표하는 산림처사로 성장하는 밑거름이 되었다. 과거급제를 위한 경전 공부 대신 유교적 가르침의 본질을 탐구하고 실천하고자 했던 그녀의 태도를 두고 아들 이현일은 "어머니는 호방하고 맑은 기운을 기르셨고 사심 없는 지식과 멀리 내다보는 도량을 가지셨다"라고 평했다.

한글로 쓴 생활백과『규합총서』

장계향이『음식디미방』을 서술한 지 약 140여 년의 시간이 흐른 후, 또 한 명의 여성이 한글로 쓴 조리서이자 가정백과『규합총서』를 저술한다. '규합閨閤'은 여자가 머무는 거처를 의미하므로『규합총서』를 요즘 말로 부르면 '가정 총서'라고 할 수 있다.『규합총서』의 서문에는 "마침내 이로써 서문을 삼아 집안의 여자들에게 준다"라고 적혀 있는데 여성들이 보다 쉽게 읽을 수 있도록 한글로 쓰인 점은『음식디미방』과 일맥상통하는 지점이다.

『규합총서』는 서문에 밝힌 저자의 바람대로 일곱 개의 이본異本이 생길 만큼 19세기 여성들에게 널리 읽혔다. 총 다섯 편으로 구성된『규합총서』의 각 편에는 술·음식 만들기, 옷 만들기·물들이기·길쌈하기·수놓기·누에치기, 밭일·꽃 심기·가축 기르기, 태교·육아법·응급처치법, 방향선택·길흉·부적·귀신 쫓는 법·재난 방지법 등의 내용이 담겨 있다. 의식주를 중심으로 일상생활에 유용한 정보들을 총 망라한 가정생활 대백과인 셈이다.

『규합총서』의 저자 이빙허각은 아버지 이창수와 유씨 부인 사이의 양반가의 자제로 태어났다. '빈 문설주에 의지한다'는 뜻의 빙허각憑虛閣은 본명이 아닌 본인이 직접 지은 호였다. 빙허각은 어릴 때부터 총명해서 아버지가 무릎에 앉혀놓고『시경』이나『소학』을 읽어주면 그 뜻을 앉은 자리에서 바로 깨우쳤으며, 시를 비롯해 여러 가지 글을 잘 지어 성년이 되기도 전에 주위 사람들에게 여사女士라고 불렸다.

빙허각은 열다섯 살이 되던 해에 명문 소론 실학자 집안의 서유본과 혼례를 올린다. 조선 후기 농업기술서로 손꼽히는『해동농서』의 저자 서호수가 시아버지요, 그 분량과 내용에 있어서 조선 최고의 실용서로 꼽히는『임원경제지』를 저술한 서유구가 시동생인 집안 내력은 이빙허각의 학문 세계에도 커다란 영향을 주었다.

1806년 서유본의 숙부 서형수가 옥사에 연루되어 유배되고, 홍문관 부제학이었던 시동생 서유구 역시 향리에 유폐되는 등 서씨 집안은 큰 위기를 맞게 된다. 가세가 기울자 이때부터 이빙허각은 손수 차밭을 경영하면서 어렵사리 생계를 꾸려나갔다. 1809년 완성된『규합총서』의 내용 중 상당 부분은 당시 생활고 속에서 삶의 지혜를 도모하고자 했던 이빙허각의 체험과 관련이 깊다고 여겨진다.

『규합총서』의 내용을 살펴보면 여성 생활 경제서 이상의 의미를 찾아낼 수 있다. 조선 후기 의식주에 관한 탐구는 비단 여성만의 관심사가 아니었다. 의식주는 이용후생의 가치를 추구하던 실학의 탐구 대상이기도 했다. 이수광의『지봉유설』, 서유구의『임원경제지』, 이규경의『오주연문장전산고』등 17~18세기의 실학자들이 집필한 책 속에 가정생활과 밀접한 내용들이 들어 있는 것은 그 때문이다. 『규합총서』의 구성은 당대의 실학적인 학풍을 그대로 반영하고 있다. 조선의 실학은 청나라 고증학의 영향을 받았는데, 그 특징 중 하나는 출처를 면밀히 밝혀 적는 서술 방식이다.『규합총서』에서 인용한 조선과 중국의 서적은 총 80여 종에 달하는데, "인용한 책 이름을 각각 작은 글씨로 모든 조항 아래 나타내고 혹시 자기 소견이 있으면 신증新增이라고 썼다"고 밝혔듯이 인용의 출처를 정확히 밝히고 있다.

『규합총서』에는 효부나 열부 외에도 충의, 지식, 의기, 문장, 재예를 갖춘 여성이나 글씨 잘 쓰는 부인, 남자의 소임을 한 여성들, 여장군이나 칼 잘 쓰는 여성이 주인공으로 등장하는「열녀록」이 덧붙어 있다. 이는 충효는 물론 의리를 지키고 민생을 구하고 진리를 찾는 일에 남녀의 구별이 있을 수 없다는 이빙허각의 의식이 투영된 결과물이라고 볼 수 있다.

지행합일의 실천적인 삶을 살다 간 조선의 여인들

조선 후기에 접어들면서 이전보다 여성들의 활동 영역이 확대되었다고는 하나 여성이 정치와 같은 공적 영역으로 진출할 방법은 제도적으로 철저히 막혀 있었다. 실학자 이덕무마저도 여성의 정치에 대한 관심을 비판하는 글을 썼을 정도로 시대적 한계가 분명 존재했다.

그러나 이빙허각이 『규합총서』에서 "부인 가운데 어찌 인재 없으리오"라고 밝힌 것처럼 조선에도 시와 서에 능하고, 학식이 깊은 여성들이 분명 존재했다. 이러한 재능을 가진 여성들의 삶은 현실에서 다양한 방식으로 펼쳐졌다.

임윤지당이나 강정일당처럼 죽기 직전까지 학문 탐구에 매진하며 많은 시문을 남긴 경우가 그중 한 갈래다. 임윤지당이나 강정일당은 각각 자신의 호가 붙은 문집 『윤지당유고』와 『정일당유고』을 남겼다. 임윤지당은 혼인한 지 8년 만에 남편이 죽고 어렵게 얻은 아이마저 잃은 탓에 피붙이 하나 없이 시댁에서 출가외인의 삶을 감내해야 했다. 그러나 임윤지당은 자신의 불행한 삶을 성품을 수양하고 학문에 몰두하는 계기로 받아들이며 학업에 정진해나갔다. 강정일당 역시 가난으로 20대 후반이 되어서야 공부를 시작했으나 학문에 대한 강한 열정을 바탕으로 시와 서에 일가를 이루어나갔다.

장계향은 글을 통해 자신의 존재와 생각을 드러내는 것을 지양했지만, 대신 어린 시절 아버지로부터 배운 가르침과 옛 성현의 말씀을 실천하는 삶을 살기 위해 지극히 노력했다. 가난한 이웃의 구휼에 힘쓰고, 자식들에게도 학문의 뛰어남보다 실천의 중요성을 가르친 것은 모두 그러한 노력의 일환이었다. 장계향의 실천적 삶의 태도는 '여중군자女中君子'로 일컬어질 만큼 당대에 이미 많은 사람들의 칭송을 받았다. 그녀가 일흔셋에 지은 〈희우시稀又詩〉를 보면 그녀 스스로도 자신의 삶에 자족하고 있었음이 미루어 짐작된다.

사람이 세상에 나서 칠십 세까지 사는 것은 예부터 드문 일인데
칠십 세에 세 살까지 더 사니 드문 중에 또 드문 일이네
드물고도 드문 중에서 사내아이가 많으니
드물고도 드문 중에서 드물고도 드문 일이네

장계향과 이빙허각, 100여 년이 넘는 시간 차를 두고 살았던 두 여성의 표면적인 공통점은 여성을 위한 조리서와 생활백과서를 여성들이 쉽게 이해할 수 있도록 한글로 저술했다는 점이다. 하지만 무엇보다 이 두 사람의 생애와 저술이 주목받아야 하는 까닭은 자신이 배운 학문을 기반으로 실천적인 삶을 살고자 지향했다는 점이다. 더 많이 배우고 더 오랜 시간 학문을 익혔다고 해도 그것을 실제의 삶에서 실천하지 못하는 학자들이 당시에도 지금도 많다는 점을 생각하면 이 두 여성의 삶은 더욱더 시사하는 바가 크다. 記

冊

『누가 나를 조선 여인이라 부르는가』 임해리, 가람기획, 2007.
『안동 장씨, 400년 명가를 만들다』 김서령, 푸른역사, 2010.
『음식디미방주해』 백두현, 글누림, 2006.
『조선의 여성들, 부자유한 시대에 너무나 비범했던』 박무영 외, 돌베개, 2004.
『조선의 여성, 역사가 다시 말하다』 정해은, 너머북스, 2011.
『조선조 후기 여성 지성사』 이혜순, 이화여자대학교출판부, 2007.

07 승정원일기

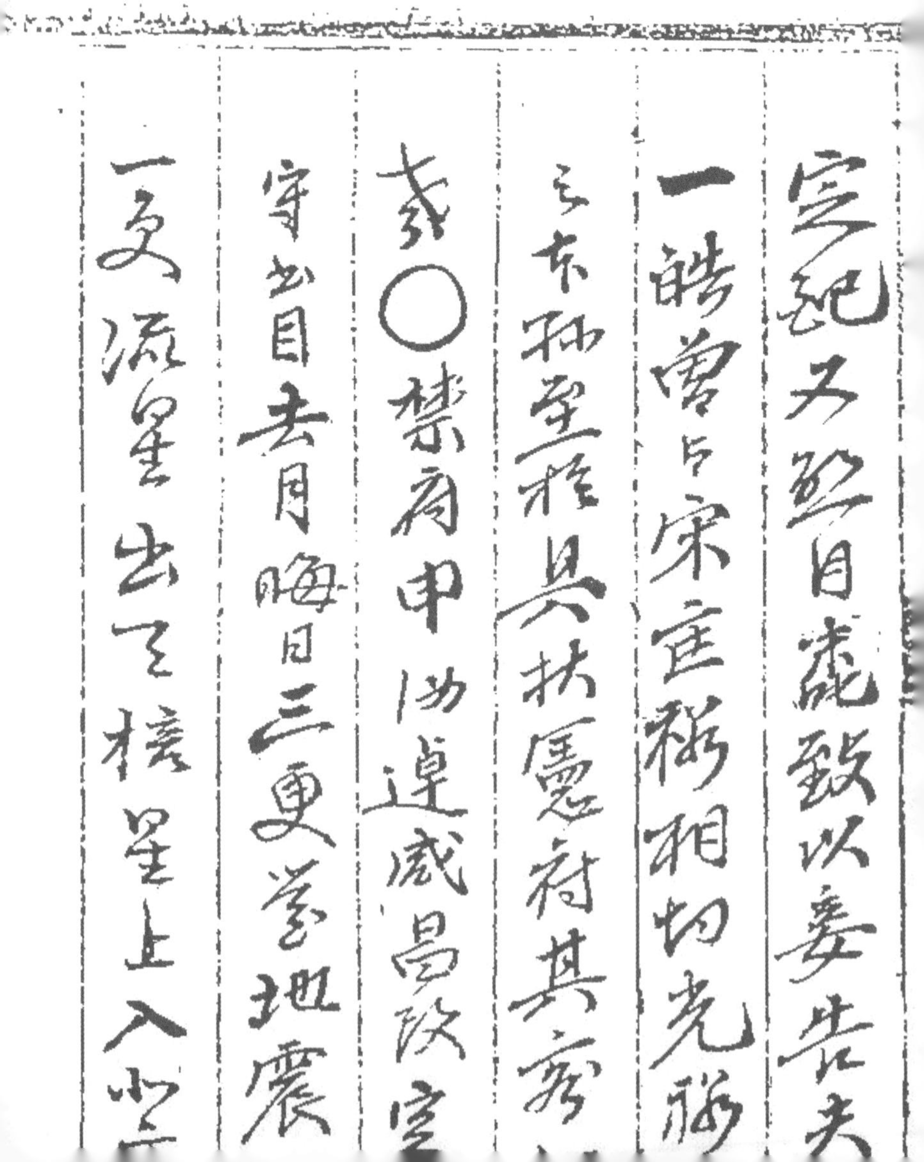

"임금이 양정합에 나아가 영의정 이광좌를 비롯한 신하들을 만났다. 이때 동궁도 함께하였다."

– 『영조실록』 1738년(영조 14년)

같은 날에 대한 다른 기록

영의정 오늘 동궁이 책을 읽으려 할지요?
영조 오늘 동궁이 책을 읽고 싶어 한다.
(동궁이 나지막한 소리로 글을 읽었다)
영조 (웃음을 지으며) 글씨를 쓰겠느냐?

내시가 종이 두 장과 함께 붓과 벼루를 가져왔다
동궁이 붓을 잡고 글자를 썼다

영조 글자 쓰는 건 어려워하지 않는데,
글 읽는 건 몹시 싫증을 낸단 말이야…

그날의 분위기
그날 나눈 이야기
그날 함께 있었던 사람들까지

치밀하게 기록된 한 나라의 일기

승정원 관리들의 모임을 그린 〈은대계첩〉

각 관서의 보고 내용을 임금에게 올리고
그에 대한 왕명을 전달하는
임금의 직속 비서실, 승정원

문관 가운데 문장력이 뛰어나며
글씨를 빨리 쓸 수 있는 자를 선발하여
기록을 담당하는 정7품 주서注書로 임명

주서는 초책草冊과 붓을 들고
왕을 그림자처럼 따라다니며
국정의 이모저모를 기록했다

1628(인조 7년) 2월 8일
"밤 일경에 유성이 천봉성天蓬星 위에서 나와
북쪽 하늘가로 들어갔는데, 모양이 병 같았고
꼬리의 길이가 2, 3척 정도였으며 흰색이었다."

288년 동안의 기후변화와 천문현상을
하루 단위로 파악할 수 있는

천문기상학 연구의 보고

1725년(영조 1년) 8월 6일
"오늘 아침에는 머리 빗고 세수하고 난 뒤로 추워서
오싹해지는 증상이 있는 것 같기는 해도 어제보다 낫다.
그러나 콧속이 매우 후끈거리고 팔다리의 관절도 아프다."

임금의 진맥 기록과 처방이 상세히 수록된

한의학 자료집

1743년(영조 19년) 9월 16일
"제조가 음식상을 올렸다.
여민락을 연주하였고 음악이 그쳤다.
정휘량鄭翬良이 화반花盤을 받들었다.
내시가 꽃을 들어 익선관 오른쪽에 꽂았다."

궁궐에서 거행된
연회 풍경을 담은
〈궁중행사도〉

조선왕조의 궁중행사를 생생히 기록한

다큐멘터리

당대의 정치 경제 사회 문화를 망라한

『조선왕조실록』 편찬의 기초 자료

그러나

임진왜란과 이괄의 난 등 화마를 겪으며 소실

화마에도 살아남은

1623년(인조 1년)부터 1910년(순종 4년)까지

288년간의 기록

『조선왕조실록』의 다섯 배 분량

단일 서종으로는 세계에서 가장 방대한

3245책 2억 4300만 자

2001년

『직지심체요절』과 함께

유네스코 세계기록유산으로 등재된다

Memory of the World

“지금의 속도라면 완역하는 데 걸리는 시간은 약 1백 년이 될 것이다.”

“우리나라의 문헌은 『승정원일기』보다 나은 것이 없습니다. 대체로 사실을 두루 갖추고 있어 참고자료로 삼을 수 있으며 국가의 제도를 근거로 한 등록謄錄의 형태를 취하면서도 역사서의 기능까지 겸하였습니다.”

– 『승정원일기』, 1816년(순조 16년) 8월 24일

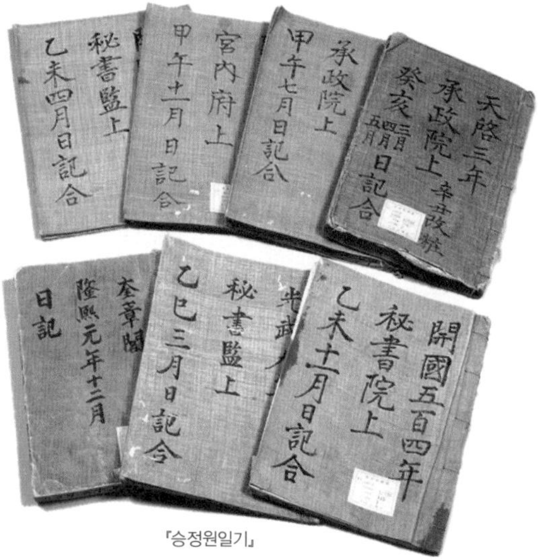

『승정원일기』

국왕의 숨결까지 기록하다

우리나라 역사를 통틀어 조선시대만큼 기록문화가 꽃피운 적은 없었다. 국왕부터 향촌의 이름 없는 선비까지 글을 아는 모든 이들은 수많은 기록을 남겼다. 국왕은 자신의 하루를 반성하는 일기인 『일성록』을 매일매일 써내려갔고, 조정에 출사하지 못한 선비들도 평소 써놓은 글을 모아 개인의 문집을 만드는 것을 당연한 일로 여겼다. 현존하는 조선시대 기록물 중에서 그 시대를 대표하는 가치 있는 기록으로 많은 사람들이 『조선왕조실록』이나 『의궤』를 손꼽는다. 하지만 단일 서종으로 가장 방대하고 풍부한 내용을 담아 조선시대 기록문화의 정수라 불러도 손색없는 책이 있으니 바로 『승정원일기』다.

『승정원일기』는 오늘날의 청와대 비서실에 견줄 수 있는 승정원에서 작성한 일종의 업무일지다. 승정원은 임금의 왕명 출납의 업무를 담당하던 관청으로 이곳을 거쳐간 각종 국정 문서를 비롯해 왕실과 조정에서 있었던 사건을 날마다 기록했다. 『승정원일기』의 작성은 주서注書가 담당했다. 주서는 승정원의 실무를 담당하던 정7품의 말단 관료로 승지의 지휘 아래 승정원의 기록과 문서를 관리하는 임무를 맡았다. 주서의 가장 중요한 업무는 국왕과 신하들이 국정을 논의하고 처결하는 모든 자리에 동석하여 그들의 말과 행동을 기록하는 일이었다. 두 명의 주서가 매일 교대로 실록을 담당하는 사관史官과 함께 국왕 가까이에 자리잡고 앉아 왕의 일거수일투족을 빠짐없이 기

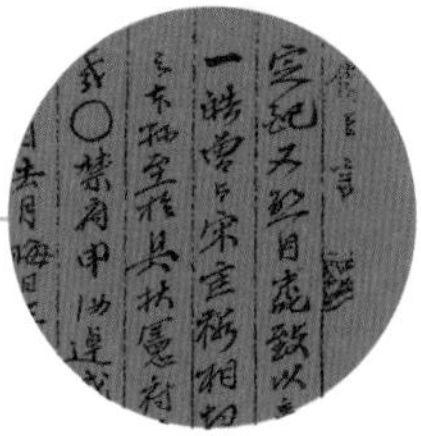

록했다. 주서들이 어느 정도로 세밀하게 기록했는지는 1764년(영조 40년) 10월 1일 『승정원일기』에 실린 기록을 보면 알 수 있다.

"왕이 '약방 제조는 탕약을 가지고 입시하라'고 말하니 동지사 조운규가 탕약을 가지고 왕에게 나아가 엎드렸고, 왕이 탕약을 마셨다. 모든 신하들이 물러났을 때 천둥소리와 함께 비가 세차게 내렸고, 왕이 크게 놀라 책상 밑으로 몸을 숨겼다."

녹음기도 없던 시절 말과 행동을 한문으로 번역하여 빠르게 적는 작업은 매우 고된 일이었을 것이다. 그런 까닭으로 문과 급제자 중에서도 뛰어난 한문 실력과 속기 능력을 갖춘 사람들을 주서로 선발했지만, 대부분의 주서들은 대화의 절반도 받아 적지 못했다. 그래서 일단 속기록 장부인 초책草冊에 자신만의 필체로 재빨리 기록한 후 기억을 되살려 내용을 추가하거나 사관의 기록과 대조해 보충한 후 『승정원일기』에 정식으로 옮겨 적는 일도 있었다. 조금이라도 실제 있었던 일과 기록 사이에 차이가 있는 경우 개작의 의혹을 받아 곤욕을 치르는 일도 있었기 때문에 주서는 언제나 긴장의 끈을 놓을 수 없었다.

『승정원일기』는 기본적으로 업무일지였기 때문에 일정한 형식을 갖추고 있었다. 첫머리에는 날짜와 날씨를 적고 다음 줄에는 승지와 주서의 근무 상황을 적었다. 이어서 왕의 하루 일과를 장소와 시간

대별로 기록한 후 이조와 병조의 인사관련 기록, 각 관청에서 올린 보고와 상소 및 그에 대한 국왕의 처결 등을 담은 문서를 옮겨 적으면 하루치 일기가 완성됐다. 나날의 기록을 보름 또는 한 달씩 묶어 책으로 엮었다.

실록을 네 부나 인쇄하여 보관했던 것에 비해서 『승정원일기』는 손으로 쓴 필사본 한 부만 만들어 보관했기 때문에 훼손이나 소실의 위험이 있었다. 안타깝게도 임진왜란과 이괄의 난을 거치면서 조선 초기에 작성된 『승정원일기』는 모두 불타 없어졌고, 1623년(인조 즉위년)부터 1910년(순종 4년)까지의 288년간 10만 5000여 일을 기록한 3243책 2억 4300만 자의 『승정원일기』만 남아 있을 뿐이다. 하지만 남아 있는 분량만으로도 조선왕조 5백여 년의 역사를 담고 있는 888책 5400만 자 규모의 『조선왕조실록』을 거뜬히 넘어서니 그 양이 얼마나 방대한지 미루어 짐작할 수 있을 것이다. 세계 최대의 연대기 기록으로 손꼽히는 중국의 『황명실록』(2964책 1600만 자)의 분량을 뛰어넘는다.

나라의 문헌 중 이보다 나은 것이 없다

『승정원일기』의 가치는 『조선왕조실록』과 비교해보면 더욱 뚜렷해진다. 1776년(영조 52년) 2월 4일, 영조를 대신하여 대리청정을 하고 있던 왕세손 이산(훗날의 정조)은 『승정원일기』에 실린 사도세자의 죽음과 관련된 기록을 지워줄 것을 청하는 상소를 영조에게 올린다. 세손의 눈물겨운 상소를 읽은 영조는 해당 기록을 전부 세초洗草하도록 명하였는데 이틀 뒤인 2월 6일의 『조선왕조실록』에는 영조가 경희궁 집경당에 대신들과 함께한 자리에서 왕세손의 상소를 다시 읽고는 “어질고 어질다, 내게 이런 손자가 있다”고 말한 내용만이 간략하게 기록되어 있다. 하지만 같은 날의 『승정원일기』를 살펴보면 당시의 대화 내용들이 소상히 적혀 있다.

(상이 도승지 서호수에게 명하여 세손이 올린 상소를 읽게 하였다.)

영조 어떠한가?

김양택 종통을 지키고 의리를 밝혔으며, 글의 뜻이 간절하고 효성이 뛰어나 신 등은 감탄해마지 않습니다.

영조 어질고 어질다. 내게 이런 손자가 있다.

채제공 위의 단락은 의리가 분명하고 아래 단락은 효성이 지극하니, 천리와 인정이 극진합니다. 종통을 바로잡는 내용은 특히나 엄격하니, 상소의 말을 보면 지극히 엄정함을 알 수 있습니다.

영조 참으로 기쁘고도 기쁘다. 세손이 이렇게까지 종통에 대해 엄격하였구나.

서호수 의리와 효성이 모두 극진합니다. 어제 세자를 시강원에서 수행한 자의 말을 들어보니, 봉심하고 전배할 적에 눈물이 턱을 타고 줄줄 흘렀는데 오열하면서도 슬픈 감정을 억눌러 좌우의 신하들도 모두 흐느껴 울었다고 합니다. 신도 그 소식을 듣고 저도 모르게 눈물이 흘러 옷깃을 적셨습니다.

채제공 세손이 종통을 지키고 의리를 밝힌 것은 모두 학문에서 나온 것입니다. 격물치지 공부가 없었다면 어찌 오늘과 같은 일이 있을 수 있겠습니까.

영조 과연 배운바가 있다 하겠다. 내 손을 잡아다오. 내 손을 잡아다오.

(세손이 엎드려 성상의 손을 잡았다.)

영조 참으로 기쁘고도 기쁘다. 내 손자, 내 손자.

김양택 등 이는 실로 종묘사직의 더없이 큰 경사입니다. 신들이 축하를 올립니다.

영조 맞다. 내가 축하를 받아야겠으니 오늘 축하하라.

『조선왕조실록』에는 적혀 있지 않던 영조와 대신들의 상세한 대화 내용과 영조의 행동을 통해 세손의 상소에 감격한 당시 영조의 흥분이 오늘날의 우리에게도 생생하게 전해진다.

『조선왕조실록』과 『승정원일기』 사이에 이같은 차이가 생겨난 까닭은 『조선왕조실록』이 국왕이 죽은 후 사관이 기록한 사초 등을 취사선택해 중요한 내용과 결과만을 축약하여 만든 편집본이었던 것에 반해 『승정원일기』는 일체의 가감 없이 현장에서 일어난 모든 과정을 그대로 적은 무삭제본이기 때문이다. 그런 이유로 『승정원일기』는 실록을 편찬할 때에도 참고했던 중요한 기초 자료 중 하나였다.

가공되지 않은 기록이라는 측면에서 『승정원일기』를 통해 후대의 연구자들은 『조선왕조실록』에 기록된 내용과는 다른 역사적 진실을 발견할 수도 있다. 조선 후기에 붕당정치가 심화되면서 정파 사이의 권력 교체가 빈번하게 이루어졌고, 집권 세력의 정치적 입장에 따라 실록이 수정되거나 왜곡되는 현상이 벌어졌다. 노론의 주도로 편찬된 『영조실록』에는 남인과 소론이 일으킨 무신란戊申亂(이인좌의 난)을 영조가 침착하게 진압하는 것으로 묘사하고 있지만, 『승정원일기』에서는 반란이 일어나자 당황하는 영조의 모습과 함께 이광좌를 비롯한 소론 대신들의 활약상이 담겨 있다. 반대 당파에 대한 정당한 평가에 인색했던 노론이 무신란을 진압하는 데 일조한 소론의 공로를 축소하고자 실록에서 관련된 기록을 모두 삭제한 결과였다. 기록자의 역사관이나 정치적 이해관계가 개입될 여지가 적었던 『승정원일기』의 기록을 살펴보면 그날에 벌어진 사건에 대한 객관적 진실에 한층 더 다가설 수 있다.

국왕도 마음대로 열람할 수 없었던 실록과는 달리 『승정원일기』는 필요할 때마다 언제든지 꺼내볼 수 있었다. 실록은 사람들이 접근하기 어려운 깊은 산 속에 별도로 마련된 사고史庫에 보관했지만, 『승정원일기』는 궁궐 안 국왕의 지근거리에 위치한 승정원에서 보관하고 있었다. 국가의 의식, 형벌의 적용 등 복잡한 문제가 발생하면 국왕은 "반드시 『승정원일기』에 기록되었을 것이니 고찰하여 아뢰라" 하며 『승정원일기』에 담긴 내용을 빈번하게 참조했다. 중종은 왜국이 중국인을 조선으로 송환해오자 세종 때 신숙주가 왜국에 통신사로 다녀온 후 올린 보고서를 『승정원일기』에서 찾아내어 해당 문제를 해결하고자 했다. 급기야 국왕뿐만 아니라 개인의 송사를 가리거나 문집을 낼 때마저 『승정원일기』를 널리 애용하는 풍조가 번지자 정조는 긴급하게 전례를 찾아보는 것 외에는 열람을 금지시키기도 했다.

순조 때 승지 박종훈이 "자세함과 정확성에서 우리나라의 문헌 중 『승정원일기』보다 나은 것이 없다"고 자부할 정도로 『승정원일기』에는 국정 운영과 관련된 정보뿐만 아니라 날씨와 천재지변, 왕의 병증과 처방까지도 자세히 실려 있어 분야를 막론하고 당시를 연구할 수 있는 귀중한 사료로서 가치를 지니고 있다. 조선시대의 정치·경제·사회·문화와 관련된 내용이 풍부하게 실려 있어 미시사微視史 연구의 보고寶庫이기도 하다.

1백 년을 기다리는 잠들어 있는 기록

『승정원일기』는 문화적·역사적 가치를 인정받아 1999년에 국보(제

303호)로 지정되었고, 2001년에는 유네스코 세계기록유산으로 등재됐다. 그러나 『조선왕조실록』과 비교하면 아직까지도 『승정원일기』는 일반인들에게 미지의 기록으로 남아 있다. 아직까지 전체 내용이 한글로 완역되지 못한 탓에 한문에 정통한 전문가가 아닌 이상 그 내용을 이해하기 어려워 접근성이 떨어지기 때문이다. 게다가 『조선왕조실록』처럼 정갈한 인쇄본이 아니라 빠르게 써내려가는 흘림체인 초서草書로 기록된 필사본이기에 해독의 어려움은 더했다.

『승정원일기』를 본격적으로 한글로 번역하는 사업은 1994년이 되어서야 시작되었다. 이 역시 70명에 달하는 한학자가 참여하여 1960년부터 18년간 『승정원일기』의 초서를 정서하는 탈초 작업을 거친 뒤에야 가능했던 일이다. 이후 20여 년의 세월이 흘렀지만 2014년까지 번역된 분량은 765책으로 『승정원일기』 전체 분량의 17퍼센트에 불과하다. 40여 명의 번역사가 어려운 환경 속에서도 번역에 매달리고 있으나 현재와 같은 인원과 예산으로는 완역까지 약 50여 년이 더 걸릴 것으로 예상된다. 이 기간도 본문 번역 위주로 번역 방식을 바꾸어 진행했을 경우 가능한 기간이다. 『승정원일기』의 방대한 분량을 고려했을 때, 전문을 번역할 경우에는 1백 여 년에 이르는 기간이 걸릴 것으로 예상된다.

『승정원일기』의 번역이 이렇게 늦어지고 있는 것은 고전 번역 사업에 투입되고 있는 인력과 예산이 부족한 것이 가장 큰 이유다. 현재 번역 사업을 주도하고 있는 한국고전번역원의 전신은 1965년 박종화, 최현배, 이병도 등 국학 원로들이 모여 만든 사설단체인 민족문화추진회를 뿌리로 한다. 2007년 국회에서 관련 법이 통과되어 해당 단체가 국가의 지원을 받는 공공기관으로 재탄생하기 이전까지는 온전히 민간의 힘으로 고전 번역이 이루어져 왔다. 번역가의 월급도 제때 주지 못하는 상황에서 대규모의 고전 번역이 추진력 있게 진행되기를 기대할 수 없었다. 다행히 한국고전번역원이 출범한 뒤 인력과 예산이 다소 늘었지만 『승정원일기』 이외에도 번역의 손길을 기다리는 가치 있는 고전은 여전히 많이 남아 있다.

26년간의 기나긴 기다림 끝에 1993년 『조선왕조실록』 전문이 한글로 번역되었고 『조선왕조실록』 국역본은 CD를 비롯해 웹사이트 등을 통해서 국민들에게 널리 배포됐다. 덕분에 『조선왕조실록』에 실린 내용을 누구나 쉽게 검색하여 읽고 이해할 수 있게 되면서 조선사 연구에 크게 기여했을 뿐만 아니라 실록의 내용을 바탕으로 한 다양한 장르의 작품들이 쏟아졌다. 『승정원일기』의 번역과 전산화가 완료되어 대중들에게 그 내용이 알기 쉽게 보급된다면 『조선왕조실록』의 경우처럼 『승정원일기』에 실린 내용을 소재로 한 다양한 문화 콘텐츠가 만들어질 수 있을 것으로 기대된다. 더 나아가 『조선왕조실록』에 미처 실리지 못했던 내용 중 『승정원일기』에서 새롭게 발견되는 내용이 있다면 지금까지 알고 있던 조선왕조의 역사는 일부분 수정되어야 할지도 모른다. 『승정원일기』의 완역을 기다리게 되는 이유도 바로 여기에 있다. 記

冊

「**승정원일기, 소통의 정치를 논하다**」 박홍갑 외, 산처럼, 2009.

「**승정원일기의 자료적 가치에 관한 연구**」 신병주, 규장각 제24집, 2001.

『**후설**』 한국고전번역원 승정원일기 번역팀, 한국고전번역원, 2013.

이미지 출처

1부 잊혀지다

01 나라의 보물

p.12 구한말 숭례문(1904), 문화재청

p.15 〈동아일보〉 1996년 6월 19일자 기사

p.17 위에서부터
국보 제3호 서울 북한산 신라 진흥왕 순수비, 문화재청
국보 제2호 서울 원각사지 십층석탑, 문화재청
국보 제7호 천안 봉선홍경사 갈기비, 문화재청

p.19 〈조선 총독부 관보〉 1938년 11월 26일자 기사

p.20 위에서부터
국보 제319호 『동의보감』, 문화재청
보물 제1880호 단산오옥명 고려 먹, 문화재청
보물 제1657호 이형 좌명원종공신녹권 및 함, 문화재청

p.28 국보 제53호 합천 해인사 장경판전, 문화재청

02 잃어버린 땅

p.34 〈대동여지도〉, 숭실대학교 한국기독교박물관

p.36 『신동국여지승람』, 국립중앙도서관

p.39 보물 제1597호 〈아국여지도〉, 문화재청

p.44 〈장양공 정토 시전 부호도〉, 육군사관학교 육군박물관

03 지워지지 않는 상처

p.52 ©RaulHudson1986

p.54 위에서부터
김형수 개인사진, 대일항쟁기강제동원피해조사 및 국외강제동원희생자등지원위원회
오도근의 노무동원 증빙자료, 대일항쟁기강제동원피해조사 및 국외강제동원희생자등지원위원회
김태순 개인사진, 대일항쟁기강제동원피해조사 및 국외강제동원희생자등지원위원회

p.55 ©totoro times 〈1959년 하시마 섬의 모습〉

p.57 위에서부터
1945년 급여명세서, 대일항쟁기강제동원피해조사 및 국외강제동원희생자등지원위원회
차용증(의류구입 등 비용을 월급에서 제하겠다는), 대일항쟁기강제동원피해조사 및

국외강제동원희생자등지원위원회
1엔, 대일항쟁기강제동원피해조사 및 국외강제동원희생자등지원위원회
정성득의 사쿠베츠 탄광 단체사진, 대일항쟁기강제동원피해조사 및 국외강제동원희생자등지원위원회

04 귀한 과일

p.72 보물 제652-6호 〈감귤봉진〉, 《탐라순력도》 영인본, 국립제주박물관
p.75 보물 제652-6호 〈고원방고〉, 《탐라순력도》 영인본, 국립제주박물관

05 우리의 소리

p.86 〈평양성도〉, 《기산풍속도첩》, 김준근, 독일 함부르크민족학박물관
p.88 〈춘향가〉, 한국문화정보원
p.89 〈소리 하는 모양〉, 《기산풍속도첩》, 김준근, 독일 함부르크민족학박물관
p.90 왼쪽 『만화집』
오른쪽 「만화본춘향가」
p.91 위 이동백 명창, 충남역사문화원
가운데 〈가객창장〉, 김준근, 숭실대학교 한국기독교박물관
p.93 남도 판소리, 문화재청

06 자유로운 예인, 광대

p.104 〈삼일유가〉, 《평생도》, 김홍도, 국립중앙박물관
p.106 〈무동춤추고〉, 김준근, 숭실대학교 한국기독교박물관
p.107 〈궁중나례희〉, 국립중앙박물관
p.109 〈탈쓰고〉, 김준근, 숭실대학교 한국기독교박물관

07 조선의 갑

p.118 〈반상도〉, 김득신, 평양조선미술관
p.120 〈사연도〉, 국립중앙박물관
p.122 위에서부터
〈사인휘호〉, 《사인삼경》, 강희언, 개인소장
〈주막〉, 《단원풍속도첩》, 김홍도, 국립중앙박물관
〈성하직구〉, 김득신, 간송미술관
p.123 〈노상풍정〉, 《행려풍속도》, 프랑스 국립기메박물관 소장품 국립민속박물관 모사
p.124 〈공명첩〉, 삼척시립박물관
p.133 〈경남 단성현 호적장부〉, 문화재청

2부 지켜내다

01 경복궁의 눈물

p.140 〈백악추효〉, 안중식, 국립중앙박물관
p.142 〈경복궁전도〉, 문화재청
p.143, p.144 『시정오년기념조선물산공진회보고서』, 국립중앙박물관

p.145 〈동아일보〉 1928년 8월 13일자 기사
p.146 『경복궁 동궁지역중건공사보고서』, 문화재청, 2000
p.146, p147 경복궁 조선총독부 청사

02 청계천을 살려라

p.160 보물 제1560호 〈도성도〉, 문화재청
p.163 위에서부터
〈영조 어진〉, 조석진·채용신, 국립고궁박물관
〈홍봉한 초상〉, 경기도박물관
p.164 『영조실록』, 서울대학교 규장각한국학연구원
p.165 〈수문상 친림 관역도〉, 부산박물관
p.167 위에서부터
『준천사실』, 서울대학교 규장각한국학연구원
구한말 청계천 모습, 최석로

03 조선의 청백리

p.179 『국조인물고』, 서울대학교 규장각한국학연구원
p.180 『목민심서』, 정약용, 서울대학교 규장각한국학연구원
p.191 〈이원익 초상〉, 문화재청

04 낡은 보자기 하나

p.194, p.201 진관사 태극기, 진관사
p.199 위에서부터
남상락 자수 태극기, 대한독립만세 태극기, 한국광복군서명 태극기,
대한민국임시의정원 태극기, 규격 태극기

05 만 명의 외침

p.214, p.215 영남만인소, 한국국학진흥원
p.216 〈낙남헌방방도〉, 《화성능행도》, 최득현, 국립고궁박물관
p.218 위 『천휘록』, 한국국학진흥원
아래 〈노상송사〉, 《행려풍속도》, 프랑스 국립기메박물관 소장품 국립민속박물관 모사
p.219 척사 만인소에 대한 고종의 비답 문서, 국립중앙박물관

07 어린이들의 별

p.246 『어린이』 창간호, 『소파 방정환 평전』, 민윤식, 스타북스
p.248 『어린이』 창간호 광고, 〈동아일보〉 1923년 3월 20일자
p.250, p.251, p.253 『소파 방정환 평전』, 민윤식, 스타북스

3부 기록하다

01 조선의 신문

p.268 〈목멱조돈〉, 정선, 간송미술관

p.270, p.271 1876년(고종 13년)의 조보, 국립중앙박물관
p.273 〈한성순보〉, 국립중앙도서관

02 **왕비의 자격**
p.286 영친왕비 9등 적의, 국립고궁박물관
p.290 왼쪽 순정효왕후, 『황실황족성감』
오른쪽 의친왕비, 『황실황족성감』
p.292 『한중록』, 서울대학교 규장각한국학연구원

03 **1872년 조선의 초상화**
p.306 〈이하응 초상〉, 국립중앙박물관
p.307 왼쪽에서부터 〈광주지도〉 〈남원부지도〉 〈나주진지도〉 〈순천부지도〉, 서울대학교 규장각한국학연구원
p.308 〈나주지도〉, 서울대학교 규장각한국학연구원
p.309 〈흑산도 지도〉, 서울대학교 규장각한국학연구원
p.310 〈진도부지도〉, 서울대학교 규장각한국학연구원
p.311 〈해남현지도〉, 서울대학교 규장각한국학연구원

04 **배움의 놀이터**
p.320 〈서당〉, 《단원풍속도첩》, 김홍도, 국립중앙박물관
p.322 왼쪽 『천자문』, 국립중앙박물관
가운데 『동몽선습』, 국립민속박물관
오른쪽 『소학』, 국립중앙박물관
p.323 〈승경도 놀이〉, 김준근, 숭실대학교 한국기독교박물관
p.324 위 〈원놀이〉, 김준근, 숭실대학교 한국기독교박물관
아래 〈소과응시〉, 《평생도》, 국립중앙박물관
p.325 〈송하수업도〉, 이인상, 개인소장

05 **태교신기**
p.340 『태교신기』, 성균관대학교 도서관
p.341 〈점심〉, 《단원풍속도첩》, 김홍도, 국립중앙박물관
p.343 〈아기 업은 여인〉, 신윤복, 국립중앙박물관

06 **어머니의 선물**
p.357 〈장계향 초상〉, (사)여중군자장계향선양회

07 **승정원일기**
p.368 〈은대계첩〉, 국립중앙박물관
p.369 〈궁중행사도〉, 국립고궁박물관
p.370 『조선왕조실록』, 서울대학교 규장각한국학연구원
p.371 『승정원일기』, 서울대학교 규장각한국학연구원

역사 ⓔ 4

1판 1쇄 2016년 1월 14일
1판 4쇄 2023년 5월 10일

제작 방송 EBS
지은이 EBS 역사채널ⓔ 제작팀
출판주관 EBS 미디어

펴낸이 김정순
기획 김소영
책임편집 한아름 김소영
해설원고 글 조승리
감수 방대광(고대사대부고 역사 교사) 송치중(장위중 역사 교사)
디자인 김진영 모희정
마케팅 이보민 양혜림 정지수

펴낸곳 (주)북하우스 퍼블리셔스
출판 등록 1997년 9월 23일 제406-2003-055호
주소 04043 서울특별시 마포구 양화로 12길 16-9 (서교동 북앤빌딩)
전자우편 editor@bookhouse.co.kr
홈페이지 www.bookhouse.co.kr
전화번호 02-3144-3123
팩스 02-3144-3121

ISBN 978-89-5605-493-3 04900